U0856945

中共中央党校2014年校级重点课题项目“产能过剩问题研究”成果

产能过剩调控政策与治理体系研究

RESEARCH ON REGULATORY POLICIES AND GOVERNANCE FRAMEWORK OF OVERCAPACITY ISSUE

杨 振◎著

中国社会科学出版社

图书在版编目（CIP）数据

产能过剩调控政策与治理体系研究/杨振著．—北京：中国社会科学出版社，2017.6

ISBN 978－7－5161－9364－8

Ⅰ.①产…　Ⅱ.①杨…　Ⅲ.①生产过剩—宏观调控政策—研究—中国 ②生产过剩—治理—研究—中国　Ⅳ.①F124

中国版本图书馆 CIP 数据核字(2016)第 280703 号

出 版 人　赵剑英
责任编辑　侯苗苗
特约编辑　明　秀
责任校对　周晓东
责任印制　王　超

出　　版　中国社会科学出版社
社　　址　北京鼓楼西大街甲 158 号
邮　　编　100720
网　　址　http：//www.csspw.cn
发 行 部　010－84083685
门 市 部　010－84029450
经　　销　新华书店及其他书店

印　　刷　北京明恒达印务有限公司
装　　订　廊坊市广阳区广增装订厂
版　　次　2017 年 6 月第 1 版
印　　次　2017 年 6 月第 1 次印刷

开　　本　710×1000　1/16
印　　张　17.25
插　　页　2
字　　数　248 千字
定　　价　65.00 元

序

化解产能过剩问题研究，是经济学部承担的中央党校2014年校级重点课题。我们对此十分重视，组建了一支集经济学部老、中、青各梯队教师和博士、硕士研究生于一体优秀的研究团队。一年多来，课题组先后赴工业和信息化部等国家部委，赴上海、内蒙古、辽宁、四川、江西、河北、山东等地市，对钢铁、电解铝、水泥等重点行业、重点企业进行实地调研，并在中央党校组织了涵盖省部级领导到县委书记等不同层次的地方政府领导座谈会，就产能过剩现状和治理问题开展了深入讨论和交流，力图从政策制定者、政策执行者和政策影响者三个角度全面理解产能过剩治理及其对不同级别政府的影响、对不同所有制企业的影响，既了解到了产能过剩形势之严峻，也感受到了产能过剩治理之艰难。

应当说，资源的优化配置是经济学研究的基本问题，然而现实经济运行通常无法达到帕累托最优资源配置水平，产能过剩便是资源配置低效率和非效率的一个外在表现。也就是说，一般的产能过剩是市场经济的一种正常现象。

在市场经济比较发达的西方国家，相关主题下的研究文献较多，主要观点认为：第一，过剩产能是一种进入威胁。有的学者对过剩产能和过剩投资与寡头定价行为进行考察，认为过剩产能是阻止企业进入的一种策略，在这样的逻辑下，西方学者提供了理论和经验证据。第二，产能过剩是合谋行为下的策略均衡。西方学者从博弈论角度出发，发现在所有合作博弈均衡中，所有企业都会选择过剩产能，这个观点得到了诸多产业组织经济学学者的验证。第三，产能过剩也是企业的一种经营策略。有研究表明，在产品差异不大的行业，企业为满足顾客需求、维持供应商忠诚度，通常会选择保持过剩产能。在西方学者的眼里，过剩产能并非政府之忧，而是市场之需。

与发达市场经济不同的是，中国严重的产能过剩不是市场起决定作用的结果。在国内学术界，关于产能过剩问题的研究，多集中在产能过剩形成机制上。目前关于产能过剩成因有三类主流解释，可以分别看作经济结构失衡假说、市场失灵假说和体制失灵假说。经济结构失衡假说认为产能过剩源于国有经济主导的经济体系、政府主导的投资结构和区域间技术级差较小。这些理论，从宏观的角度给出了产能过剩产生的根源，但现实经济中的产能过剩问题却远远超出这些理论的解释力度。在非国有经济领域、私人投资领域以及技术差异较大的区域，也出现了产能过剩的现象。因此，产能过剩的成因需要从更细致的微观领域寻找答案。市场失灵假说认为产能过剩源于市场经济本身，更确切地说是源于市场微观主体企业决策，即投资的“潮涌”现象。这种观点从企业投资决策的角度分析产能过剩可能源于“企业战略共识”和“信息不完全”，具有一定的微观基础。体制失灵假说认为产能过剩源于体制扭曲——不合意的投资激励。这种观点认为产能过剩可能来自体制方面的因素，比如，软预算约束、地方官员政绩“锦标赛”、体制扭曲带来的投资激励以及财政分权等。这些观点强调了市场机制以外的体制扭曲是产能过剩的主因，并指明了体制扭曲带来的企业投资激励是其微观基础，从而为我们研究中国产能过剩问题打下了较好的基础。

客观地讲，中国式治理产能过剩的运动，已不止一次地落入一个似乎无解的怪圈：政府一方面不断调控产能过剩，而另一方面，一旦遇到宏观经济上的风吹草动，就把加大投资当成了“救命稻草”，行政审批大笔一挥，项目又上马了。新一轮产能过剩行业还是多年来的老面孔：钢铁、水泥、电解铝……并非巧合的是，这些多是2009年金融危机时用来救经济的“十大振兴产业”，救经济于一时，“后遗症”却要更长时间来埋单。上一次国务院常务会议将抑制产能过剩作为中心议题，还要追溯到2009年8月26日，当时将钢铁、纺纱、电解铝、煤化工、水泥、氧化铝、太阳能、风能等19个行业列入产能过剩名单；再追溯到2006年那次调控，当时列入产能过剩或潜在过剩的行业只有10个。不到 7 年，产能过剩的行业名单翻了一番还多。最近一段时间，光伏电池、风电设备、多晶硅等行业都出现了严重的产能过剩，光伏电池行业开工率仅为 57%，风机产能利用率不到 70%，多晶硅行业开工率更是低至 35%。由此可见化解产能过剩之难。

由杨振博士主笔的课题报告，提供了一个判断产能过剩的基本标准，在此基础上提出“中国式产能过剩”成因的一个理论架构，指出政府干预和产业政策执行偏差对微观企业市场进入和退出决策的激励扭曲可能是当前产能过剩的重要成因，解释了产能过剩会在一些特定产业反复出现以及处于产业周期早期的新兴产业也出现了产能过剩的根本原因。最后，该研究系统回顾了十几年来政府治理产能过剩发布的标准、文件以及采取的各种奖惩和考评措施，研究了为什么严密的行政架构、严格的治理措施、缜密的治理逻辑在治理现实的产能过剩时却收效甚微，进而提出本书的政策建议与主张。

需要说明的是，化解中国的产能过剩不仅仅是经济问题，它涉及税收、就业、银行金融风险、社会有序稳定等很多方面。我们的研究是初步的成果，希望这项研究能为有关部门做决策提供借鉴与参考。

“产能过剩问题研究”课题组组长
中央党校经济学教研部副主任，教授、博士生导师　潘云良

目　录

图目录

表目录

第一章　绪论

第一节　研究背景

稀缺资源的优化配置是当代经济学研究的基本问题，也是市场经济运行的手段和目标。然而现实中的经济运行通常无法达到帕累托最优资源配置水平，稀缺资源总是或多或少地配置到市场参与主体中。当稀缺资源过度配置到市场交易主体（生产者）而无法被有效率使用产生闲置时，闲置的稀缺资源就没有生产上的边际贡献。稀缺生产要素资源闲置就是一般意义上的产能过剩，也是资源配置低效率和非效率的一个外在表现。

在单一国家所有制的改革开放初期，生产资料国有化导致国有企业的剩余索取权所有者实质缺位，生产非利润导向、成本非有效控制，同需求相比产能不足且产能利用率实际上也不高。改革开放后，人尽其才、物尽其用，闲置的稀缺资源被充分调动起来，构筑了中国经济增长的奇迹。经历了30多年高速增长的中国经济，如今面临着较为突出的结构性问题，尤其是工业行业领域普遍、严重、反复的产能过剩困境。产能过剩是产业结构失衡最突出的表现，近十年来，我国的钢铁、水泥、平板玻璃、煤化工、电解铝等一系列主要行业均出现严重的产能过剩。

产能过剩带来的企业扭曲式竞争，使得我们不得不通盘思考化解产能过剩之策。这种扭曲式竞争主要表现在两个层面：一方面是外部竞争无序，在国际贸易中企业以价格作为竞争砝码，而激烈的价格战又引发西方发达国家反倾销调查，加之中国市场经济地位不被诸多发达国家认可，针对中国产品的反倾销指控几乎都能成功，中国已经连续近 20 年成为遭遇反倾销调查最多的国家。另一方面是内部竞争无序，同质化的产品导致严重的产能低端过剩，而高端工业材料又面临较大的供给缺口①，工业产品结构亟待优化。产能过剩导致的恶性价格竞争，已经严重制约了我国工业核心竞争力的提升。

党的十八大将推进经济结构调整确定为现阶段最重要的战略任务之一，化解全局性的产能过剩是调整经济结构的重要内容。2013 年年底的中央经济工作会议提出了 2014 年经济工作的六大任务，其中大力调整产业结构是重要任务之一。在产业结构调整中又特别指出“要着力抓好化解产能过剩”，并提出化解产能过剩的工作思路：“把使市场在资源配置中起决定性作用和更好发挥政府作用有机结合起来，坚持通过市场竞争实现优胜劣汰。”同时把“着力抓好化解产能过剩”列为 2014 年经济工作主要任务的第二项，且要求“不折不扣执行好中央化解产能过剩的决策部署”。2014 年年底的中央经济工作会议又提出，“既要全面化解产能过剩，也要通过发挥市场机制作用探索未来产业发展方向”。2015 年年底的中央经济工作会议又将削减工业产能作为 2016 年经济工作五大任务之首。化解产能过剩是我国工业实现转型升级的一个助推器和实现路径，因此应当从战略角度重视产能过剩问题。事实上，近年来中央治理产能过剩的思路发生了重大改变，三次中央经济工作会议，基本上奠定了市场机制在化解产能过剩中的决定性地位。

在这样的背景下，本书系统地从理论上讨论产能过剩的可能成因，并根据实地调研情况，结合中国产业发展现实，探索不同行业产能过剩形成的制度和非制度诱因及其治理对策。

---

① 我国是世界上钢铁生产第一大国，但同时也是高端钢材的进口大国。

第二节　研究意义

我国工业领域的产能过剩并不是一个新鲜话题，20 世纪 90 年代初期早已有之。如何治理产能过剩也是老生常谈，20 多年间，产能过剩历经数次严厉的宏观干预和调控。据统计，仅习近平总书记就曾四次明确批示做好化解产能过剩工作，产能过剩影响之广、治理之难、关注之高可见一斑。我国的产能过剩，和西方发达市场经济体制下的产能过剩相比，其外在表象、内在逻辑和微观诱因均不同，因而治理策略也必定有很大差异。多年来产能过剩治理陷入“过剩—调控—缓解—再过剩”的怪圈，以行政干预和引导为主的产能过剩治理思路应当认真审视，行政治理产能过剩的有效性需要进一步评估，依靠“政府干预、产业政策和市场机制”共同化解产能过剩的“三维”政策体系也亟须构建。本书无疑具有现实意义和重要的应用价值，对理论反思和政府决策具有重要参考作用。

第一，理论联系实际，深入分析我国产能过剩的根源。从现有体制性、制度性和产业组织制度等方面的弊端出发，结合中国经济运行的基本特征，探索产能过剩形成的机制，为有效治理产能过剩、合理制定产业政策提供重要理论依据。

第二，选取指标体系来勾勒产能过剩的外在经济表现，辅助制定产能过剩调控措施。利用主要工业行业的历史数据，测算主要行业的产能过剩程度，在此基础上设计一套产能过剩的甄别和预警机制，可以辅助政府相关部门进行产能预测、监管和宏观调控。

第三，为转变政府职能、实现以市场为主调节产能过剩提供依据。通过分析政府干预、地方政府间以及地方政府与中央政府的博弈行为对产能过剩的影响，来探索产能过剩调节中的政府职能转变和市场调控机制。

第三节 研究框架与主要内容

在框架设计上，本书遵循“理论—现实—实践—评述—对策”这一基本思路，设计了如图 1－1 所示的技术路线和研究框架。全书可以分为三部分，其中第二章和第三章为综述与规范性分析部分；第四章为现实分析部分，重点介绍我国当前的产能过剩之严峻、行业调控之艰难；第五章与第六章为解析部分，针对我国产能过剩的成因提出见解，对治理产能过剩的政策进行梳理与评述，同时提出化解产能过剩的基本思路与政策体系。

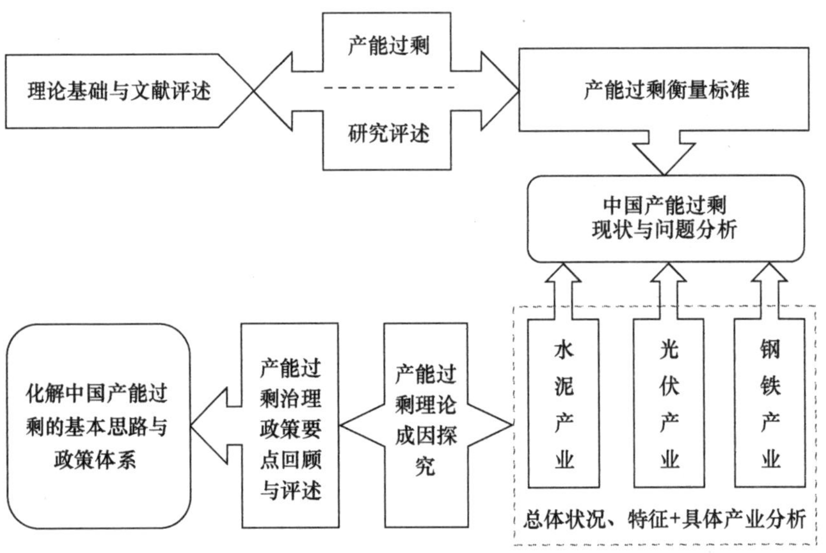

图 1－1 本书的技术路线与框架结构

具体来看，本书回顾和评述了现有文献关于产能过剩相关问题研究的主要逻辑和观点，主要包括关于产能过剩的概念、产能过剩的成因、产能过剩的标准以及产能过剩的治理研究等几个方面。站在前人研究的“巨人之肩”，本书提供了一个判断产能过剩的基本标准，进而用这个标准对我国几个具有代表性的过剩产业进行具体分析。本书从理论上讨论了在市场经济体系中企业为什么会保留或被迫保留过剩产能，将政府监管与产业政策和微观企业的行为纳入一个分析体系，在此基础上提出“中国式产能过剩”成因的一个理论架构，指出政府干预和产业政策执行偏差对微观企业市场进入和退出决策的激励扭曲可能是当前产能过剩的重要成因，解释了为什么产能过剩会在一些特定产业反复出现以及为什么处于产业周期早期的新兴产业也出现了产能过剩。本书还重点研究了国家界定的三个严重产能过剩行业（钢铁、光伏和水泥），对这几个行业的市场结构、产业组织和政府的政策进行了详细梳理与研究，讨论了为什么这几个行业的过剩问题始终难以解决。最后，本书系统回顾了十几年来政府治理产能过剩发布的标准、文件以及采取的各种奖惩和考评措施，研究了为什么严密的行政架构、严格的治理措施、缜密的治理逻辑在治理现实的产能过剩时却收效甚微，进而提出本书的政策建议与主张。

第四节 研究主要观点

产能过剩在我国是一个热点话题，在化解产能过剩政策频出不断的背景下，判断、评价产能过剩并提出产能过剩治理建议，是一项巨大挑战。本书的主要观点基于大量调研和访谈，既有宏观思考，又有微观观察。

一 准确认识和识别产能过剩是治理之基础

第一，产能过剩与闲置产能是不同的两个概念，需要正确区分产能过剩与产能闲置，两者形成的原因、对经济的影响、政策取向是完全不同的。产能过剩是一种非自愿行为，是资源误置的表现；而闲置产能是一种自愿行为，可能是企业的竞争策略，混淆这两个概念可能误导产业政策的制定。

第二，在特定的市场结构下，企业的过剩产能是一种进入威胁，被企业主用于抵御潜在进入者进入该行业。但这种行为只存在于具有市场势力和垄断支配地位的企业中。在寡头垄断市场，过剩产能可能是合谋行为下的策略均衡，同属于企业的经营策略。企业主动保留过剩产能，政策层面可以不用过分忧虑，当然，联合进行产量共谋需要对其进行反垄断调查。在我国产能过剩较为突出的行业中，市场通常不具有垄断特征，企业间的竞争也非常激烈。我国产业部门出现的产能过剩问题难以在产业组织理论和垄断竞争的策略性行为框架下寻找答案，西方关于产能过剩的策略性解读不适合中国国情。

第三，关于产能过剩的判定，政府识别产能过剩的成本高，以至于可能判断失真。在指标体系上，单一产能利用率标准并不科学，应采用生产和经营两个方面的综合指标体系进行识别。不同产业的历史产能利用率水平不同，处于不同发展阶段国家的产能利用水平也不同，处于不同产业发展周期也会导致产能利用率明显差异。产能利用率低可能是产能过剩的一个方面，当产能过剩真实存在，行业的利润水平回落、库存水平增加、行业内获利企业比例下降等现象应该会成为“并发症”一起出现，综合指标体系判断更加科学。

二　产能过剩并非市场失灵而是企业激励扭曲

第一，我国当前产能过剩已经十分严峻，但用市场失灵解释产能过剩并不科学。从传统行业普遍过剩来看，产能过剩源于企业进入市场之易[①]与企业退出市场之难并存，管好“进门”保障优良产能进入、留足“出门”有利于低效产能退出，两扇“市场之门”没有建设好才导致产能过剩，而非市场体系本身出了问题。

第二，我国的产能过剩问题内生于阻碍市场配置资源功能发挥的经济管制环境中。总体来看，产能过剩问题可能因制度层面因素、政策层面因素、市场层面因素和企业层面因素而产生，更为重要的是，当前的产能过剩与政府干预不适当和产业政策执行偏差密切相关。

第三，企业的投资和退出决策被扭曲，是产能过剩形成的微观基

① 进入之易还可能源于监管执行之宽松，据公开报道，大量的钢铁产能没有经过国家相关部门审批，在一定程度上可以说进入市场是相对容易的。

础。产能过剩的行业，通常也是受国家政策调控最多的行业，对企业决策产生直接影响的调控方式可能加剧了产能过剩的调控难度。政府制定的干预市场配置资源功能的政策可能会扭曲企业的投资决策，在以国有经济为主导的社会主义市场经济体制下，国有企业预算软约束进一步恶化了已经扭曲的投资安排。在产业政策的执行过程中，产业政策可以通过扭曲企业的“政策性优惠”预期及企业投资决策行为使整个产业形成过剩的生产能力。

三　产能过剩治理需“对症下药”和分类施策

第一，应当将治理产能过剩上升到国家战略高度。化解产能过剩是我国工业实现转型升级的一个助推器，是倒逼我国工业走向高端发展的有效路径。过剩产能导致的产品同质化恶性竞争，不利于工业转型升级的实现。企业创新能力提升有助于产能过剩治理，同时可以为加速工业升级提供保障。产能过剩找不到治理对策，产业升级就难以完成。

第二，产能过剩问题外在表现为数量问题，但通过严格审批进行数量化的行政处理方式基本无益。用数量进行产能调控实质上掩盖了产能背后的技术差异，限制新产能保护老产能，就是一个保护落后、淘汰先进、劣币驱逐良币的过程。一个行业“生病”，并不意味着所有企业都需要“吃药”；一个行业被“医好”，并不代表这个“药方”是普适的，因业施策、分类治理产能过剩至关重要。多年来的实践经验已经表明，政府在预测市场需求、进行产能数量控制等方面的能力并不明显好于市场，在调控产能过剩方面政府应弱化数量控制、减少经济干预，适时取消产能国家审批制度，同时加大力度建设公平竞争环境、强化行业标准制定、加强社会性管制。

第三，治理产能过剩的产业政策应让位于公平竞争政策。带有计划管制和数量控制性质的产业政策可以让一个国家的产业“变大”，但是让产业“变强”必须由竞争政策来实现。治理产能过剩就属于让产业“变强”的政策，其根本出路在于充分发挥市场对配置资源的决定性作用，转变政府职能并合理设计产业政策的激励机制，完善市场机制的灵活性和产业政策的有效性。由市场发挥决定性作用，必须避免因规则不公平可能带来的“逆向淘汰问题”，同时更好地发挥政府作用制定公平竞争规则，保证市场筛选出真正具有效率的企业。

第四，产能指标置换交易是市场化解决产能过剩的有效尝试，但因为对交易标的、区域、方式等的限制，市场之手无形中被捆绑起来。探索建立全国产能指标交易市场应利用市场形成交易价格，取消产能指标的区域性公示或报批限制才能更好地发挥这个模拟市场的真实功效。

第五，产能输出和国际产能合作能够在短期内为国内过剩产能提供临时出逃机会，但也存在风险，其他国家形成产能后会威胁劳动力成本不断高企的中国。因而在推进国际产能合作提供重要改革窗口期时，必须辅之以改革，由市场来决定产能的形成与过剩产能的化解。

四　供给侧结构性改革有效化解产能过剩

多年来产能过剩治理陷入“过剩—调控—再过剩”的怪圈，表明以数量控制为基本手段的供给管制体系效率较低。2015 年年底的中央经济工作会议提出更加注重供给侧结构性改革，改革重心从控制产能总量转向优化产能结构与效率，改革要解决的根本问题是积极、稳妥推进企业优胜劣汰，让市场选择出真正成功者、淘汰真正失败者。但如何对待竞争失败者，会议提出要通过兼并重组、破产清算等更市场化的机制，多兼并重组、少破产清算，并由资本市场配合企业兼并重组。由此来看，严控企业进入、便利企业退出这两项“一堵一疏”工作对供给侧结构性改革成败至关重要。

第一，统一市场规则、实现公平竞争是供给侧结构性改革的前提。改变企业竞争行为的规则是最优政策选择，具有导向性的产业政策实际上鼓励潜在企业进入市场，而补贴性的产业政策诱导企业的真实入市。从现实观察来看，产业发展政策密集的行业通常也是产能过剩相对严重的行业。由此，供给侧改革意味着产业政策将逐步让位于竞争政策、专项性补贴让位于普惠性补贴，让公平竞争的市场机制来筛选优胜者，避免特定补贴带来的企业行为扭曲。

第二，规范管制措施、严控产能供给是供给效率改善的主要方向。对新增产能采用更高的市场进入标准进行规范，更多利用环境、安全、健康等社会性管制措施，优化产能审批、指标分配等经济性管制措施，避免因审批成本过高导致企业绕开审批违规生产现象发生。在规范性管制下，引导企业进行规模效率提升、技术升级改造，进一步放松产能指标置换交易市场限制，让真正高效率的产能公平进入市场进行竞争。

第三，利用市场机制、引导产能退出是供给结构优化的重要举措。传统方式下政府界定过剩频繁“失手”，很多情况下难以真正识别出市场竞争失败者，甚至在一些情况下为提升整体效率用公共财政帮助竞争失败者，这是一种反效率、反竞争的方式。市场化兼并重组和破产清算，能够有效识别哪些是过剩产能、哪些是落后产能以及谁是竞争失利者，由此为低效率产能退出市场、优化产能供给结构提供重要渠道。

第四，供给侧改革政策焦点从“生产前端”绝对量化控制向“生产后端”产能退出疏导政策转变。在我国语境下，产能背后还有就业、税收以及隐含在其后的社会治理问题，如何承接过剩产能化解带来的社会成本是供给侧改革的政策着力点，需有相应财税支持、有序进行不良资产处置、解决失业人员再就业和生活保障以及专项奖补等政策进行配套。

第二章　产能过剩研究文献评述

解决好问题的关键在于认清问题的本质。本章从“到底什么是产能过剩”这一最基本的问题入手，观察现有研究的不同界定视角，对产能过剩的不同认识必将导致不同的成因推论，最终会左右化解产能过剩的政策设计。然后对产能过剩测算的标准进行梳理，并系统地评述了当前关于我国产能过剩形成的诱因及其治理政策。

第一节　产能过剩的基本概念辨析

现有诸多文献研究了产能过剩问题，并不意味着在产能过剩的认识上存在共识，认识不同、判断不同，结论也就不同。甚至在一些学者和官方普遍认为过剩的行业，依然有不同的声音认为行业并没有过剩。之所以出现这么多不同的观点，关键在于对产能过剩并没有一致的定义。从历史发展来看，曹建海（2010）认为，“产能过剩”不过是个新说法，与过去耳熟能详的“重复建设”“过度投资”“恶性竞争”以及“过度竞争”所指现象极为相似。在我国没有官方统计发布工厂产能利用率水平，也给产能过剩的讨论带来了不小障碍。从现有的文献研究来看，许多研究甚至并没有在开始研究前界定到底什么是产能过剩①，而是从国家认定的过剩行业入手讨论，由此引发了不少争论。总体来看，关于产能过剩的界定，主要从以下几个方面

---

①　周劲（2007）、付宗宝（2011）从产能过剩的概念入手，归纳了现有文献对于产能过剩的不同定义。

开展。

（一）生产利用视角下的产能过剩

国际上“产能过剩”的概念最早出现在张伯伦（Chamberlin，1933）的《垄断竞争理论》一书中，他提出垄断竞争导致平均成本线高于边际成本线，从而出现持续的产能过剩（付宗宝，2011），因而实际生产与最优设计规模出现了偏差。许多研究也将产能过剩定义为实际生产能力与设计生产能力的差异。如周劲（2007）认为，一定时期内，当某行业的实际产出数量（或产值）在一定程度上低于该行业的生产能力时，通过行业的相关经济指标所反映出来的这种程度超过了行业的正常水平范围时，表明该行业在此时期内出现了“产能过剩”问题，会对整体经济运行产生危害。吕铁（2011）提出，所谓产能过剩是指工业部门的实际产出较大幅度地小于生产能力，通常伴随价格下降、利润减少甚至持续亏损等现象。周业樑和盛文军（2007）认为，产能过剩一般指现有生产能力没有被充分利用，但同时对产能过剩、生产过剩和产品过剩做了严格的界定，认为部分行业产能过剩是市场经济的内生结果，是可以容忍的。而生产过剩则与经济危机相伴，生产过剩的时候人们的需求其实并没有得到满足。

（二）市场均衡视角下的产能过剩

市场均衡状态下，供给与需求实现平衡，不会出现产能过剩问题。因而从供给和需求的角度，产能过剩是一个相对概念，具有阶段性特征，应随着需求的变化而变化。王立国、张日旭（2010）将我国存在的产能过剩界定为：由于周期性、结构性及体制性原因，而造成的实际产量和消费量与一定技术水平下全要素投入的最佳产出的严重偏离现象。这个界定就是按照市场非均衡的标准，同样类似的概念界定非常多，如曹建海、江飞涛（2010）认为，产能过剩是指企业提供的生产能力和服务能力超过了均衡价格下的市场需求。是否出现市场非均衡状态就可以被认定为产能过剩？其实不然，有的学者进一步将非均衡状态增加时间限定，如张新海（2010）认为，产能过剩是指某工业品的生产能力较长时间大于市场需求，市场供求状况失衡，并指出产能过剩有适度和严重之分，适度的产能过剩是市场竞争的前提条件，可以促使企业不断进行产品创新，增强竞争力；而严重的产能过剩会引发企业间恶性竞争，产生较大的效率损失和破坏作用。这个定义，从供求失衡角度将产能过剩限定在了工业品领域，同时指出了认定产能过剩的一个要素：较长时间的供求失衡。但关于较长时间的判断，依然难给定标准。同样，赵振华（2014）也提出，产能过剩是从整个行业的角度而言的供给长时间远远超过需求的一种状态。这个定义将产能过剩聚焦于行业而非企业，同时从两个维度进行定义：一是市场均衡状态维度，供给远远超过需求才可以被认定为产能过剩；二是市场非均衡状态的时间维度，长时间的供需严重不均衡才能认定为产能过剩。王岳平（2006）给出了更为严格的产能过剩定义，他认为，只有当供过于求的产能数量超过维持市场良性竞争所必要的限度、企业以低于成本的价格进行竞争，超出限度的生产能力才有可能是过剩的生产能力。

卢峰（2009）提到①，“产能过剩应该是指，高于现行价格的收支平衡点和低于价格的收支平衡点的比例过大”。因此他认为中国不是没有产能过剩，而是没有长期的、普遍的、严重的产能过剩，这几个限定词一定不能丢。

除上述视角外，也有人认为产能过剩是一个综合性概念，是上述两个方面的综合。韩国高等（2011）认为，产能过剩可以从宏观、微观以及行业层面上理解。在宏观上，产能过剩主要是指由于受到社会总需求的限制，经济活动没有达到正常限度的产出水平，从而使资源未得到充分利用，生产能力（或称产能产出）在一定程度上出现了闲置。在微观上，产能过剩是指实际产出低于生产能力达到一定程度时而形成生产能力过剩。在行业层面上，产能过剩是指在一定时期内，某行业的实际产出在一定程度上低于该行业的生产能力（窦彬、汤国生，2009）。还有学者认为产能过剩是一个结构性概念，甚至还有人认为“产能过剩”是计划经济的概念，在市场经济条件下，没有一定

① 详见天则经济研究所第399次学术报告会会后问答环节，卢峰：《治理产能过剩》，2009年。

的产能过剩，就不会有充分的市场竞争。如王相林（2006）认为，产能过剩（尤其是重化工业）是转轨经济中所特有的产业演进到成熟期后所出现的一种特殊的产业组织现象，同时将产能过剩分为：短期市场波动型、宏观需求波动型、行业周期演进型、产权驱动型四种类型。

第二节　产能过剩的测算标准研究

前述文献表明，产能过剩的界定并非十分清晰。无论从生产利用视角还是市场均衡视角，都不难发现定义产能过剩的原理很容易理解，但是准确测算产能过剩却十分困难，因为几乎所有关于产能过剩的定义都是定性的。

产能利用及产能利用率测度问题是近些年由企业行为理论发展起来的（Klein，1960；Hickman，1964；Morrison，1985，1986；Berndt & Fuss，1986）。界定产能过剩最常用的办法就是产能利用率（Capacity Utility），但是我国官方统计体系中并没有产能利用率的统计，因而关于行业的产能利用率测算，基本都是来自学术方面的研究。

到底采用哪个指标来指代产能利用率水平？是采用单一指标还是采用指标体系？对此，袁捷敏（2013）主张，应明确把产能利用率作为度量产能利用水平的根本指标，不使用其他指标来度量产能利用水平。该文认为，这样做一来方便国内外的学术交流，因为国外就是把产能利用率作为度量产能利用水平根本指标；二来使得产能、产能利用率和产能过剩三个概念之间的关系顺畅自然，因为产能过剩是指产能存在过多剩余未被利用，而产能利用率指标恰恰直接反映了产能已经被利用的比率，也就等价地反映了未被利用的剩余产能，即产能利用率指标可以恰当、直接、自然地刻画产能过剩这个概念。在这个主张下，袁捷敏在其博士学位论文①中将产能划分为技术产能、经济产

① 参见袁捷敏《产能和产能利用率新测算方法及其应用研究》，博士学位论文，东北财经大学，2013 年。

能和经验产能，同时提出了基于这个划分方式的三种测算方法：基于技术产能概念的产能和产能利用率测算方法、基于经济产能概念的产能和产能利用率测算方法以及基于经验产能概念的产能和产能利用率测算方法。并主张在利用产能利用率判断行业是否有产能过剩现象时，应当注意两个方面：一是不能由产能过剩的概念或定义推出：如果产能利用率在一定时期内处于上升趋势，就判断在这段时期没有出现产能过剩；如果产能利用率在一定时期内处于下降趋势，就判断在这段时期出现了产能过剩。二是产能过剩是指产能利用率过低，低到其造成的负面影响超过正面效用，对企业生产、经济运行乃至居民生活产生了全局性负面影响的情形。

关于产能利用率的计算方法非常多，不同的学者采取了不同的方式进行计算，因而并没有统一的产能过剩标准范式。产能利用率在什么水平可以称之为过剩呢？张新海（2010）认为，定量测度产能过剩关键在于如何判断产能利用率“过低”。他认为合理的产能利用区间可以这样定义：将一个行业一定时期的产能利用率数据从高到低排列，排在中间位置的占比80%年份（月份）的产能利用率就是合理水平，高于上限或低于下限的年份（月份）各占比约10%，合理区间的上限和下限也就相应确定，即产能利用率的合理区间。王磊（2012）从生产能力的视角来进行研究，在分析了测度产能利用率的主要方法的优劣性后，他采用了非参数方法——数据包络分析（DEA）法对29个省、自治区和直辖市1998—2010年的产能过剩程度进行测度。这些方式均参考了历史数据，具有一定的科学性，但实际上也是一种静态分析的思路，没有考虑到技术进步和行业组织的变革。事实上，随着技术进步产能利用率可能会出现变化。如在信息技术大规模应用之前，企业为应对市场需求不确定性，需要保留较多的产能。而信息技术的出现则可以帮助企业处理市场不确定性，从而产能利用率可能上升。

考虑到企业的生产决策过程，韩国高等（2011）采用了成本函数法测度了产能利用率。在他们的模型中，将劳动、能源和原材料作为生产的可变投入要素，资本作为生产的准固定投入，模拟了企业在生产过程中的要素投入决策，同时允许技术进步，在合理设定可变成本函数的前提下测算了产能利用率。

第三节　产能过剩诱因与治理研究

产能过剩是由供给和需求的不匹配造成的，狭义的产能过剩是指独立于需求下降而产生的供给高于需求的状态，即产能过剩并不是由需求的快速下降带来的，这一点基本得到共识。也有学者从需求角度研究产能过剩，如卢映西（2005）认为，消费能力不足或者说消费能力稀缺，是理解生产过剩问题的关键所在。他从批判西方主流经济学的“稀缺性”概念入手，说明西方主流经济学在解释产能过剩现象中会剑走偏锋。同时他也主张，只有彻底抛弃西方主流经济学，重新返回到马克思主义经济学的正确基础上，以双约束假设为逻辑起点构建新的分析框架，才有可能把罪魁祸首重新还原为有利因素，进而开辟可持续发展的新方向。

在国内学术界，关于产能过剩问题的研究，多集中在产能过剩形成机制上。现有文献大都从供给侧来探讨产能过剩的成因，目前关于产能过剩成因有三类主流解释，可以分别看作经济结构失衡假说、市场失灵假说和体制失灵假说。

（一）产能过剩的经济结构失衡假说

第一类观点是经济结构失衡假说。这类观点认为，产能过剩源于国有经济主导的经济体系（张维迎，1998）、政府主导的投资结构（杨培鸿，2006）和区域间技术级差较小（皮建才，2008）等几个方面。张维迎（1998）认为，国有企业属性内在地暗含着产能过剩，原因在于国有企业的低效率总是阻碍有效率的兼并，且被兼并后其丧失的控制权没有获得经济补偿。刘志彪和王建优（2000）认为，国家早期推行的“工业化工业”发展战略以及不适当的产业选择理论，导致了制造业的产能过剩。从重复建设角度出发，杨培鸿（2006）证实只有政府主导的投资才有可能是重复建设。皮建才（2008）将产能过剩与中国重工业优先发展的历史背景相联系，推断出落后地区的生产制造品的技术比发达地区生产制造品的技术落后不是太多，就会存在市场性重复建设。

内部因素导致的产能过剩，说明产能过剩是我国体制内生的一种现象。也有学者从外部因素进行分析，陶忠元（2011）研究了开放型经济条件下产能过剩的成因，认为国内投资膨胀与外资利用过度的互动以及国内外各主体消费的抑制或转型均可引发产能过剩，国际要素流动与产业转移助推下的产业成熟期和产品标准化期的前移也会导致产能扩张超前，技术进步则会促进产出效率提高和规模扩大步伐的加快，而灾难和政策等非常性事件又会通过经济和心理传导诱发产能过剩的生成。

这些理论，从国内外宏观的角度给出了产能过剩产生的根源，但现实经济中的产能过剩问题却远远超出这些理论的解释力度。在非国有经济领域、私人投资领域以及技术差异较大的区域，也出现了产能过剩的现象，因此，产能过剩的成因需要从更细致的微观领域寻找答案。

（二）产能过剩的市场失灵假说

第二类观点是市场失灵假说。认为产能过剩源于市场经济本身，更确切地说是源于市场微观主体企业决策，即投资的“潮涌”现象。林毅夫（2007）认为，发展中国家企业所要投资的产业常常具有技术成熟、产品市场已经存在、处于世界产业链内部等特征，因而全社会很容易对有前景的产业产生正确共识，在投资上出现“潮涌”现象导致产能过剩。在林毅夫等（2010）一文中，他们又进一步说明各企业只能在信息不完全的情况下投资设厂，在投资潮中，投资数量之大前所未见，相关行业产能也增幅巨大、企业数目变动剧烈，使得企业家在投资时很难掌握和准确预测投资面的总量信息。投资来源分散、大量项目未经正规审批等特点进一步加剧了企业间投资协调的困难，企业家只能在这样信息严重不完备的环境下做出投资决策，因而可能引发产能总量过剩的结果。王立国和高越青（2012）结合“投资潮涌”理论，指出技术水平落后的基本国情与产能过剩持久反复的现状之间存在联系。在产能过剩的形成阶段，技术水平落后会影响市场的投资决策，引发和加剧重复建设，最终导致产能过剩；在产能过剩的治理阶段，技术水平落后会阻碍产业结构调整和企业产品出口，主要表现在因为技术水平低下形成落后产能淘汰障碍和产品“走出去”障碍，两者都会减缓过剩产能释放的过程，形成大量闲置产能。而方军雄（2012）的实证结论进一步印证了投资“潮涌”或“羊群效应”现象，他选取1999—2009年上市公司数据研究了中国企业投资决策“羊群行为”的存在性及其后果，研究发现，上市公司投资决策存在“羊群行为”，而投资“羊群行为”恶化了行业绩效。

这种观点从企业投资决策的角度分析产能过剩可能源于“企业战略共识”和“信息不完全”，具有一定的微观基础。但有两点值得商榷：首先，林毅夫等（2010）指出，在上述发生“潮涌”现象的行业中，全社会对行业的良好前景（如产业升级方向、总需求、成本等外部环境因素）存在共识，引发大量企业和资金在几乎同一时间涌入一个或几个行业。但事实上并没有充足的证据表明企业在识别“有前景的产业”上具有完全信息，正如奈特（Knight，2006）指出的“利润来源于不确定性”，一旦企业意识到其他企业也会正确地判断产业前景，该企业在进行生产决策时将会考虑“前景产业”共识带来的风险，投资“潮涌”可能未必出现。其次，该理论无法解释“已经存在重复建设的产业仍不断有新建投资”的现象。中国经济的现实运行状况表明，在许多已经存在重复建设的产业中，仍不断有新的投资进入该产业，如电解铝、光伏产业。按照“潮涌”理论的逻辑，企业对“某产业已经产能过剩”也应达成共识，理性的决策者不会再对该产业进行投资。因此，“潮涌”理论对产能过剩的解读可能并不全面。

市场本身发育不完善也可能是产能过剩的诱因。殷保达（2012）发现，20世纪90年代中期以后的中国和第二次世界大战后30多年间的日本出现了特征类似的产能过剩，而此类产能过剩与市场发育度低导致市场对供求的调节能力有限直接相关。

也有学者对市场失灵导致产能过剩的观点持否定态度。于立和张杰（2014）提出了一个有意思的反思：竞争性行业长时期出现产能过剩，就应从非市场因素方面找原因，如是不是既有的制度性或政策性因素阻碍了市场决定性作用的正常发挥。他们在廓清产能过剩本质与分类的基础上，通过研究主要国家产能利用率与经济增长率之间横向与纵向的一般规律，提出并剖析我国的“二率剪刀差”现象与成因，进而得出“我国产能过剩的根本成因是非市场因素”的基本结论。徐朝阳和周念利（2015）提出，我国一些重要行业在早期发展阶段出现大量企业涌入的现象，不应片面视为市场失灵，也不能一概归因于地方政府的产业扶持政策。他们发现当行业发展前景相对确定但市场需求存在较大不确定性时，高效率企业为规避风险会谨慎投资，从而为大量低效率企业留下市场空间，市场集中度和产能利用率较低。而随着行业成熟和不确定性减少，优势企业会不断扩大规模，逐步淘汰劣势企业，最终形成较合理的市场结构和产能利用率。

（三）产能过剩的体制失灵假说

第三类观点是体制失灵假说。认为产能过剩源于体制扭曲——不合意的投资激励，这种观点认为产能过剩可能来自体制方面的因素，比如软预算约束（Kornai，1980）、地方官员政绩“锦标赛”（周黎安，2004；2007）、体制扭曲带来的投资激励（江飞涛和曹建海，2009；江飞涛等，2012）以及财政分权（王立国等，2010；沈坤荣等，2012）等诸多因素。

市场扭曲而非市场失灵导致产能过剩。江飞涛等（2009）认为，用市场失灵来解释产能过剩是不恰当的，通过成本外部化效应、投资补贴效应和风险外部化效应扭曲企业的投资行为，是导致企业过度投资、产能过剩和行业重复建设的主要原因。江飞涛等（2012）进一步指出，中国的财政分权体制和以考核 GDP 增长为核心的政府官员政治晋升体制，使得地方政府具有强烈的动机干预企业投资和利用各种优惠政策招商引资；土地的模糊产权、环境保护体制上的严重缺陷和金融机构的软约束问题，使得低价出让工业土地、牺牲环境和帮助企业获取金融资源成为地方政府竞争资本流入的重要手段。体制扭曲背景下，地区对于投资的补贴性竞争才是导致产能过剩最为重要的原因。耿强等（2011）和王立国、周雨（2013）认为，地方政府的政策性补贴，扭曲了要素市场价格，压低投资成本，形成产能过剩，并成为中国经济波动的主要影响因素。他们通过将产能利用率作为厂商最优选择的内生变量加入实际商业周期（RBC）模型，在动态随机一般均衡框架下讨论外生的随机冲击、政策性补贴冲击对经济主要变量的影响。发现政策性补贴的变化和外生的随机冲击对产能过剩和宏观波动影响不相上下，都构成产能利用率和中国经济波动的主要原因。其中在投资增量的波动中，政策性补贴的影响更是成为最主要因素。

地方政府间竞争诱发产能过剩。陈明森（2006）认为，在我国经济体制转轨时期出现的产能过剩问题是由多种因素决定的，它不仅是一种企业行为，而且也是一种政府行为。地方政府对增长速度和职位升迁的双重激励，引发地方政府与中央政府以及地方政府之间的博弈，并在产能过剩形成过程中起着推波助澜的作用。王立国等（2010）认为，财政分权体制加剧了地方政府间的竞争、刺激了地方政府深度参与经济、各地方产业结构趋同，因而导致行业产能过剩问题严重。韩国高等（2011）测度了我国重工业和轻工业 28 个行业 1999—2008 年的产能利用水平，发现固定资产投资是产能过剩的直接原因，并针对宏观调控政策对抑制固定资产投资收效甚微这一现象，阐述了我国产能过剩的深层次原因。他们认为，中国式的分权治理模式强化了地方粗放式的财政扩张行为。沈坤荣等（2012）着重分析了分权体制下政府（特别是地方政府）在产能过剩问题中所产生的影响。在此基础之上，提出了中央治理产能过剩政策的局限性及其基本失败的理论猜想，并对中国 35 个工业行业 1998—2008 年产能利用率进行测度从而证实了以上猜想。他们的研究显示，有 42.8% 的行业存在不同程度的产能过剩问题，而且产能过剩问题呈现了范围逐步扩大、强度逐步提高的特点。他们认为在现有政绩考核制度下，由于各方利益关系难以理顺，中央政府治理措施在地方往往被束之高阁，产能过剩问题因此愈演愈烈。王晓姝和李锂（2012）认为，地方政府对产能过剩有着不可推卸的责任，中央政府是抑制产能过剩的主体。刘航和孙早（2014）则从地方政府的城镇化努力上探索产能过剩形成的政府推动因素，认为城镇化与产业发展不对称是中国式城镇化的重要特征。受特定的政绩考核观影响，城镇化通常被地方政府视为实现政绩的抓手，使得城镇化脱离产业演进规律而过快推进，造成低技能劳动力过度供给，反过来迫使地方政府要求企业选择有利于充分就业的产能决策，从而导致制造业产能过剩。干春晖等（2015）从官员晋升对产能需求角度提供了有意思的实证研究结果，任期的第4—5年为地方官员晋升的关键时期，与其他年份相比，在该时期地方官员晋升的概率较高。为了追求经济绩效，地方官员在该时期向企业提供相对较多的土地和融资优惠。与非本地提拔的官员相比，本地提拔的官员配置资源的能力更强，能够给企业提供更多的土地和融资优惠。与其他企业相比，国有企业获取土地和融资更为便利。当获取关键性资源的成本降低时，企业有扩张产能投资的冲动，导致产能利用率下降，形成过剩产能。

体制改革落后加剧产能过剩。罗蓉（2006）认为，中央政府对某些体制机制改革滞后，促使地方政府和企业盲目投资，是产能过剩的主要诱因，这主要体现在五个方面：（1）投融资体制。政府直接投资范围过宽，严格管制和审批的行业往往是经济扩张时期利润率最高的行业，企业只要拿到准入证就会不顾风险进行投资。（2）财税体制。以增值税为主体的财政税收体制，促使地方政府鼓励投资、上项目，加上地方财权事权不匹配，致使地方政府增加投资的内在动力比较大。（3）对地方政府的业绩考评机制。以GDP增长为考核指标，地方政府有投资热情，导致各地低水平重复建设严重。（4）生产要素价格形成机制改革滞后。价格杠杆难以有效发挥作用，在生产要素价格只升不跌的预期下，过低的生产要素价格助长了盲目投资。（5）一些重要行业市场准入标准不健全，导致行业进入者良莠不齐。

这些观点强调了市场机制以外的体制扭曲是产能过剩的主因，并指明了体制扭曲带来的企业投资激励是其微观基础，从而对中国式产能过剩问题有了更加清晰的解读。但从这些观点的逻辑出发，财政分权、政绩“锦标赛”等会导致全面“过剩经济”的出现，因而无法回答为什么产能过剩只在特定的行业出现，也就无法解读“中国式产能过剩”的根源。

（四）产能过剩的联合诱因假说

除上述三种假说之外，还有许多学者认为产能过剩并不是单纯由一方面因素导致的，既有内部因素也有外部因素，既有市场因素又有非市场因素，既有政府诱因也有企业的盲目。如孙巍等（2008）提出了厂商应对宏观经济波动的要素窖藏行为假说，即认为宏观经济的波动与冲击会导致产能过剩的形成。他们通过利用随机动态优化的方法建立了产能过剩形成的经济波动假说的数理模型，分析和刻画了由宏观经济波动引起的要素窖藏行为所导致的产能过剩形成机理。并利用1992—2005 年分地区工业数据验证了“窖藏效应”的存在性。李静和杨海生（2011）指出，产能过剩并不是市场失灵或体制缺陷单一作用的结果，二者在产能过剩形成过程中均发挥了重要的影响。何维达和潘峥嵘（2015）认为，地方政府的推波助澜、企业投资预期的扭曲、钢企有效竞争不足以及不合理的产业政策是造成产能过剩的主要原因。

王东京（2015）指出，产能过剩的原因主要有三个：一是中央与地方分税比例问题，因为增值税是目前我国第一大主体税，特点是在生产地与生产项下征收。因而一个地区上的项目越多，企业生产的GDP 越多，增值税也就越多。地方官员追求 GDP 只是表象，其实“醉翁之意不在酒”，真正目的是税收。二是政府的价格管制，这也是产能过剩形成的重要因素，他认为，如果没有价格管制，产品供过于求则会通过价格调节自动平衡，至少不会长期过剩。这个观点意味着市场可以调节产能，不会出现长期供求失衡的过剩状态。三是产业政策。由于地方政府有追求更多税收的动机，而国家产业政策又有配套的相关优惠。对地方政府来说，发展国家产业政策支持的行业，可谓“一石二鸟”。这些年，钢铁、汽车、石化等投资一哄而起，正是受到这种“双重诱惑”的驱动。

（五）产能过剩的治理策略研究

从产能过剩的成因来看，到底什么导致了产能过剩，“仁者见仁、智者见智”，并无一致的结论。在产能过剩的治理上，主要的分歧和讨论也因对产能过剩成因的不同认识而出现分歧。

许多学者认为，市场经济本身需要过剩的产能进行竞争。如卢峰（2010）认为，市场经济派生产能过剩的同时，也为调节化解产能过剩提供有效机制和手段。一是价格下降调节。在需求弹性不为零值假设下，价格下降增加需求并消化部分过剩产能。因而价格下降既是产能过剩识别指标之一，也是市场经济调节产能过剩标志之一。二是市场范围调节。全球化环境下各国产品相对竞争力是影响市场份额的长期最重要因素。其他条件给定，特定部门产能过剩和价格下降会提升其国际相对竞争力，并通过进口替代或出口增加扩大市场范围，一定程度调节或缓解产能过剩。三是企业退出调节。如果产能过剩部门价格调节过程造成持续亏损，在沉没成本较低的情况下面临预算硬约束企业会较快退出，存在沉没成本条件下价格降低逼近可变成本时企业最终会退出。退出减少产能并缓解产能过剩。

市场并非万能的，在处理产能过剩问题上尤为如此。王志伟（2015）指出，马克思主义的理论和西方国家的实践已经证明，产能过剩是由市场经济体制的内在本质决定的，仅市场机制自身不能真正解决问题。我国出现产能过剩问题，既有市场经济条件下的一般性原因，也有我国独特的国内外原因。从长期来看，在市场经济条件下，必须将政府指导和调节与市场调节很好结合，才能较好地缓解产能过剩问题。

而关于政府在治理产能过剩中的作用，耿强等（2011）认为，缓解中国经济波动中产能过剩顽疾的根本途径，还是应该着力改善地方政府的激励机制，减少其进行政策性补贴的冲动，理顺要素市场价格。江飞涛等（2012）认为，从根本上解决产能过剩问题，需要在土地产权、环境保护体制、金融体制、财政体制等方面进一步推进改革。

刘西顺（2006）认为，我国实际存在三种产能过剩，即大中型企业的生产资料过剩、中小及民营企业的“产能损耗”和银行的流动性过剩。他的研究结果表明，涉及11个行业的产能过剩直接根源于过度投资和扭曲分配，间接增强于由信贷歧视所引发的企业共生系统的损害，而银行的流动性过剩则既是信贷配给导致前两者的重要起因，又是目前经济结构性过剩的货币表现。据此给出了加快中小及民营企业信贷支持力度、修复企业共生关系，以低成本、全面消除产能过剩的政策建议。

关于采用什么方式治理产能过剩，是数量型调控还是非数量型管制？多数学者反思了近些年产能过剩控制失效的现实。范林凯等（2015）认为，产能管制政策需要在产能过剩与国有企业“较强影响力”之间权衡，但单就产能过剩来看，近十余年中用于治理产能过剩的产能管制政策很可能取得了适得其反的效果，要从根本上化解产能过剩需加快产能过剩行业的市场化改革进程。

从以上文献回顾中可以得出以下几点评论：

第一，关于“产能过剩”屡“调”不止等特征的研究较少，但有关“产能过剩形成机制”的现有文献相对较多，可以为本书的理论研究和定量分析提供重要参考。

第二，国外针对“产能过剩问题”的研究文献，多是从企业策略角度出发的，从宏观调控尤其是国家战略方面提出产能过剩治理策略的研究非常稀缺。国外市场经济发展程度与中国不同，难以直接将国外研究结论套用到中国产能过剩问题的治理上，必须结合中国实际情况提出化解产能的解决方案。

第三，现有理论在一定程度上解释了产能过剩为什么发生，但仍回答不了产能过剩屡“调”不止，甚至不断出现“产能过剩”反弹的根本原因。这也是本书将着力解决的问题。

第三章　产能过剩的衡量标准

本章从理论上界定产能过剩及其不同的表现形式，区分了技术性产能与经济性产能，并由此引入闲置产能与过剩产能的概念。本书明确指出两种产能虽然都是产能的非完全利用，但在形成逻辑上有质的不同，政策处理方式上也应有差异。产能利用率是判断产能过剩的核心而非唯一指标，因技术水平和行业特定产业组织的不同，产能利用率在不同的产业之间并不具备横向可比性，但其他国家的历史产能利用率则可以提供一个基本参考。产能过剩的识别和预警，对于化解产能过剩具有重要的意义。

第一节　产能过剩的科学界定：理论方法

一　产能利用及动态调整

（一）技术性产能与经济性产能及利用率

技术性产能与经济性产能。“产能”这一概念，通常用来表示企业的生产能力，表示企业在现有资源约束下能够正常提供的最大设计能力，或者也可以对偶地理解为生产特定产出水平所需要投入的最低水平，这是一个问题的两个方面，这样来界定产能是从技术或工程意义上来说的。技术性产能和技术水平、要素投入数量有直接关系。之所以称为技术性产能，是因为这个最大产能并没有考虑生产的经济性，没有考虑企业的投入品价格因素。当企业生产在平均成本最低点时的产能为企业的最优产能，可以将这个产能定义为经济性产能。经济性产能除了与技术水平、要素数量相关外，还与投入品价格的相对变动有关。当要素价格发生变动时，技术性产能保持不变，而经济性产能则可能发生变化：要素价格降低时，经济性产能扩张；反之，要素价格升高时，经济性产能则缩减。

产能概念的适用领域。一般地，产能概念适合于制造业领域，非制造业领域当然也存在产能的概念①，但是由于其投入和产出难以量化，对非制造业领域的产能及其利用的研究和统计非常稀缺。美国人口调查局发布的工厂调查产能利用率包括了出版行业统计，但主要还是聚焦于制造业以及采矿等主要领域。也有少数文献研究了农业和服务业的产能利用率及其决定因素，如 Kirkley 等（2002）对捕捞渔业行业的研究，以及 Escobari 和 Lee（2014）对美国航空运输业“产能”利用率的研究。在我国，主要的政策和研究关注重点仍然在制造业上。

技术性产能利用率和经济性产能利用率。由于信息提供存在交换成本、资源协调存在交易成本、生产调整存在转换成本，最大设计产能（最优产能）与实际利用产能往往是不一致的。如图 3－1 所示，考虑一个非自然垄断行业的情形，在现有的技术和资源条件下，若不考虑生产的经济性，企业生产能力可以达到设计产能 Q^{Max}；若考虑到企业的盈利能力，对于理性企业来说最优产能位于平均成本曲线②的最低点，对应的最优产出水平为 Q^*；但经济运行中，受各种因素影响，企业真实的产出水平可能只有 Q^{Act}。产能非完全利用就会产生产出缺口（Output Gap），问题在于产出缺口如何计算？是用最大设计产能与实际产能之差，还是用最优产能与实际产能之差？运用不同的概念会出现两个产能利用率的算法，从而出现两种形式的产能过剩率：技术性产能过剩率和经济性产能过剩率。

技术性产能过剩率指的是未被利用产能占最大设计产能的比例，如下列公式所示：

---

① 本书主要聚焦于制造业领域的产能过剩问题。

② 事实上也可以根据长期和短期来界定产能利用率，为简化分析，这里不考虑短期成本和长期成本。

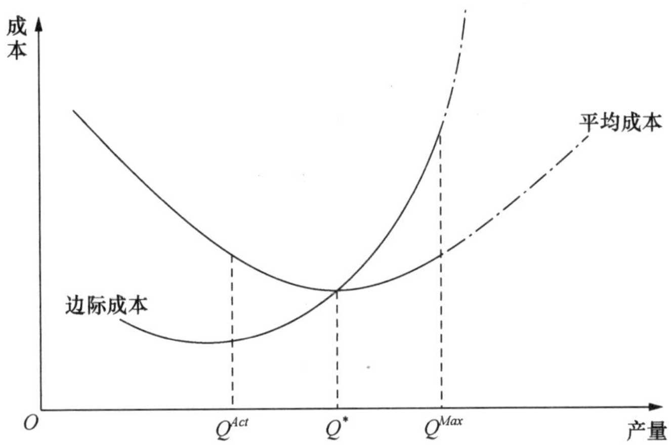

图3－1　技术性产能利用率与经济性产能利用率

注：虚线表示企业无法生产超过技术能力限制和资源禀赋限制的产量。

$$技术性产能过剩率=\frac{设计产能-实际产能}{设计产能}\times100\%=\frac{Q^{Max}-Q^{Act}}{Q^{Max}}\times100\%$$

从上式可以推断出，技术性产能利用率介于0和1之间，通常情况下都是小于1的，等于1的情形非常罕见。

而经济性产能过剩率指的是未被利用产能占最优产能的比例，用以下公式表示：

$$经济性产能过剩率=\frac{最优产能-实际产能}{最优产能}\times100\%=\frac{Q^*-Q^{Act}}{Q^*}\times100\%$$

根据这个定义，当 $Q^*>Q^{Act}$ 时，经济性产能过剩率才大于0，但在这种情形下经济运行是非效率状态，这时的产能过剩才是我们应当担心的；在没有外力干扰、市场可以达到均衡状态下，真实产出 Q^{Act} 一定不大于 Q^*。若发现 $Q^{Act}>Q^*$，企业的产出激励必定被非市场因素扭曲，这样的情形只能是暂时的，在这种状态下企业运行不具备可持续性。

从理论上对技术性产能利用率和经济性产能利用率进行区分相对容易，但是要得到经济运行中的现实数据，两者的难易程度却不同。当前发布的产能利用率数据，均是技术意义上的产能利用数据。比如，美国人口调查局发布的季度工厂产能利用率，实际上是一个调查反馈结果：工厂会被问及当前的实际产出占全部生产能力的估计比例。①

从经济学研究来看，技术性产能利用率与经济性产能利用率存在较大差异。技术性产能利用率因其背后缺乏经济学逻辑、没有遵从企业行为规律而饱受质疑，其应用缺陷也越发凸显（Ray，2013）。经济性产能利用率因其综合了要素投入及其价格波动，更适用于经济预测。早在1981年，Berndt和Morrison发表在《美国经济评论》的论文系统分析了20世纪70年代能源价格上涨后，技术性产能利用率与经济发展指标之间的紧密关联在一定程度上被打破。因而他们从经济学理论出发，提出了测度产能利用率的新方法。

根据董敏杰等（2015）的研究，我国的工业产能利用率存在行业和地区差异，2001—2011年我国工业平均产能利用率为69.3%，以2008年为分界点，之前基本呈上升趋势，之后基本呈波动下滑趋势。分行业看，轻工业产能利用率普遍较高，采矿业、公共事业及制造业中的重工业普遍较低；分区域看，东部地区产能利用率远高于其他地区，东北、中部及西部地区则较为接近；影响因素方面，经济增速、市场化程度与产能利用率显著正相关，行业资本密集度、国有产值比重、地方政府投资力度与产能利用率有较显著的负相关关系。

（二）产能利用率的影响因素

无论采用哪种产能利用率，由于行业特性不同，不同行业的产能利用率也不同。影响产能利用率的因素非常多，主要有三个方面：第一，需求端因素，需求不确定性影响产能利用率。需求波动越大，为应对需求波动需要的产能就越大，产能利用率就越低；需求越稳定，企业在确定最优产能时就不需要太大产能来应对不确定性，产能利用率就越高。Escobari和Lee（2014）利用美国航空运输业数据进行的实证研究表明，在控制了不随时间变化的要素及需求波动的系统性波动后，意外需求（Unexpected Demand）波动增加一个单位的标准差，将导致“产能”利用率降低21个百分点。第二，成本端因素，要素价格波动影响产能利用率。中间投入品价格、资本使用成本、能源及

① 除此之外，美国还调查工厂紧急生产能力（Emergency Production）。

其他要素的价格均会对产能利用率产生影响，这一点已经得到证实。Kim（1999）对美国制造业的研究表明，资本成本与产能利用率成反比例关系，资本使用成本越低，产能利用率通常越高；资本使用成本越高，产能利用率通常也就越低。第三，生产调整的难易程度。生产越容易调整，产能利用率通常越高；生产越难调整，产能利用率也通常越低。比如，当需求持续低迷，生产需要缩减以适应市场需求时，资本有机构成高的企业调整生产却非常困难，不得不维持相对高的产能，产能利用率就比较低。

二　闲置产能与过剩产能

从图 3－4 中，我们观测到，即便在经济发展的最好时期，美国制造业的工厂产能利用率也没有超过 85%，甚至在 2000 年以后产能利用率就从未超过 80%。我国情况也大致类似，工业和信息化部数据显示：2012 年年底，我国钢铁、水泥、电解铝、平板玻璃和船舶行业的产能利用率分别仅为 72%、73.7%、71.9%、73.1% 和 75%，明显低于国际通常水平。[①] 与我国当前主要行业所谓严重的产能过剩状况相比，美国产能过剩状况似乎并不比我们轻松。那么，美国经济是否也存在严重的产能过剩呢？从美国经济发展的实践来看，过剩产能反而是常态。我们也可以问，怎么才算是对经济增长有害的产能过剩？常态意义下的相对过剩应当如何理解？当产能利用率呈下行趋势，尤其是到 80% 以下，大家普遍认识到相对严重的过剩可能出现了；但当产能利用率回升时，却发现判断出现分歧：到底产能利用率回升到多少才算不过剩？从广义上来说，产能的非完全利用都可以称为过剩，然而并非所有的过剩都是不可容忍的。

这里有必要对闲置产能[②]和过剩产能做区分，两者指代的内容是

① 通常，产能利用率在 80% 以下我们的政府管理部门就会认为产能过剩比较严重了，在 75% 以下产能过剩问题就更加突出了。

② 也有学者将这部分产能定义为缓冲能力，如王兴艳（2007）认为，因原料问题、技术问题等，产能不能被充分利用，而是应该有一部分富余生产能力，于是称其为缓冲能力。同时认为在一定限度内，缓冲能力的存在对行业发展是有利的，当这部分富余产能超过了某个限度，将会对行业的发展带来不利的影响，此时就会出现产能过剩问题。

完全不同的，对经济发展的影响也有本质差异，因而处理方式也有所区别，这种差异经常被研究者忽略。对这个问题的忽略，导致了到现在都没有相对规范的界定产能过剩标准的方法。不得不承认，定量界定闲置产能和过剩产能仍是巨大难题，尤其是不同行业因属性差异存在不同的“自然闲置产能”，现实中很难划定一个区间来判定产能利用率在什么区间是闲置产能和过剩产能。理论上界定闲置产能和过剩产能，似乎并不是太难，回到图 3－1：当企业在最优产出水平 Q^* 下生产时，富余的产能为 $Q^{Max}-Q^*$，在完全竞争条件下这部分富余的产能并不影响经济效率，理论上可以被认为是判断闲置产能和过剩产能的临界点。

此外，闲置产能和过剩产能还至少有以下五个方面的区别，表 3－1比较了闲置产能和过剩产能的一些差异。

表 3－1　　闲置产能与过剩产能的差异

比较要点	闲置产能	过剩产能
现象存在的领域	各个行业	个别行业
现象存在的期限	长期存在	期限不定
对经济发展影响	基本无害	阻碍经济发展
保留产能的动机	策略性主动需要	非自控被动形成
是否能自我调节	市场可自我调节	市场和政府调节

资料来源：笔者绘制。

第一，从存在的领域来看，闲置产能是全行业现象，而过剩产能只存在于特定的一些行业。经典的经济学理论告诉我们，市场出清是动态调整的，而不是静态均衡。供需不匹配导致供给能力未充分利用，使得各行业的企业都会出现部分闲置产能，这是正常的市场经济现象。但当部分行业需求大幅持续性回落，生产调整的难易就决定了企业是否会存在过剩产能。有的行业固定资产等投入较小、投入要素的替代性较强，因而调整生产较容易，不会出现过剩产能；而有的行业，尤其是重化工行业，固定资产等投资较大、投入要素的替代性较弱，生产调整起来就十分困难，这些行业就更容易出现产能过剩。我国经济运行中产能过剩相对严重的产业，多数属于这类行业。

第二，从存在的期限来看，闲置产能是长期存在的，而过剩的产能存在期限却不确定，可能短期存在，在一些国家也可能中长期都存在。闲置产能是企业运行的常态，只要存在非完全信息（如企业并不完全掌握消费者的偏好以及支付意愿等信息），产能就不可能完全利用，因而闲置产能是长期存在的。虽然闲置产能难以消除，但产能闲置的程度却可以由于管理水平的提高而得到改善。比如，汽车制造业领域的丰田精益生产（Just in Time）模式，使得产能利用率显著提高，库存水平明显降低，甚至达到零库存模式。过剩产能可能短期存在，比如由需求疲软导致的暂时性过剩，会因短时期内的需求复苏而得到改善。过剩产能也可能中长期存在，尤其是在市场退出受到阻碍的国家更为明显。

第三，从对经济发展的影响来看，经济运行常态的闲置产能不会对经济产生有害影响，反而因其保持灵活产能能够平抑经济波动，避免短期非预期需求调整带来的通胀或通缩压力。而过剩产能对经济发展的影响则十分明显，过剩产能通常会导致产品价格水平的回落，也容易助长价格非理性竞争。过剩产能对资源的占用，使得资源不能向高效率方向流动，也是对经济发展的阻碍。

第四，从保留产能的动机来看，闲置产能是为了应对各种不确定性，如需求不确定性、信息沟通偏差、劳动力市场波动、潜在进入者威胁等，因而闲置产能属于主动性的策略性行为。而过剩产能普遍是因为对生产调整的各种限制被迫形成的一种非自愿状态。

第五，从是否能自我调节来看，闲置产能是可以根据市场变化伺机而动的，因而在价格信号[①]指引下，闲置产能可以自我调节。过剩产能也可以由市场进行调节，通过优胜劣汰的选择机制，将低效率企业排除出市场。当然，过剩产能也可以通过政府这只“有形的手”进行调整，通过合理估算未来市场的需求波动确定过剩产能的程度，进

① 由市场竞争形成的正确的价格信号，而非管制经济学的错误价格信号。

而用行政命令对过剩产能进行调整，但科学估算需求水平以及分配过剩产能调整却并非易事。

上述分析表明，真正需要引起政府经济管理部门关注的、对经济发展有害的是过剩产能而非闲置产能，力图消灭企业闲置产能的努力即便不是徒劳的，也肯定是低效率的。本书主要关注的也是过剩产能成因及其化解之道，而非闲置产能及其调整。

第二节　产能过剩的国际比较：经验研究

一　产业生命周期与产能利用水平

任何一个产业都有其发展周期，产业成长是一个产业从形成、发展、成熟到衰退的整个过程，或者说一个产业在国民经济中所存在的延续过程。产业成长一般要经历形成期、成长期、成熟期和衰退期四个阶段。在每个阶段，企业产能利用都有所不同，如图 3－2 所示，产能利用水平在不同的生命周期内表现出差异性。

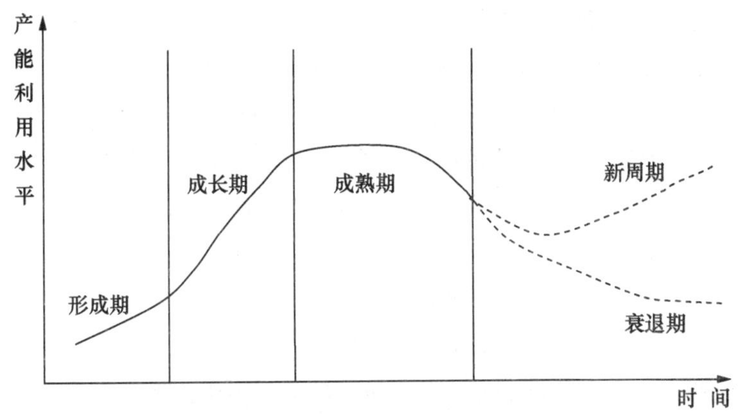

图 3－2　产业生命周期中的产能利用水平差异

资料来源：笔者绘制。

形成期是指某个产业产生以后的要素投入、产出规模和市场需求缓慢增长时期，在这个时期，产能设定完成后，由于需求不确定性，产能利用率通常较低；成长期是指某个产业的要素投入、产出规模和市场需求迅速增长的时期，在这一时期，企业逐步了解了市场的需求，并在前期生产中积累了生产经验，学习成本在“干中学”（Learn by Doing）过程中逐步下降，企业对生产的控制能力增强，产能利用水平也逐步上升；成熟期是指某个产业的市场饱和，要素投入、产出规模进入缓慢增长的时期，在这一时期，企业不需要应对太多的市场不确定性，因而产能利用水平达到了最佳水平；衰退期是指某个产业的要素开始趋于退出，产出规模和市场需求下降日益增强的时期，这一时期的产能利用水平通常会大幅下降。与产品的生命周期不同，一个产业在经历成熟期后，产业不会迅速消亡，产业成长表现出的周期性特征从外在表象形式看，呈现为倒“U”形或“S”形。产业在衰退期由于新技术的出现、产品的功能升级可能会重新开始“形成—成长—成熟—衰退”的循环演变过程，从而将产业推向新的生命周期曲线上，在这种情况下，产能利用水平会首先呈现下降趋势，然后随着产业的升级进一步回升。

从产业的生命周期来看，当经济发展中出现产能过剩现象时，未必就需要政府进行干预和治理。只有当产业出现衰败，升级无望时，产能过剩才会对经济发展起到制约作用。即便是在产业经过成熟期以后、产能利用水平出现回落时，只要产业升级过程正在进行，产能过剩也不会成为长期现象。在资本主义国家工业化发展的初期，也出现了大量的生产过剩现象，这时的生产过剩反而促进了竞争，使得企业不断升级产品，产业走向成熟期。

二　不同国家的平均产能利用水平

不同国家处在经济发展的不同阶段，有的国家处在工业化发展的后期，而有的国家的工业化则刚刚起步。

从世界产能利用率的水平比较来看，如表 3－2 所示，各个国家的产能利用情况存在很大的差异。相对来说，市场经济成熟的国家，其平均产能利用水平也相对较高，而市场经济发育不太成熟的地方，

表 3-2 主要工业国历史产能利用率平均水平

国家	平均产能利用水平（%）	数据来源
美国	79.5	美联储
加拿大	82.5	加拿大统计局
日本	83—86	日本银行
欧盟	82	西班牙银行估算
澳大利亚	80	澳大利亚国家银行估算
巴西	60—80	多渠道统计
印度	70	印度商业线报
中国	60—75	多渠道统计
土耳其	79.8	土耳其统计研究所

资料来源：维基百科（https：//en. wikipedia. org/wiki/）。

产能利用水平呈现两方面特征：一是平均产能利用水平较低，二是产能利用率的波动较大。如加拿大、日本、欧盟、澳大利亚等国家和区域，其产能利用率基本都维持在80%以上。而中国、巴西、印度等国家的产能利用率在60%—80%这一区间内波动，并且从世界经济周期来看，这些国家的产能利用水平受外部波动影响较大。

让人产生疑问的是，为什么市场经济相对发达的国家和地区，其产能利用率水平较高且产能利用波动较小？发达国家市场经济与发展中国家市场经济[①]的主要不同在哪里？恐怕最大的分歧在政府与市场的关系，尤其是政府是否干预企业的经营行为。政府对企业经营决策管制越严，企业产能由于不能退出市场，产能利用率波动就越大。而政府对企业经营决策干预越少，企业生产调整就越容易，产能利用率水平反而维持在较高的水平，即便是产能利用率较低，这种低产能利用率、高设备闲置率的状态也不会持久。

---

① 根据美国对市场经济地位认定的标准，判断一个国家是否为市场经济，主要依据以下这几个方面：一是政府对生产方式控制的程度；二是货币的可兑换程度；三是劳资双方对工资谈判的自由度；四是设立合资或外资企业的自由度；五是政府对资源分配、企业的产出和价格决策的控制程度。

三　不同产业的平均产能利用水平

产业属性在很大程度上决定了行业的产能利用率水平。因而在用产能利用率指标分析某行业是否出现产能过剩时，必须注意产业本身属性。美国40多年来不同产业的统计产能利用率明显地呈现出产业差异性。

表3-3　美国主要产业历史产能利用率水平　单位:%

产业	产能利用率				
	1972—2014年平均水平	1988—1989年较高水平	1990—1991年较低水平	1994—1995年较高水平	2009年较低水平
总体产业	80.1	85.2	78.8	85	66.9
制造业	78.5	85.6	77.3	84.6	63.9
采矿业	87.5	86.2	83.8	88.7	79
公用事业	85.9	92.9	84.3	93.3	78.5
原材料生产业	86.3	87.6	84.3	89.8	76.9
初级、半成品生产业	80.7	86.5	78.1	87.8	64.2
制成品生产业	77	83.4	77.4	80.7	66.7

资料来源：美国联邦储备委员会（Federal Reserve Board）。

如表3-3所示，首先，不同类型的产业，其平均产能利用率差异较大。简单地推断，我们发现，越是生产工艺简单的产业，其产能利用率越高；越是生产复杂的产业，其产能利用率也就越低。从原材料、半成品和制成品三类产业的历史产能数据来看，在所有统计时期，原材料的生产由于生产过程简单，其产能利用率均高于初级、半成品生产业和制成品生产业。而绝大多数年份，制成品生产业由于工艺相对复杂其产能利用率一直处于较低水平。而公用事业从产业属性来看大部分具有自然垄断①属性，其产能利用率一直相对较高而且比

① 自然垄断则与规模经济紧密相连，指一个企业能以低于两个或者更多的企业成本为整个市场供给一种物品或者劳务，如果相关产量范围存在规模经济时自然垄断就产生了。多数公用事业属于自然垄断行业。

较稳定，1994—1995 年公用事业产能利用率高达 93.3%。

一个显而易见的问题是，是否可以认为产能利用率低的行业，其产能过剩情况更严重一些？换句话说，不同行业的产能利用率水平是否可以横向比较？事实上，产能利用率的行业间差异要远高于行业内差异。以美国 2015 年第二季度各行业的产能利用率为例，各行业的产能利用率差异非常大[①]：纸浆生产工厂的产能利用率高达 96.3%，是统计体系内产能利用率最高的行业；而产能利用率最低的行业——电子照明设备制造行业的产能利用率仅有 50.8%。

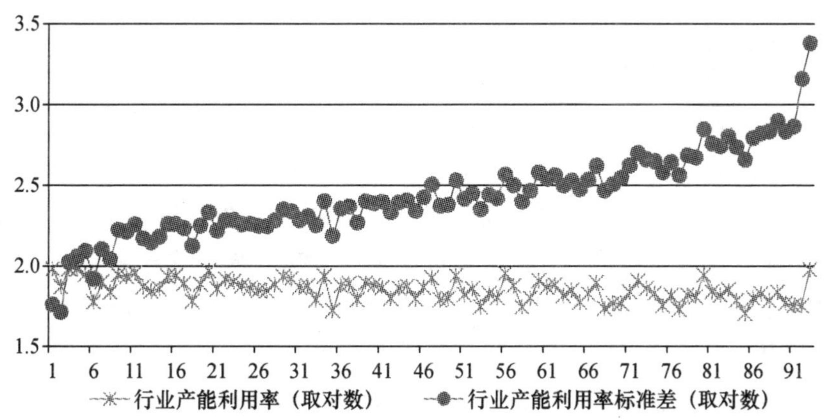

图 3－3　美国工厂调查产能利用率的行业差异

注：该趋势是利用美国各行业 2015 年第二季度工厂调查产能利用率及其标准差，并经取对数后计算得出的。

资料来源：美国人口调查局（United States Census Bureau）。

图 3－3 呈现了类似的统计证据，根据美国 2015 年工厂的产能利用率调查数据，我们发现，行业产能利用率相对平稳，表明在同一行业内，企业的产能利用率虽有差异但并不是太大。而产业间的产能利用率则呈明显的趋势性，表明行业间的产能利用率差异相对来说更大。因此，简单比较不同行业之间的产能利用率数据，进而得到哪个

① 数据来源：美国人口调查局（United States Census Bureau）。

行业的产能过剩更严重，这一逻辑是不科学的。

第三节　产能过剩的外在表现：经济参数

理论界对产能过剩并没有形成统一的认识，界定产能过剩的标准也尚无定论。事实上，当前关于各种行业是否产能过剩，只是政府部门给出的判断。究竟采用哪种方法来估算产能过剩不得而知，但毫无疑问产能过剩是经济运行结果的外在表现，我们仍可以从一些基本的经济指标中窥探产能过剩的发展趋势。

一　核心判断指标

最基础的指标应属产能利用率。如张新海（2010）所说，该指标将工业发展的不同阶段连接了起来。即工业投资—拟建产能—在建产能—建成产能—工业产品—市场需求，其中，工业投资是第一阶段，是拟建产能付诸建设的开始；建设中的工业项目属于在建项目；一段时间之后项目建成，形成了第二阶段的建成产能，也就是市场潜在供给能力；产能建成投产后，到了工业品生产阶段，实现了从产能到产量的转变；工业品销售出去，实现了从产到需的转移，在产与需之间存在库存调整。产能利用率反映了建成产能与工业品产量之间的关系，对应看现实经济中产能合适、过剩或不足的不同状况，处在工业运行体系的核心位置，是连接生产与需求的重要指标。

即便是同一行业，在不同的历史时期其产能利用率也会不同。产能利用率的动态调整通常可以被认为是经济发展的“晴雨表”，高产能利用率必然伴随着未来可能的资本投入、进一步扩大生产、劳动力雇佣增加，而低产能利用率则意味着生产的压缩，相反也会导致资本投资缩减、生产能力减少和失业增加。发达国家统计和公布企业调查产能利用率已经有了较长历史。①

如图 3－4 所示，1993—2014 年，美国制造业的工厂产能利用率

① 如加拿大自 1963 年就开始统计产能利用率水平。

随经济周期性波动也出现了明显的调整，尤其是2008年金融危机后，美国制造业工厂产能利用率下滑至2009年的65.7%，为20多年来的历史低点，有35%左右的产能闲置。同一行业不同时期的产能利用率数据，可以反映行业的整体运行情况。

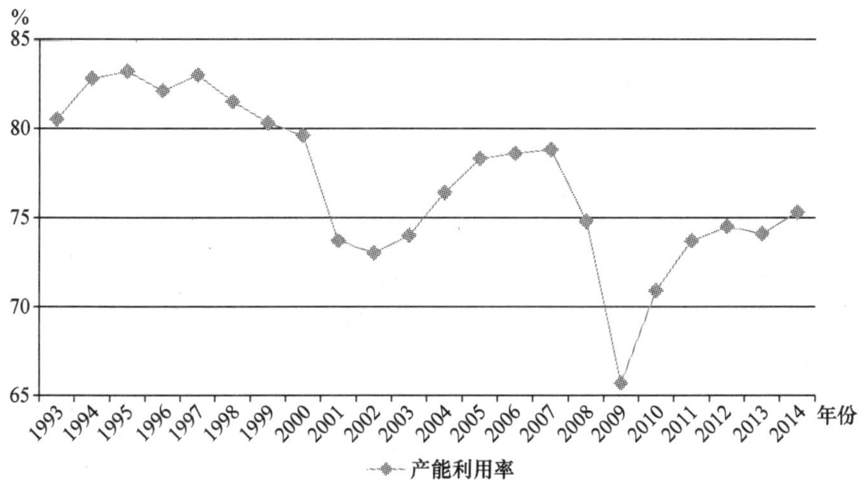

图3-4　美国制造业历史产能利用率（1993—2014年）

资料来源：美国联邦储备委员会（Federal Reserve Board）。

如图3-5所示，加拿大1987—2015年季度产能利用率也表现出了相同趋势，1987—2015年加拿大平均产能利用率高达82.5%，其中1988年产能利用率水平高达87.6%，而受金融危机的影响，2009年产能利用率回落至历史低位，只有71.6%。产能利用水平受经济危机的波动非常明显。

产能利用率处于什么区间可以被判定为产能过剩，目前并没有统一的结论，国际上通常会将80%左右的产能利用率界定为合理，但这一指标并不是一个严格的定值。于立和张杰（2014）对不同产能过剩状态下产能利用率区间做了划分：

图 3－5 加拿大 1987—2015 年季度产能利用率

资料来源：加拿大统计局（Statistics Canada）。

表 3－4 产能利用率的区间划分与判断标准

区间划分	产能利用率 $R_{用}$	产能闲置率 $R_{闲}$	基本判断
第Ⅰ区间	$R_{用} \geq 80\%$	$R_{闲} < 20\%$	正常闲置
第Ⅱ区间	$75\% \leq R_{用} < 80\%$	$20\% \leq R_{闲} < 25\%$	非正常闲置或轻度过剩
第Ⅲ区间	$R_{用} < 75\%$	$R_{闲} \geq 25\%$	严重过剩

资料来源：于立、张杰：《中国产能过剩的根本成因与出路：非市场因素及其三步走战略》，《改革》2014 年第 2 期。

如表 3－4 所示，在判断严重过剩时，只要产能利用率低于 75% 就认为是严重过剩，这种判断方法可能存在丢失信息的情形。75% 以下的产能利用率，究竟是 30% 水平还是 60% 水平，对行业的影响是完全不同的。

图 3－6 给出了一个更加详细的区间判断标准。产能利用率和产能闲置率是一枚硬币的两个方面，当产能利用率低于 80% 时，存在产能过剩。但产能过剩的程度却有所区别，当产能利用率处于 75%—80% 区间时，可以认为是轻度过剩状态；产能利用率处于 60%—75% 区间时，可以认为是显著过剩状态；当产能利用率在 30%—60% 区间时，产能处于严重过剩状态；而产能状态利用率低于 30%，则表明产能处于极度过剩状态。

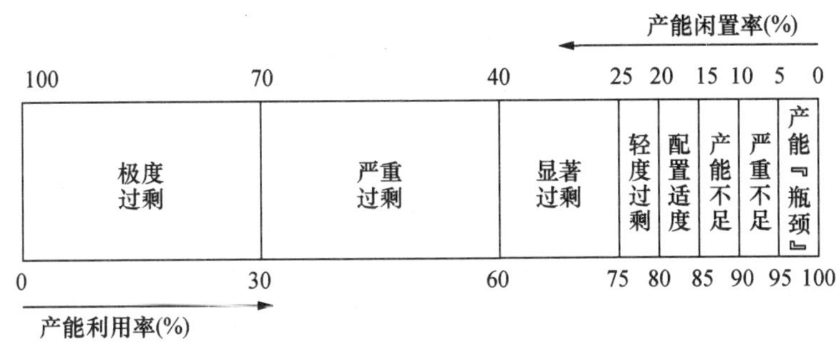

图3-6 闲置产能与过剩产能的阈值界定

资料来源：卢峰：《治理产能过剩》，天则经济研究所双周论坛报告，2009年。

我们看到，产能利用率也并非越高越好，如前所述，企业为应对市场波动会保留一定范围的合理闲置产能。由此，当一个企业的产能利用率达到85%以上时，可能已经开始面临产能不足的问题，需要新增加产能才能保证企业运行的稳定或企业对市场的控制。当产能利用率达到90%以上时，对大多数行业来说都已经处于产能严重不足的状态。①

二 综合判断指标

除了基础的产能利用率指标，其他的经济指标更能辅助我们判断一个行业的产能过剩状态。其中，中国钢铁协会副秘书长戚向东对判定行业严重过剩给出了六项指标：一是产品库存持续急剧上升，销售呈现停滞状态；二是产销率大幅下降，供求关系严重失衡；三是产品价格大幅度回落，长期处于成本线以下；四是行业出现大面积的企业亏损，企业被迫举债经营；五是一批企业相继倒闭或破产；六是进口严重受阻，出口不计成本，国际贸易摩擦频繁发生。

对应于前述技术性与经济性产能利用率②的定义，本书从生产和经营两个层面设计指标体系，用来判断行业产能过剩的基本状况。

① 市场需求相对稳定、企业市场控制能力相对稳定的行业产能利用率可以长期维持较高水平，如自然垄断行业中的公用事业。

② 见本章第一节相关概念的界定。

表 3－5 产能过剩研判的综合经济指标

生产性指标	过剩提示	经营性指标	过剩提示
产能利用率	80% 或历史均值以下	出厂价格	显著下降
投资增速	趋势性减缓	盈利能力	大幅下降
产量（出）增速	预见指标，增速回落	行业内企业数量	持续减少
库存状况	库存增加	亏损企业数量	持续增加

资料来源：笔者绘制。

如表 3－5 所示，从生产层面判断一个行业是否出现产能过剩，可以从四个方面来判断：一是传统的产能利用率指标。这个指标在中国并没有完全发布，因而难以通过这个指标来判断当前产能过剩的相关情形。但是就像一个患重感冒的病人一样，虽然没有体温计来测量其是否发烧，我们仍可以从其精神表现、行为举止等方面判断他是否患病。产能过剩也一样，没有产能利用率，我们仍可以借助其他指标来推断。二是投资增速。当一个产业出现产能过剩，市场供给必然超过正常市场需求，市场价格水平自然会回落，于是企业的盈利水平就会下降。而（预期）盈利水平是指导企业投资的重要目标工具，产能过剩出现时，行业的投资增速必然减缓。由于价格传递信息是存在成本和时滞性的，理论上，投资增速减缓应当慢于观测到的产能过剩。这也意味着，当我们观测到行业投资增速下滑时，产能过剩已经在这之前就出现了。三是产量（出）增速。这个指标是个可预见性指标，当行业的产出增长回落时，表明已经出现了产能过剩的迹象。这个指标比投资增速指标更快地识别产能过剩、更好地判断产能过剩发生的时机。四是库存状况，从库存变动来看产能过剩可能更为直接。但从企业层面来看，拥有多少库存在一定程度上属于商业机密，自报（Self－Report）库存可能存在系统性下偏。因此在利用这个指标判断产能过剩时，可能会低估真实的产能过剩状态。

单纯从生产角度来看，难以窥视产能过剩全貌，产能过剩还会因外部需求状况变动而出现，需要经营性指标辅助决策。一是出厂价格水平。其中比较有代表性的是工业品出厂价格（PPI），这是衡量工业企业产品出厂价格变动趋势和变动程度的指数，是反映某一时期生产领域价格变动情况的重要经济指标，也是制定有关经济政策和国民经济核算的重要依据。当产能过剩现象出现时，工业品出厂价格一般会出现回落态势。二是企业的盈利能力，即企业获取利润的能力。一般来说，当行业出现严重的产能过剩时，企业的盈利能力会系统性回落。但这并不意味着所有企业都会出现同样程度的利润下降。根据我们的调研，在被国家认定为严重过剩的同一行业，不同的企业盈利能力出现明显的差异。甚至有的企业在这种逆境下还可以持续盈利，而有的企业则难以在竞争中生存下来。三是行业内企业数量。这个指标可以用来判断行业对潜在进入者的吸引力，若行业中的企业数量不断增加，很难说明行业存在产能过剩；但当我们观测到行业内企业数量不断减少，也未必就一定可以推断出行业存在产能过剩，企业数量减少是产能过剩判定的必要而非充分证据。一般来说，当出现相对严重的产能过剩时，行业内的企业数量会相应减少，主要来自企业退出行业经营或被更有效率的企业兼并收购。四是亏损企业数量。这个指标比较直接地反映了行业经营状态，当产能过剩比较严重时，企业的利润水平必然被激烈的“价格战”吞噬，亏损企业必然增多。但是用这个指标时应当注意，可能存在这样一种“假象”，当外部需求水平回落导致整个行业的利润水平下降以至于多数企业处于非赢利状态时，可能是一种临时的利润回落，并不能说明广泛的产能过剩存在。因而，使用这个指标时，有必要跟踪中长期数据，避免误判形势。

产能利用率指标虽然能够反映过去一段时间内的企业生产状况，但并不必然表明行业的过剩状态与否，单一指标无法涵盖市场供需全貌进而无法准确判断行业的产能过剩状态。我们认为，科学判断产能过剩，必须采用综合指标体系、回溯产业发展历史、对比产业世界发展趋势、兼顾我国产业发展实际、定性与定量相结合来全面考察。

第四章　中国产能过剩的现状与问题

我国的产能过剩有别于发达国家成熟经济体的生产过剩，本章总结了我国产能过剩的主要特征。利用最近的工业运行数据，采用综合指标体系，判定了我国产能过剩的总体状况，分析了当前治理产能过剩面临的主要挑战。为进一步了解重点行业的产能过剩成因及其治理情况，本章分别在传统行业、新兴行业和区域性行业选择了钢铁、光伏和水泥三个具体行业进行全产业链分析，发现不同的行业其产能过剩的形成逻辑存在较大差异，治理产能过剩的政策效果也不尽相同，数量控制型的产能过剩治理其效果均不理想，产能过剩的治理应“分业施策、业业不同”。

第一节　产能过剩总体状况：特征、态势与挑战

一　“中国式”产能过剩的主要特征

世界金融危机以来，伴随着我国刺激经济的“四万亿”政策实施，我国的产能过剩问题又呈现出一些独特的重要现象，这些重要现象是“中国式产能过剩”的主要特征。之所以称为“中国式产能过剩”，是因为与发达经济体的产能过剩现象及治理相比，我国的产能过剩表现出以下六个方面的独特性。

第一，从过剩产能动机上看具有独特性。在西方产业组织文献里，产能过剩通常被解释为企业的策略性行为，被企业用以抵抗和威胁潜在竞争者。因而，通常在具有垄断势力的行业中，才会出现策略

性的产能过剩。而中国的产能过剩行业，并不是典型的垄断性行业，因而企业保留过剩产能的动机不同于发达国家。

第二，从产能过剩领域上看具有独特性。一方面，传统工业行业领域产能过剩周期性、重复性出现，几乎每4—5年，传统工业行业就会出现一次相对严峻的产能过剩。传统行业的过剩产能反弹[①]问题最近十几年更加突出，表现为产能过剩反复出现在某些特定行业。另一方面，原本处于产业初创和发展期的一些新兴、高端产业也出现产能过剩问题[②]，在我国一些新兴、高端产业从无到有，工厂“遍地开花”、产能快速增长，短短几年间就表现出产能过剩问题。高新技术光伏企业无锡尚德从2001年成立到2010年光伏组件出货量世界第一，再到2013年破产重组，不过十几年的时间。而这个高新技术行业在2009年就已被确定为产能过剩行业之一。最后，产能过剩的领域相对集中，如图4－1所示，从产能过剩行业分布来看，当前大部分产能过剩的领域集中在建材行业。

第三，从治理主体上看具有独特性。中央政府积极推进，地方政府消极怠工，国有企业处乱不惊，民营企业诚惶诚恐。产能过剩可能引发系统性危险甚至危机，遏制了中国产业竞争力的提升，中央政府在治理产能过剩的态度上一直是积极的；在现有政绩考核制度下，地方政府不希望本地产能被调整而影响税收，消极怠工是地方政府在现有制度约束下的“理性选择”；“去产能”对不同所有制企业的影响并不对称：国有企业肩负的社会责任较重，因而在历次产能调整中，国有企业普遍相对“安全”。从政府发布的淘汰目录来看，大多数被调整的产能都是民营企业的产能。

第四，从治理手段上看具有独特性。宏观调控部门主要采用“落后产能”列表制度进行淘汰：所有被淘汰或调整的产能（项目）都将

---

① 如韩国高等（2011）所述，原本由于重复建设引发的产能过剩问题因“四万亿”投资计划、十大产业振兴规划和宽松的货币政策等刺激政策而更加突出。

② 以风电设备、太阳能光伏产业为代表的一些新兴产业同样面临产能过剩的问题。无锡尚德太阳能电力有限公司于2013年3月进入破产程序，标志着中国太阳能光伏产业进入艰难生存时期。

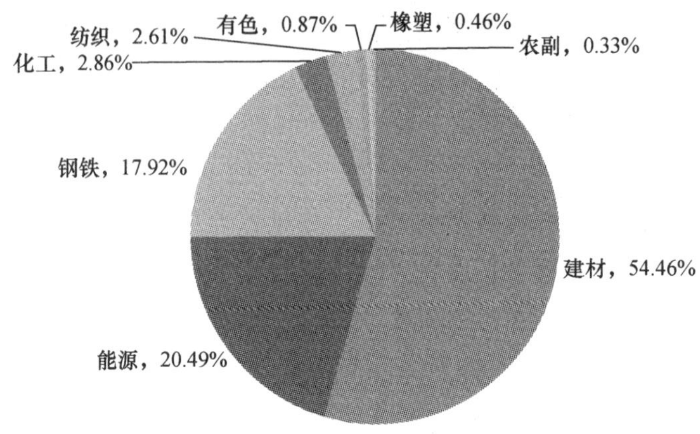

图 4 - 1 2013 年中国产能过剩产品行业分布（按产量计）

资料来源：潘云良：《产能过剩根源何在》，《中国报道》2014 年 1 月，第 14 页。

落实在名单上，只要不在名单上，产能就可以免予淘汰或调整。这实质上是以行政命令代替市场机制来界定落后产能。

第五，从治理结果上看具有独特性。当前产能治理结果证实：调控政策最多的行业也是产能循环、反复出现最严重的行业，出现越治理越严重的悖论；若不采取治理措施，任由市场“自由”调节，产能过剩问题反而变得更加严重。过剩以“产能”度量，新增先进产能则不易进入；行业退出存在非经济性壁垒，落后产能也就不易退出。产能“进不来”和“出不去”并存。

第六，从产业绩效上看具有独特性。有研究表明，产能过剩行业的平均利润率仍高于整个工业行业的平均利润率，这与过剩经济的逻辑相背离。谁在支撑产能过剩行业的利润，是个值得思考的问题。

二 当前产能过剩的主要态势

我们从生产和经营两个层面设计指标体系，应用综合判断指标体系来判断当前产能过剩的基本状况。

第一，产能利用率仍低位徘徊，暂无明显好转。产能利用率指标反映了实际产出与生产能力的匹配程度，虽然不同的行业产能利用率指标存在系统性差异，但与国际通常水平和历史正常水平相比较，仍可以观测到产能过剩的趋势性。工信部数据显示：2012 年年底，我国钢铁、水泥、电解铝、平板玻璃和船舶行业的产能利用率分别仅为 72%、73.7%、71.9%、73.1% 和 75%，明显低于国际通常水平。2013 年上半年全国工业产能利用率为 78%，是 2009 年第四季度以来的最低点。2014 年第三季度，我国产能利用率为 78.7%，同比下降 0.9 个百分点。总体来看，两年多来，主要行业的产能利用率也处于近几年的历史低位，未见明显好转：电解铝行业产能利用率为 70% 左右，在世界钢铁行业产能利用率下行筑底（75%—78% 水平）背景下，2013 年我国钢铁产能利用率仅 72%，2014 年有所上升，但仍在 75% 左右，没有改变低位徘徊的态势。

第二，过剩行业投资增速趋缓，产能总量扩张但幅度放缓，去产能仍存压力。在中央化解产能过剩的政策指引下，过剩行业固定资产投资增速有所回落。从固定资产投资的产业结构来看，以工业为主的第二产业固定资产投资增速在不断回落。从主要工业产品的产量来看，产能进一步扩张，但增速都在不同程度回落。

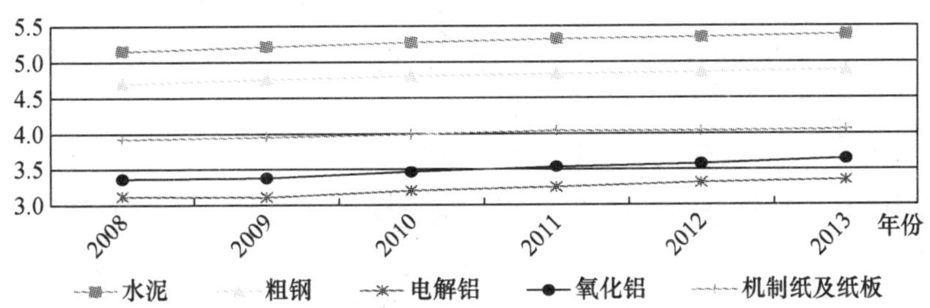

图 4－2　2008—2013 年主要工业品产量扩张趋势

资料来源：国家统计局，并取 LOG 值进行处理。

表 4－1　主要工业产品累计产量数据

工业产品	产量	同比增长（%）	增速同比回落（百分点）
粗钢	74867 万吨	1.9	5.9
钢材	102658 万吨	4.5	7.0

续表

工业产品	产量	同比增长（%）	增速同比回落（百分点）
铁合金	3455 万吨	5.4	7.0
水泥	227179 万吨	1.9	7.3
平板玻璃	73823 万重量箱	2.4	9.2
十种有色金属	3994 万吨	6.2	4.3
电解铝	2198 万吨	7.1	2.5
氧化铝	4349 万吨	6.9	7.7

注：数据以 2014 年 1—11 月为统计区间。

资料来源：国家发展与改革委员会经济运行调节局。

图 4－2 和表 4－1 数据均证实了这个判断。2014 年前 11 个月，粗钢、钢材、水泥、平板玻璃、电解铝和氧化铝等传统过剩行业的产量虽然仍呈扩张趋势，但产能扩张的幅度都有所放缓。

第三，工业品产出价格水平持续回落，产业链盈利能力差异化明显，上游过剩行业盈利水平正在降低。从产业组织角度来分析，产能过剩带来的一个直接后果是无序竞争，而当前低端产品过剩、高端产品短缺的特殊时期，价格便是产能过剩行业竞争者的主要竞争策略。产能过剩因而会导致价格水平的下降。

图 4－3 为国内主要钢材品种价格指数，可以看出：自 2013 年中期以来，钢材价格在持续性回落。除钢材外，水泥、平板玻璃、铜、电解铝、铅等价格也在不同程度下跌。从实现利润来看，部分行业的盈利水平正在降低。2014 年前 10 个月，钢铁行业实现利润同比下降 8.2%，平板玻璃行业同比下降 59.7%。但产能过剩程度较严重的水泥制造行业却实现利润 616 亿元，同比增长 14.7%，这可能源于水泥行业产能的区域性过剩特征：受运输半径限制，水泥行业的产能过剩是区域层面的过剩，因而过剩可能和利润增加同时出现。这给我们的启示是，区域内产能过剩的治理，需要中央政府下放如审批等方面的治理权限。同时，上游行业盈利水平下降，可能面临更严重的产能过剩，下游行业产能过剩则有所缓解。2014 年前 10 个月，钢铁行业实现

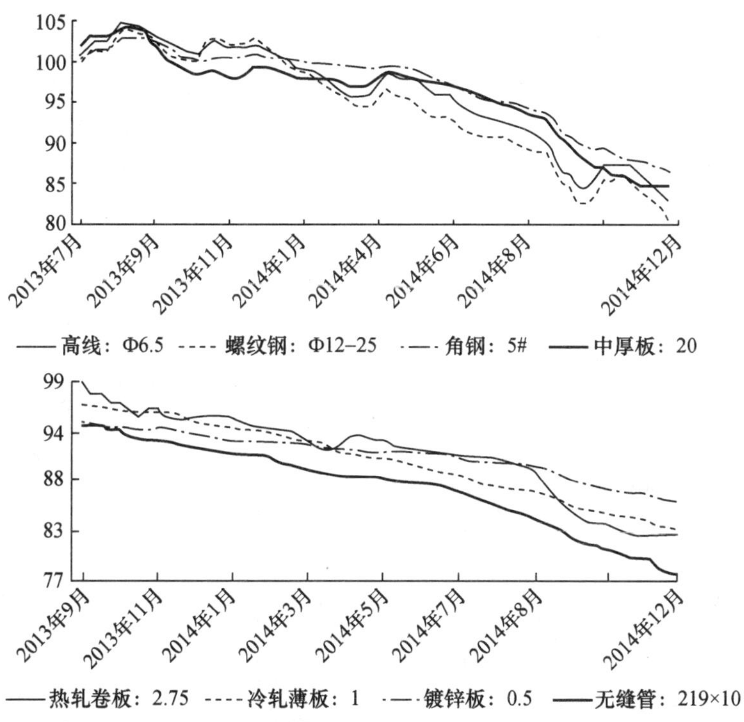

图 4－3　国内主要钢材品种价格指数

资料来源：Wind。

利润的大幅下降（同比下降 8.2%）主要受上游产业拖累：黑色金属矿采选业利润同比下降 16.7%，而下游钢铁冶炼及加工业利润则增长 6.8%。有色金属行业存在同样的趋势，行业实现利润同比增长 1.5%。但上游有色金属矿采选业利润却同比下降 12%，下游有色金属冶炼及压延加工业利润同比增长 8.8%。

第四，企业产成品库存增加，为化解产能过剩带来压力。工信部发布的《2014 年中国工业经济运行上半年报告》显示，2014 年上半年工业企业产成品库存同比增长 12.6%，较上年同期上升 5.4 个百分点。下半年产能增速仍快于需求增速，库存压力上升，产能过剩依然严峻。

第五，过剩行业企业数量减少、亏损企业比重有所降低，过剩产能淘汰已现成效。产能过剩的化解过程，是企业参与市场经济“淘汰赛”的过程，好的产能过剩化解政策，将导致产业内企业数量和亏损企业比重的下降。从表 4 - 2 数据来看，近几年主要过剩行业的企业数量几乎都在缩减，表明淘汰产能的相关政策正在发力；同时，这些行业中的亏损企业数量也呈降低趋势，尤其是进入 2014 年后，几大行业的亏损企业数量逐步减少，亏损企业比重均较年初有所下降。数据表明，产能过剩的治理正在朝着政策设计的积极方向发展。

表 4 - 2　　近几年五大传统过剩产业企业总数与亏损企业数

指标	月份	炼铁	炼钢	铝冶炼	水泥制造	平板玻璃制造
累计企业单位数	2013 年 3 月	466	277	278	3780	221
	2013 年 6 月	451	264	276	3798	217
	2013 年 9 月	452	266	280	3818	226
	2013 年 12 月	453	270	281	3840	232
	2014 年 3 月	427	250	298	3691	241
	2014 年 6 月	390	237	284	3532	232
	2014 年 9 月	380	230	289	3532	224
累计亏损企业单位数	2013 年 3 月	159	77	97	1457	90
	2013 年 6 月	170	73	99	1167	74
	2013 年 9 月	165	71	103	1086	70
	2013 年 12 月	138	58	88	891	58
	2014 年 3 月	151	78	114	1329	88
	2014 年 6 月	125	53	111	1023	79
	2014 年 9 月	125	49	100	996	78

资料来源：中经网产业数据库。

以上分析表明，当前产能过剩形势仍十分严峻，去产能压力也非常大。但从数据表现来看，前期产能过剩化解的相关政策也已经开始发力，一场产能过剩“淘汰赛”正在上演。

三　当前产能过剩治理面临的主要挑战

当前和未来产能过剩治理面临的主要挑战来自两个宏观背景：

一是经济周期性波动，尤其是经济下行周期带来的挑战。产能过剩与周期相伴相生，如图 4 -4 所示，美国近 60 年的产能利用率与 GDP 周期具有一致的波动性。经济下行往往带来产能利用率的下跌，经济复苏则会推动产能利用率攀升。当前我国经济正在底部徘徊，在经济下行筑底周期内，保增长可能降低各方化解过剩产能的努力和决心，是挑战之一；经济下行期市场会将一些企业排挤出市场，这种排挤是否真正淘汰了低效率企业，是挑战之二；经济下行，对产能过剩化解来说不仅仅是挑战，更是市场倒逼形成的机遇，能否在这样的机遇下合理设计政策体系，则是挑战之三。

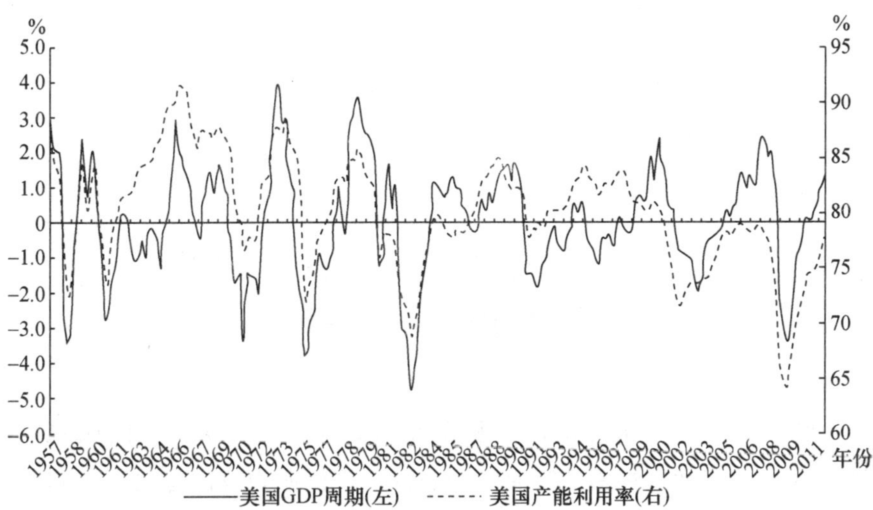

图 4 -4 美国经济周期与产能利用率

资料来源：CEIC，海通证券研究所。

二是经济新常态带来的挑战。新常态经济下经济增速回落并不意味着不要发展速度，而是要实现中高速增长。2014 年中央经济工作会议更是将稳增长作为 2014 年首要任务，这样的增长要求遇上经济下行周期，保增长压力剧增。新常态经济下的结构转型，必然要向高层次的新兴产业转型，在竞争性地方政府体制构架下，新兴行业产能过剩将是新挑战。新常态经济下的增长动力转换，必然要求代表高技术的产能进入、低技术的产能退出，但现有审批制度下，先进产能“进不来”、落后产能“出不去”，配套的审批制度改革将是一大挑战。

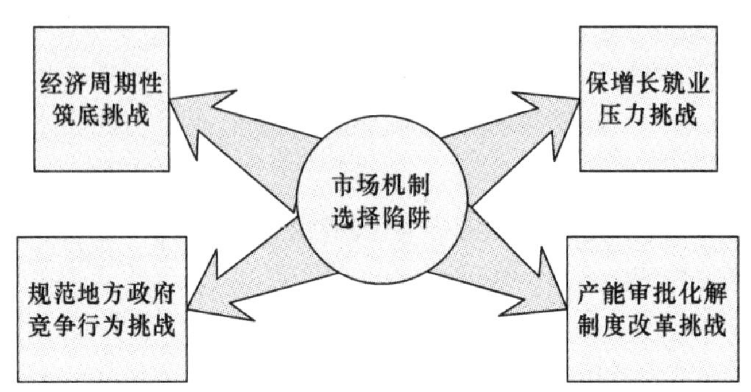

图 4-5 产能过剩治理面临的挑战和陷阱

资料来源：笔者绘制。

第二节 传统过剩：钢铁产业产能过剩现状与问题

钢铁行业是一国经济建设和发展的基础行业，从新中国成立以来，我国就高度重视钢铁行业的发展，钢铁行业为我国重化工业和国防事业的发展做出了重要贡献。改革开放以来，钢铁行业又助推了我国工业化和国民经济的快速发展。目前我国仍然处于工业化发展的中后期，城镇化也处于快速推进阶段，钢铁行业依然发挥着重要的作用。近年来，钢铁行业开始出现产能过剩问题，尤其是2008年金融危机以来，钢铁行业产能过剩愈加严重。

一 钢铁行业发展的基本状况

（一）历史进程中的钢铁产业发展

2001年以来，中国经济进入了快速发展轨道，中国钢铁行业发展也进入了新的发展阶段。按照科学发展观的指导要求，坚持新型工业化的发展道路，努力满足其他行业的需要，我国钢铁行业取得了举世瞩目的成绩，不断打破产量纪录。2014 年我国粗钢产量已达 8.2 亿吨（见图 4－6），是 2001 年钢铁产量的 5.4 倍，约占当年世界粗钢产量的 49%。中国粗钢产量从 1998 年占世界粗钢产量的 14.8% 增加至 2014 年的 49%，已经占据着世界钢铁产量的半壁江山（见图 4－7）。

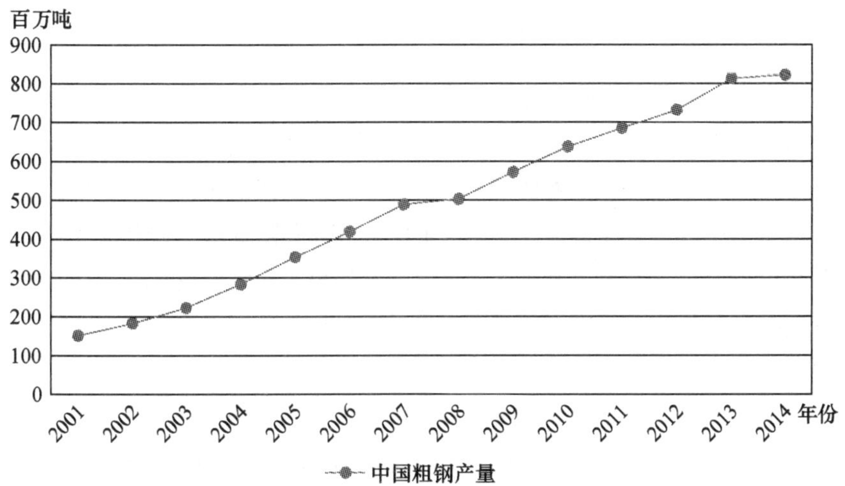

图 4－6　中国粗钢年产量历史数据（2001—2014 年）

资料来源：国家统计局。

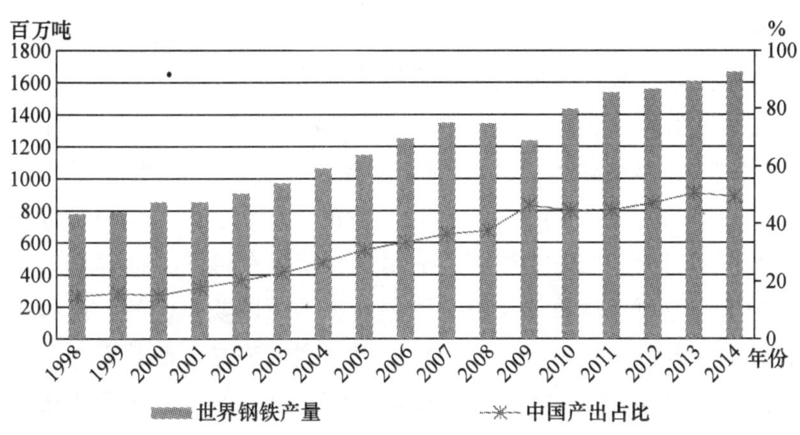

图 4－7　世界粗钢产量和中国产出比重（1998—2014 年）

资料来源：国家统计局、国际钢铁协会。

新中国成立以来中国钢铁行业的发展可以分为四个阶段：1949—1978 年计划经济阶段；1979—1992 年从计划经济到市场经济的过渡阶段；1993—2008 年社会主义市场经济迅速发展阶段；2009 年至今钢铁行业产业结构调整升级阶段。

在第一阶段，我国钢铁产量从 1949 年的不到 16 万吨增加至 1978 年的 3178 万吨。第一个五年计划（1953—1957 年）是我国钢铁行业发展的第一个辉煌时期，钢铁产量年均增长速度为 31.6%，从 135 万吨增加至 535 万吨。随后经历了“大跃进”和“文化大革命”，我国钢铁行业发展错过了重要的发展机遇，1978 年我国人均钢铁产量只有 33 公斤，仅占世界平均钢铁水平的 1/5，中国需要从国外进口大量钢铁。在此阶段，虽然国家处于十分贫穷的状态，但也建成了一批大中小型钢铁企业，初步形成了我国的钢铁工业体系，拉开了我国钢铁工业发展的序幕。

在第二阶段，我国钢铁产量到 1992 年已增加至 8093 万吨。这一阶段是我国改革开放的初期，也是从计划经济到市场经济过渡的时期。钢铁企业为激发员工活力做了很多尝试和改革，逐渐减少指令性计划，更加依靠市场的调节作用，到 1992 年钢铁企业指令性生产计划占比下降到 20%。此外，随着国门的打开，国际交流和合作增强，钢铁企业也开始积极引进外资和先进技术经验，极大地提高了我国的生产技术工艺，我国钢铁生产水平迈入了一个新台阶。

在第三阶段，我国钢铁产量连续突破数次亿吨大关，1996 年突破 1 亿吨，2003 年突破 2 亿吨，2005 年突破 3 亿吨，2006 年突破 4 亿吨，2008 年突破 5 亿吨。这一阶段，党的十四大确立了建设社会主义市场经济的目标，双轨制经济逐渐消失，市场在供求方面起着主导作用。钢铁企业更加注重体制机制的创新，不断调整自己的生产和经营模式，加快股份制改造，推动现代企业制度的建立，使其更加适应社会主义市场经济的发展。2003—2007 年我国经济连续五年增速超过 10%，市场活力得到极大激发，经济社会持续快速发展，钢铁产量也顺应经济形势连年增产，为我国经济的快速发展提供了充足的原料供应。这一阶段也是扭转我国钢铁贸易逆差的阶段，改变了 100 多年来的净进口历史，从一个净进口国转变成世界上钢铁出口大国。①

在第四阶段，我国钢铁生产已进入常态过剩阶段。2008 年全球金融危机以来，世界钢铁市场需求低迷，2009 年我国钢铁出口数量骤降，国内钢铁行业普遍过剩。我国钢铁行业污染大、能耗低、集中度低等问题的存在，呈现出“尾大不掉”的局面，严重制约着我国经济的转型升级。目前我国正处于经济增长速度换挡期、结构调整阵痛期、前期刺激政策消化期，国内经济增长速度放缓，世界经济复杂多变，全球钢铁需求疲软，钢铁生产过剩面临严峻形势。消化过剩产量，减少库存，升级钢铁生产结构，转变钢铁生产方式，是目前钢铁行业亟须解决的首要任务。

（二）钢铁企业布局

虽然我国钢铁产量已位居世界第一近二十年，但我国的钢铁企业分布却不均衡。据中国工业统计年鉴数据显示，2012 年全国钢铁工业企业总数共 14624 家，其中辽宁、江苏、河北、浙江、山东、河南、湖南、广东、四川、安徽钢铁企业总数位居全国前十位（见表 4 - 3）。

表 4 - 3　全国钢铁工业企业分布（2012 年）　单位：家

排名	地区	企业总数	排名	地区	企业总数
1	辽宁	1708	9	四川	578
2	江苏	1593	10	安徽	548
3	河北	1556	11	湖北	491
4	浙江	1021	12	山西	470
5	山东	953	13	内蒙古	454
6	河南	797	14	福建	421
7	湖南	690	15	天津	403
8	广东	595		总计	14624

资料来源：《中国工业统计年鉴》。

① 吴溪淳：《中国钢铁业 60 年发展历程主要成就和基本经验》，《中国冶金报》2009 年 10 月 1 日。

这些城市钢铁产量在全国也是位居前列，2013 年河北、江苏、山东三省钢铁产量位居全国产量前三位，分别占全国钢铁产量的 22.67%、11.4%和 8.23%（见表 4－4），三省钢铁产量共占全国钢铁产量的 42.3%，几乎占据全国钢铁产量的一半。

表 4－4　近两年主要省份粗钢产量变动情况

地区	2013 年（万吨）	2012 年（万吨）	增减（万吨）	同比增长（%）	2013 年占比（%）	2012 年占比（%）	占比增减
总计	82199.96	73103.95	9096.01	12.44	100	100	0
河北	18635.65	18048.4	587.25	3.25	22.67	24.69	－2.02
江苏	9371.65	7419.62	1952.03	26.31	11.4	10.15	1.25
山东	6766.7	6579.02	187.68	2.85	8.23	9	－0.77
辽宁	6169.49	5188.5	980.99	18.91	7.51	7.1	0.41
山西	4670.21	3950.18	720.03	18.23	5.68	5.4	0.28
湖北	3242.35	3115.1	127.25	4.08	3.94	4.26	－0.32
安徽	2709.48	2161.65	547.83	25.34	3.3	2.96	0.34
河南	2437.45	2215.78	221.67	10	2.97	3.03	－0.06
江西	2316.89	2272.4	44.49	1.96	2.82	3.11	－0.29
天津	2305.07	2124.2	180.87	8.51	2.8	2.91	－0.1

资料来源：《中国钢铁工业统计年鉴》。

《中国钢铁工业发展报告》（2015）统计数据显示，2013 年华北地区钢材产量占全国各地区钢材产量的 36.1%，其次是华东地区，这两个地区钢材产量约占全国钢材产量的 2/3（见表 4－5）。从钢材销量上来看，华东地区一直以来都是全国钢材销量最大的地区，约占全国钢铁销量的 38%左右。华北地区钢材销量位列全国各地区第二位，2014 年占比为 21.3%（见图 4－8）。

从 2006 年至 2014 年统计数据来看，华东地区和东北地区销售比重出现下降趋势，而华北地区和西南地区的比重逐渐上升（见图 4－8）。

表 4-5 2014 年重点统计企业分地区钢材产量占比情况 单位：%

年份	华北	东北	华东	中南	西南	西北
2013	36.1	9.4	31.5	12.7	5.8	4.7
2014	36.2	9.2	32.1	13	5.1	4.4

资料来源：《中国钢铁工业发展报告》（2015）。

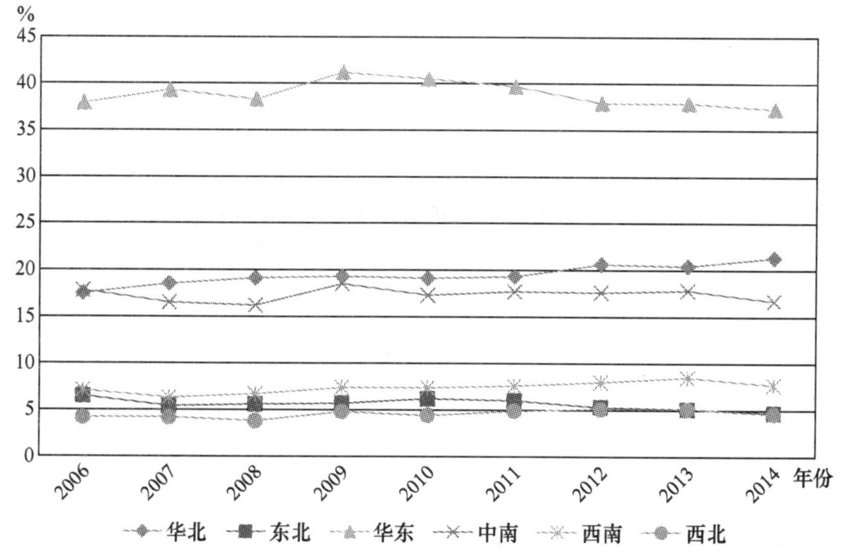

图 4-8 2006—2014 年六大区域钢材销量占全部钢材销量比重

资料来源：中国钢铁工业协会。

从产权性质看，我国钢铁企业可分为三类："国有控股"、"三资"和"民营"。2000—2011 年，在企业总量不断增加的情况下，三类钢铁企业数量变动表现迥异："国有控股"数量不增反降：由 702 家降至 312 家；"三资"数量略有上升：由 189 家上升为 521 家；而"民营"数量大幅上升：由 620 家上升为 4246 家。在"国有控股"总量下降 55.56% 的情况下，"三资"和"民营"的数量分别增加 175.66% 和 584.84%。①

① 王晓燕、潘开灵：《基于数据视角下的中国钢铁行业发展现状研究》，《中国钢铁业》2014 年第 5 期。

2013 年年末，重点统计钢铁企业共有高炉 689 座，比 2012 年减少 24 座，下降 3.37%，生铁产能达到 76942 万吨，比 2012 年增加 2942 万吨，增长 3.82%。4000 立方米以上高炉 16 座，比 2012 年增加 1 座。2000 立方米以上高炉一共有 108 座，比 2012 年增加 5 座。1000—1999 立方米高炉数量增加最多，比 2012 年增加 8 座。300—999 立方米和 299 立方米及以下高炉数量有所减少，比 2012 年分别减少 33 座和 4 座。这说明 2013 年主要以建设 1000—1999 立方米高炉为主，大型高炉数量稳中有增，小型高炉数量有所减少，这在一定程度上反映了淘汰落后小高炉、小转炉的未来发展趋势。

表 4－6　　重点统计钢铁企业高炉情况（2009—2013 年）

年份	2009	2010	2011	2012	2013
高炉合计（座）	561	598	648	713	689
5000 立方米及以上	2	3	3	3	3
4000—4999 立方米	11	11	11	12	13
3000—3999 立方米	15	17	19	19	19
2000—2999 立方米	51	58	59	69	73
1000—1999 立方米	112	127	161	217	225
300—999 立方米	355	373	383	383	350
299 立方米及以下	15	9	12	10	6

资料来源：《中国钢铁统计》（2014）。

（三）国际比较

一百多年以来，世界上不同国家都先后经历了工业革命，并在此推动下实现了本国工业化发展。在不同的时间阶段，工业化水平的高低影响着该国钢铁产量的变化。1870 年，欧洲国家正处于工业化迅速推进的发展时期，有大量的钢铁需求，欧洲 9 国生产的钢铁产量约占世界钢铁产量的 70% 左右。随着其工业化水平的提高和加深，其钢铁产量逐渐下降，1980 年以后，欧洲 9 国钢铁产量已经降至世界钢铁产量的 20% 以下。美国钢铁产量在 1920 年左右达到顶峰，钢铁产量占世界钢铁产量的 60% 左右，随后也呈现下降趋势，1980 年以后，美国钢铁水平也下降至世界钢铁产量的20%以下（见图4-9）。在1974年到1984年的10年间，英国钢铁产量下跌近60%，美国下跌近40%，西德下跌26%，法国下跌近30%。日本工业化起步较晚，但其钢铁产量变化情况也遵循同样的变化趋势。

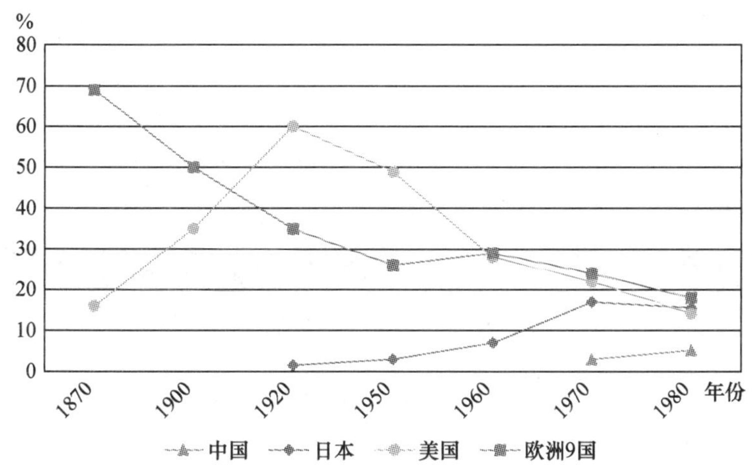

图4-9 世界主要钢铁生产国历史产出比重（1870—1980年）

资料来源：中国钢铁网。

1980年以后，美、日、欧盟10国[①]粗钢产量呈现出稳中有降的发展趋势，美国钢铁产量在9000万吨上下浮动，日本钢铁产量在1亿吨上下浮动，欧盟10国钢铁产量在1.2亿吨上下浮动（见图4-10）。

2014年中国粗钢产量为8.227亿吨，日本粗钢产量为1.11亿吨，美国粗钢产量为0.883亿吨，欧盟10国粗钢产量为1.12亿吨，分别占世界粗钢产量的49.25%、6.62%、5.27%、6.73%。

与其他国家相比中国粗钢产量在1990年以前均低于美、日、欧盟10国产量，1996年以后，中国粗钢产量迅速增长，超越其他国家，成为世界上粗钢生产第一大国，2014年中国粗钢产量占世界粗钢产量的49.25%（见图4-11）。

① 欧盟10国是指比利时、丹麦、法国、德国、希腊、爱尔兰、意大利、卢森堡、荷兰、英国。

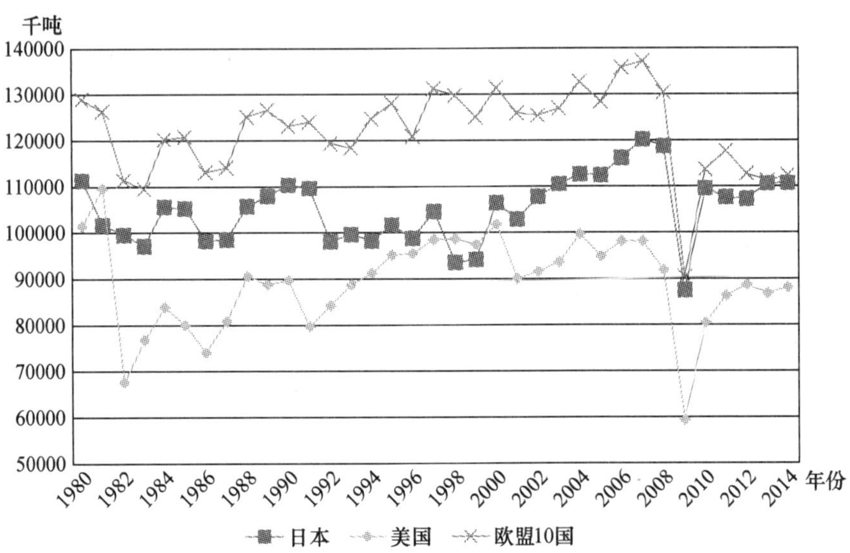

图4－10　美、日、欧盟10国粗钢产量（1980—2014年）

资料来源：世界钢铁协会。

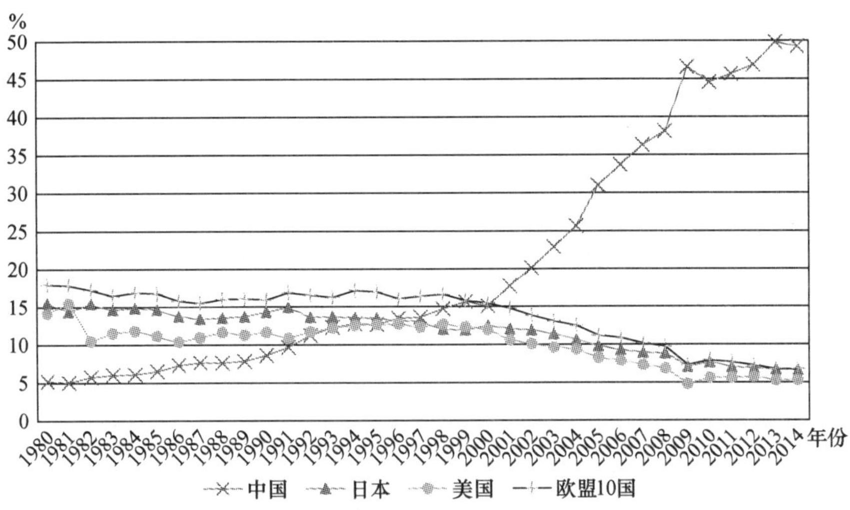

图4－11　主要国家粗钢产量占世界比重（1980—2014年）

资料来源：世界钢铁协会。

虽然中国钢铁产量远远超过其他国家，但与发达国家相比，中国钢铁产品结构不够合理。在发达国家特钢产品比例为15%—25%，中国特钢产品比例只有8%—10%。日本、美国、欧洲特钢比例占比分别为25%、20%、18%左右。此外，具有高附加值、高技术的板管材比例①也只有48%左右，不及世界平均水平，这意味着我国钢铁产品具有附加值低的特点。

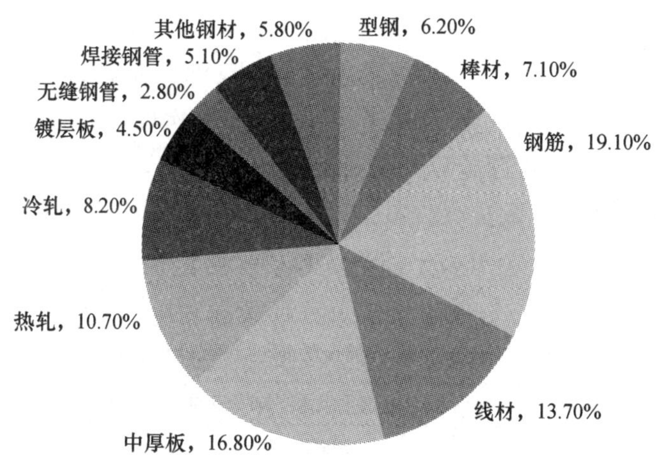

图4－12　2014年中国钢材主要产品品种分布

资料来源：中国钢铁网。

二　钢铁产业结构和组织特征

（一）钢铁产业集中度

目前国内一般采用粗钢集中度指标来测度我国钢铁工业集中程度，粗钢产量增减对粗钢集中度指标影响巨大。2014年粗钢产量前5家钢铁集团粗钢产量合计为19317.19万吨，占全国总产量的比重为23.48%；粗钢产量前10家钢铁企业集团粗钢产量合计为30093.84万吨，占全国总产量的比重为36.58%；粗钢产量前15家钢铁企业集

① 板材、管材总产量与钢材总产量比。

团粗钢产量合计为 37028.88 万吨，占全国总产量的比重为 45.01%。

2010 年以来，我国粗钢产量连年增加，但前十名钢铁企业粗钢产量占比总体上呈现下降趋势，前十名钢铁企业粗钢生产集中度也从 2010 年的 51.73% 下降到 2014 年的 36.58%（见表 4－7），钢铁集中度程度下降趋势明显，美国钢铁集中度已达 70% 以上，我国钢铁集中度还有很大发展空间。前十名钢铁企业分别是河北钢铁、宝钢、江苏沙钢、鞍钢、武汉钢铁、首钢、山东钢铁、马钢、渤海钢铁、本钢，与 2013 年相比，钢铁企业名单没有发生变化，只是个别钢铁名次发生了变化，例如，2013 年排名第 3 位的武汉钢铁在 2015 年滑到了第 5 名，渤海钢铁和马钢在 2014 年相互颠倒了名次位置。前十名钢铁企业中，产量在 4000 万吨以上的钢铁企业有两家，产量在 3000 万—3999 万吨钢铁企业数量有四家，产量在 2000 万—2999 万吨的钢铁企业有一家，产量在 1000 万—1999 万吨的钢铁企业有三家。

表 4－7　　钢铁产业集中度：前十大钢企粗钢产量占比

年份	全国粗钢产量（万吨）	前十名钢企粗钢产量（万吨）	占全国钢铁产量比重（%）
2010	63722.99	32962.35	51.73
2011	68528.31	33615.15	49.05
2012	72388.22	28668.08	39.60
2013	77904.1	30703.58	39.41
2014	82269.8	30093.84	36.58

资料来源：中国钢铁协会。

2014 年，我国粗钢产量在 1000 万吨以上的企业数量共有 21 家，比 2013 年多出两家，分别是太原钢铁有限公司和河北敬业集团。这 21 家企业中，民营企业共有 7 家，国有企业共有 14 家，在大型钢铁数量上，国有钢铁企业仍占有一定优势。

（二）钢铁关联产业现状

中国钢铁协会对我国钢铁下游产业调查显示，目前我国钢铁消费主要集中在建筑业、机械制造业和汽车产业，这三个产业对钢铁的需求量占全国钢铁需求总量的80%左右，其中建筑业[①]占据钢铁消费的一半以上（见图4－13）。

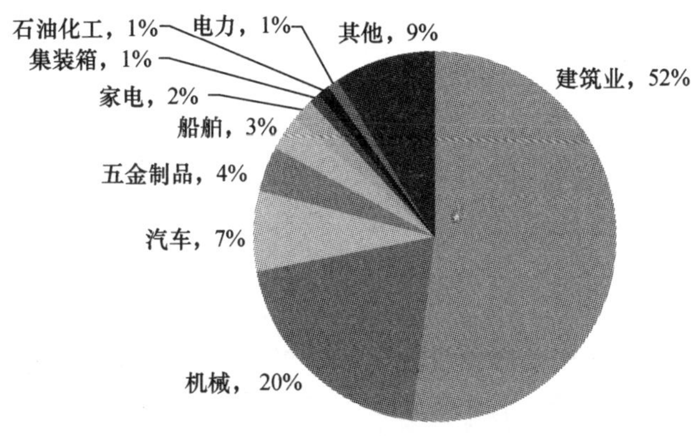

图4－13 2012年我国钢铁消费结构

资料来源：中国钢铁工业协会。

就房地产行业发展情况而言，2014年我国房地产市场下行调整，中央政策以“稳”为主，商品住宅库存位于历史高位，房地产投资增速明显放缓，房屋新开工面积下降。2014年全国房地产开发投资95036亿元，同比增长10.5%，增速比上年同期回落9.3个百分点。2014年房地产开发企业房屋施工面积726482万平方米，同比增长9.2%，增速比上年同期回落6.9个百分点。房地产行业商品房存在高库存的问题，价格下降态势影响了市场信心，进而使得新开工面积出现下降，2014年全年房地产开发景气指数总体上呈下降趋势，已处于历史低点，这将对房地产用钢需求产生消极影响。

2014年机械工业增加值同比增加10%，但增长幅度已连年持续下降（见图4－14）。2014年全国机械工业企业实现利润1.6亿元，同比增长10.6%，较上年同期增长回落5个百分点。在国家统计局公布的64种机械工业主要产品产量中，共有46种产品产量实现了增

① 建筑业除了包括房地产业之外，还包括公路、铁路、机场等公共设施建设。

长，剩余 18 种产品产量同比下降。机械工业产品全年库存同比增长 8.6%，比上年同期高出 1.5 个百分点。机械工业库存产品总额 8947.8 亿元，同比增长 14.9%，比上年同期高出 7.1 个百分点。2014 年机械工业产品价格指数持续低位运行，截至 2014 年年底，机械产品累计价格指数已连续 35 个月低于 100%。2014 年机械工业累计完成固定资产投资 4.5 万亿元，同比增长 12.7%，增幅较上年回落 4.5 个百分点。此外，2014 年机械工业重点企业累计订货持续低迷，全年累计订货额同比仅增加 3.6%，较上年有明显回落。

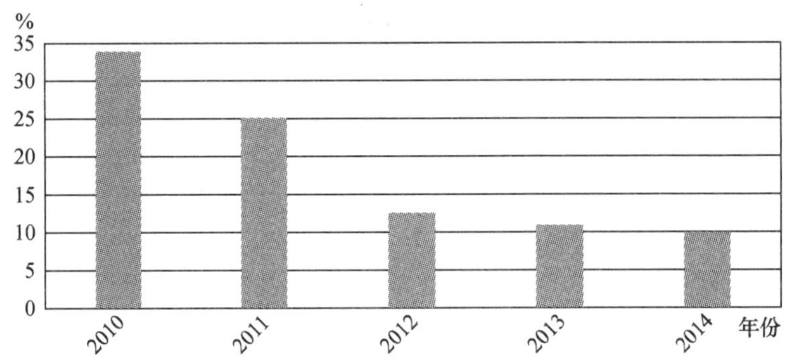

图 4－14　机械工业创造增加值增速（2010—2014 年）

资料来源：《中国钢铁工业发展报告》（2015）。

2014 年，我国汽车产量为 2372.3 万辆，同比增长 7.3%，销量为 2349.2 万辆，同比增长 6.9%。2000 年以来，我国汽车销量快速增长，已经从 2000 年的 208 万辆增加至 2014 年的 2349 余万辆，增长了 10 余倍（见图 4－15）。但近几年我国汽车销量增长幅度呈现下滑趋势，除 2013 年增长速度较快之外，2011 年、2012 年和 2014 年增长速度都降至个位数，分别增长 2.5%、4.3%、6.9%。

2011 年以来，由于受全球金融危机影响，全球船舶行业不景气，我国造船完工量及出口情况均出现大幅下降。2014 年全国造船完工量为 3905 万载重吨，比 2011 年 7665 万载重吨降低了 49%。2014 年承接新船订单为 5995 万载重吨，同比下降 14.2%，手持船舶订单 14890 万载重吨，同比增长 13.7%，增幅同比回落 8.8 个百分点。

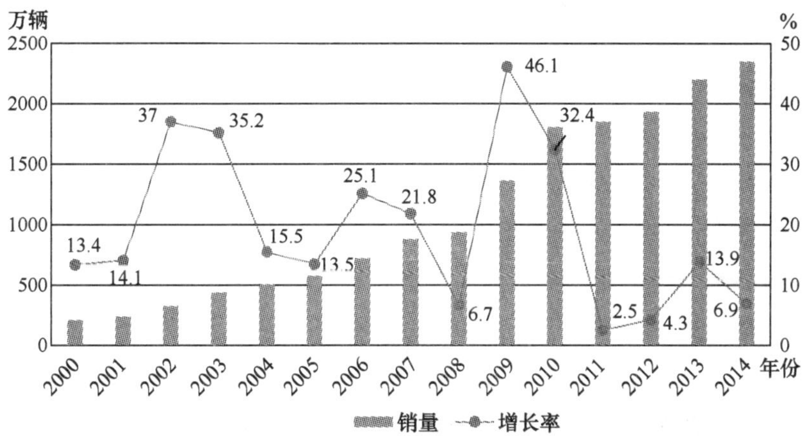

图 4－15　我国汽车销量及增长速度（2000—2014 年）

资料来源：中国汽车工业协会。

三　钢铁行业产能过剩态势

2008 年全球金融危机以来，全球经济形势较为严峻，发达国家经济体增速缓慢，新兴经济体经济发展也面临严峻挑战。中国经济增长速度也持续放缓，2014 年全年经济增长速度已经降至 7.3%，2015 年第三季度经济增长速度已经降到 7% 以下，截至 2015 年 11 月 PPI 已经连续 45 个月出现下跌趋势。面对严峻的国内外经济形势，我国钢铁行业发展面临严峻挑战。

（一）供求矛盾突出

在 2008 年以前，我国钢铁行业就开始出现过剩问题，但为了应对国际经济危机，国家随后推出刺激经济的“四万亿”计划，以此来弥补出口大幅减少的缺口。2009 年我国钢材出口仅为 2459.65 万吨（见图 4－16），相当于 2008 年钢材出口量的 41%，生产的钢铁基本依靠内需消化。2010 年以后，国际经济形势出现好转，钢铁出口有所增加，2015 年我国钢材出口已经突破 1.1 亿吨，刷新历史纪录。钢铁出口的增加解决了我国钢铁过剩的一部分问题，但我国钢铁形势依然面临严峻产能过剩问题。

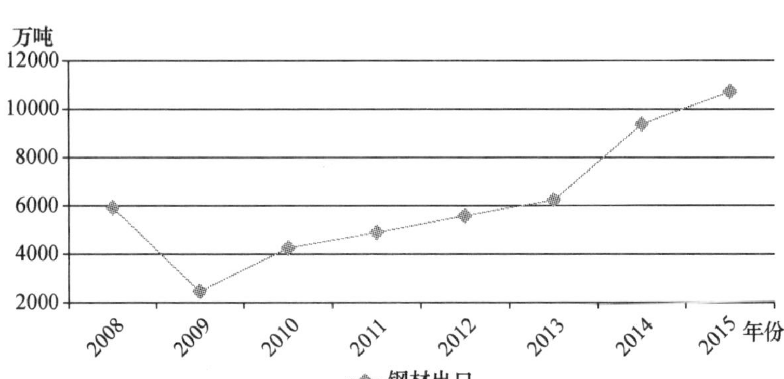

图 4－16　金融危机后我国钢材出口量（2008—2015 年）

资料来源：中国钢铁工业协会。

2014 年以前，我国粗钢表观消费量增长趋势与粗钢产量基本一致，呈现上涨趋势。但在 2014 年，我国粗钢表观消费量为 74079.96 万吨，比 2013 年减少 2500 多万吨，下降 3.26%（见图 4－17），主要原因可能是 2014 年我国出口的大幅增长。

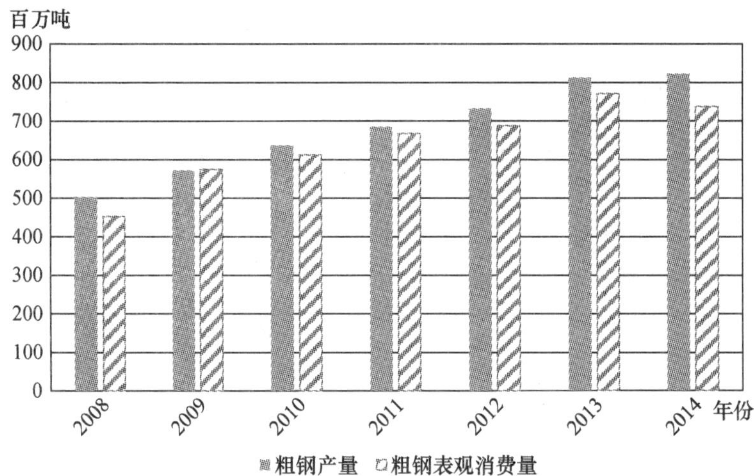

图 4－17　我国粗钢产量和表观消费量（2008—2014 年）

资料来源：中国钢铁工业协会。

据中国钢铁工业协会公布数据显示，2011 年我国钢材自给率为 104.4%，2012 年为 104.47%，2013 年为 104.68%，到 2014 年，我国钢材自给率为 107.58%。从具体钢材种类上来看，2014 年铁道用材、长材、板带材自给率与上年相比有所提高，管材自给率略微下降，其他钢材自给率下降 1.12 个百分点（见表 4－8）。

表 4－8　　2014 年我国钢材自给率及其同比变动

钢材种类	钢材合计	铁道用材	长材	板带材	管材	其他钢材
自给率（%）	107.58	110.73	106.99	107.09	111.13	114.34
同比增减（百分点）	2.9	6.14	2.9	3.5	－0.19	－1.12

资料来源：《中国钢铁统计月报》（2014 年 12 月）。

近年来，我国钢材自给率常年超过 100%，反映出我国钢材整体出现产能过剩状况，并且随着自给率的逐年提高，说明钢铁行业过剩态势日趋严重。

2011 年，工业和信息化部原材料司发布《2010 年钢铁工业经济运行情况》，数据显示：2010 年我国钢铁工业产能利用率仅达到 82%，而在 2014 年公布的《2010 年钢铁工业经济运行情况》显示，2013 年我国钢铁产能利用率降低了 10 个百分点，仅为 72%，远低于国际标准水平。据中国社会科学院工业经济研究所所长黄群慧推算，2014 年我国钢铁过剩产能在 1.8 亿吨至 2.4 亿吨，过剩问题非常严重。

（二）行业利润率低

钢铁行业的过剩态势对钢铁企业发展带来了严重打击，我国钢铁行业利润持续走低，大量钢铁企业出现亏损、减产等，钢铁企业正经历转型升级的阵痛。

2008—2014 年，我国钢材综合价格指数呈现出先增后降的趋势，近几年钢铁价格指数连续下降。2014 年，全球经济艰难复苏，地区差异趋向分化，国内经济增速回落，钢材表观消费量出现下降，钢材价格持续下跌。2014 年年末，我国钢铁综合价格指数仅为 83.09（见表

4－9），同比下降16.05个百分点，降幅为16.19%。重点大中型钢铁企业2011年至2014年全年平均销售结算价格分别为4468元/吨、3750元/吨、3442元/吨、3074元/吨。

表4－9　　国内钢材综合价格指数（2008—2014年）

年份	2008	2009	2010	2011	2012	2013	2014
国内钢材综合价格指数	103.3	106.4	128.29	120.45	105.31	99.14	83.09

资料来源：《国际、国内市场价格及指数》。

钢铁价格的持续下降，一方面是由于供给大于需求，另一方面也与国际铁矿石价格有密切关系，2008年以来，国际铁矿石价格波动明显，整体呈下降趋势，受国际经济危机影响，2009年国际铁矿石价格下降至79.87美元/吨，随后几年价格整体趋稳，2014年又出现大幅下跌，降至100.42美元/吨（见表4－10）。从2014年全年来看，铁矿石价格波动幅度较大，1月进口铁矿石平均价格高达130.74美元/吨，到12月末进口铁矿石到岸价格已经跌至70.39美元/吨，比上年同期下跌49.67%。

表4－10　　国际铁矿石价格变化趋势（2008—2014年）

年份	2008	2009	2010	2011	2012	2013	2014
铁矿石价格（美元/吨）	136.2	79.87	128.38	163.84	128.58	129.03	100.42

资料来源：中国海关总署。

随着我国钢铁行业过剩程度的加深，钢铁企业销售利润率出现急剧下滑，销售利润率已从2007年的7.26%下降至2014年的0.85%（见图4－18）。2014年，据中国钢铁协会统计的88户大中型钢铁企业情况来看，共实现工业总产值29218.76亿元，比2013年下降5.15%；实现销售收入35882.07亿元，比2013年下降2.98%；实现利润总额 304.44 亿元，比 2013 年增加 87.54 亿元。全年亏损企业数量 13 户，比 2013 年减少 4 户，亏损面达 14.77%。相比 2013 年，2014 年企业亏损情况有所好转，但依然面临严峻形势。

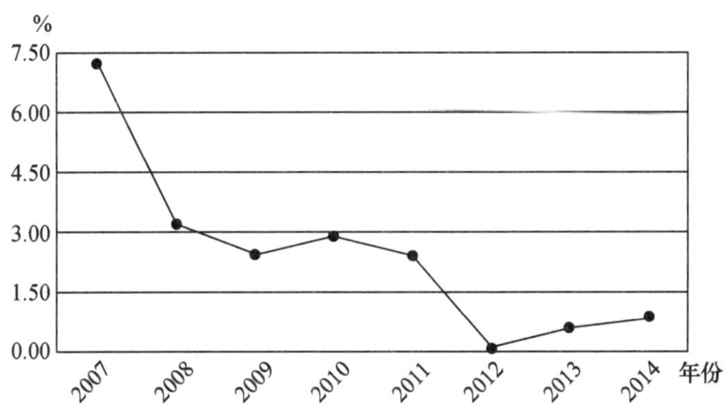

图 4-18 我国重点统计钢铁企业销售利润率（2007—2014 年）

资料来源：2007—2012 年数据来自工信部《2008—2014 钢铁工业发展运行情况》；2013—2014 年数据来自《中国钢铁工业统计月报》（2014 年 12 月）。

（三）产业结构和企业负债

面临国内钢铁产业过剩的严峻态势，很多大中型钢铁企业将研究和生产重点放在了高端产品方面，甚至重复研发其他企业研发的产品，造成资源浪费。同质化的竞争模式导致我国很多钢材品种出现严重过剩现象。钢铁产业的严重过剩，不仅引发了资源浪费性的同质化竞争现象，而且也在价格方面产生了恶性竞争现象，这又进一步拉低了我国钢铁产业的利润水平。

2014 年工业和信息化部发布了《2013 年钢铁工业发展运行情况》报告，数据显示在国际钢铁价格和钢铁企业利润持续低迷的前提下，我国钢铁企业负债比重过大，重点大中型钢铁企业资产负债率在 80% 以上的钢厂有 33 家，合计年产钢约 1.2 亿吨。与行业效益最好的 2007 年年末相比，企业资产负债率上升了 12.5 个百分点。中国钢铁工业协会统计数据显示，2008—2014 年我国重点统计钢铁企业资产负债率分别为60.24%、61.21%、64%、66.15%、67.82%、68.27%和68.34%。我国重点钢铁企业负债率呈现逐年提高态势，一些企业资产负债率已经达到80%以上，严重影响企业的正常经营，甚至会因资金链断裂引发企业破产。

重点大中型钢铁企业产成品资金占用同比增长9%；企业银行借款同比增长8.4%。同时，应收、应付账款同比分别增长7.3%和3.1%。企业财务费用支出规模偏大，2012年，大中型钢铁企业支出财务费用802.8亿元，2013年财务费用同比下降3%，但仍高达786.2亿元，远高于实现利润水平，钢铁企业资金压力日益增大，企业经营风险加大。①

四 钢铁行业产能过剩调整政策及绩效

（一）钢铁行业产能调控政策回顾

1. 政策出台背景简要介绍

近年来，针对我国钢铁行业产能过剩的问题，相关部门发布的调整政策主要集中于三份文件中，即2005年的《钢铁产业发展政策》、2009年的《钢铁产业调整和振兴规划》和2015年的《钢铁产业调整政策（2015年修订）征求意见稿》。

2005年，我国钢铁行业主要特征是产量已多年位居世界第一位，但钢铁产业的技术水平、物耗能耗等与国际先进水平相比仍有较大差距。为了提高钢铁行业整体技术水平，推进结构调整，改善产业布局，降低物耗能耗，提高企业综合竞争力，实现产业升级等，国家发改委发布了《钢铁产业发展政策》文件，以指导钢铁产业的健康、可持续发展。

2008年，金融危机的爆发，对我国国民经济的各个产业都产生了较大影响。具体到钢铁产业，主要影响有产需急剧下滑、价格快速下跌、企业经营困难、全行业基本不景气等。同时，在金融危机的巨大冲击下，我国钢铁行业长期粗放发展积累的矛盾暴露得更加突出，如产能过剩、创新能力不强、产业布局不合理、产业集中度低、资源控

---

① 数据来源：工业和信息化部《2013年钢铁工业发展运行情况》。

制力薄弱等。在此种情况下，《钢铁产业调整和振兴规划》经国务院批准于2009年3月正式颁布。

2015年，我国经济已进入了新常态。为贯彻党的十八届三中全会全面深化改革的战略部署，使市场在资源配置中起决定性作用和更好地发挥政府的作用，着力解决钢铁行业产能过剩、创新能力不强、综合竞争能力偏弱等问题，推动钢铁行业适应经济发展新常态，工信部对2005年的《钢铁产业发展政策》进行了修订，形成了《钢铁产业调整政策（2015年修订）征求意见稿》。

2. 系统回顾相关政策措施

（1）《钢铁产业发展政策》。《钢铁产业发展政策》从政策目标、产业发展规划、产业布局调整、产业技术政策、企业组织结构调整、投资管理、原材料政策和钢材节约使用等多方面对我国钢铁产业的健康发展提供了指导。该政策的主要政策措施如下。

在产业布局调整方面，一是综合考虑了资源、能源、交通运输和市场分布等客观条件，采取比较优势原则，对现有企业进行兼并、重组，淘汰落后产能。二是从矿石、水资源和国内外市场等角度考虑，因地制宜，不盲目追求规模扩大，而是谋求可持续生产。

在产业技术政策方面，一是执行严格的国家和地方污染物排放标准，对超标或超量排放的企业，禁止生产运行。二是在提高创新能力方面，加快培育钢铁企业本身的自主创新能力，支持企业建立产品、技术研发机构，发展具有自主知识产权的新工艺、新技术和新产品。同时，政策上鼓励企业进行自主研发与创新，对以依托国产技术和装备进行建设的重大钢铁项目，给予税收、科研经费等政策支持。三是鼓励、支持特钢企业研发生产国内需求的轴承、耐热、耐腐蚀等多种特种钢材，提高产品质量和技术水平。

在企业组织结构方面，一是支持钢铁企业向集团化方向发展，通过强强联合、兼并重组等方式进行优化重组，减少钢铁企业数量，实现钢铁企业组织结构调整、优化和产业升级。二是在联合重组的大型钢铁企业内通过结构调整和产业升级，适当扩大生产规模、提高集约化生产度，并在人员分流、社会保障等方面给予政策支持。

此外，《钢铁产业发展政策》在投资管理、钢材节约使用等方面也给予了相应的政策措施。

（2）《钢铁产业调整和振兴规划》。《钢铁产业调整和振兴规划》的政策措施主要集中于技术创新、企业重组、落后产能退出机制、钢铁与相关产业协调发展、参与国际竞争等几个方面。

在技术创新方面，一是以贷款贴息形式支持钢铁企业技术研发、技术改造和技术引进，从而调整产品结构，提升钢铁质量。二是在财政政策上，加大对节能技术的支持，鼓励、引导钢铁企业积极进行节能降耗技术改造。

在企业重组方面，一是鼓励钢铁企业兼并重组。二是妥善解决富余人员安置、企业资产划转、财税利益分配等问题。三是政策上对大型企业跨省、区、市重组后的改、扩建项目优先予以审核，并给予钢铁重组企业以税收优惠政策。

在落后产能退出机制方面，一是工信部和有关部门，加强对淘汰落后产能工作的监督检查，严格实行节能减排降耗、淘汰落后问责制。二是在财政上，加大对淘汰落后产能的奖励力度，并协同钢铁企业在淘汰落后产能过程中妥善解决人员安置、资产转产、债务化解等问题，促进社会和谐稳定。

在积极实施“走出去”战略方面，一是进一步简化项目审批程序，提高境外资源开发企业的准入条件，并支持符合准入条件的相关企业到境外开展资源勘探、开发、技术合作和对外并购等。二是加强境外资产的经营管理，扩大冶金设备出口信贷规模，完善出口信用保险政策，支持钢铁企业建立境外营销网络等。三是充分利用境外资源权益投资专项资金、对外经济技术合作专项资金等，支持企业实施“走出去”战略，积极融入国际市场，参与国际竞争，提高钢铁企业的资源保障能力和国际竞争能力。

此外，《钢铁产业调整和振兴规划》在公平贸易政策、融资政策、产业信息披露制度等方面给予了相应的政策措施。

（3）《钢铁产业调整政策（2015 年修订）征求意见稿》。《钢铁产业调整政策（2015 年修订）征求意见稿》的政策措施主要集中于市场准入与退出、结构调整与产业升级、资源保障和资源能源节约、国际化发展等几个方面。

在市场准入与退出方面，一是强调新、改、扩建钢铁项目的合理布局。二是突出节能降耗，节约资源的环保思维，强化节能节地节水、技术、安全等市场准入要求，进一步完善了准入标准。三是市场退出方面，依法依规淘汰落后产能，进一步完善了钢铁企业落后产能退出的市场机制。四是结合市场准入与退出要求，加强了对新建、改建、扩建钢铁项目的事中与事后监管。

在结构调整与产业升级方面，围绕“调整结构、转型升级”的主线，一是体制改革，鼓励、支持钢铁企业积极发展混合所有制，推进企业股份制改革，形成符合社会主义市场经济运行规律的钢铁公司。二是钢铁企业兼并重组的内容更加丰富，主要包括兼并重组方式多样化、兼并重组方向市场化、兼并重组监管规范化、兼并重组服务体系信息化等。三是产品角度的全方位调整与升级，包括产品结构调整、产品标准升级、消费升级和服务升级等。四是对钢铁行业的创新体系建设、人才队伍建设、技术方向等进行了新的诠释，突出了创新、协调、绿色、开放、共享的发展理念。

在环境保护方面，一是要求钢铁企业严格按照相关法律法规实施清洁生产，并配备相应的环保治理设施。二是建立钢铁企业环境信息公开机制和第三方环保检测、信息通报制度，接受社会监督。

此外，《钢铁产业调整政策（2015 年修订）征求意见稿》在资源保障、市场环境、国际化发展等方面也提出了相应的政策措施。

3. 钢铁产业调整政策主要特点

《钢铁产业发展政策》第一次以正式政策文件的形式对钢铁产业的生产和投资进行控制，其核心是提高产业集中度和优化生产力布局，鼓励兼并重组形成大型钢铁企业集团。主要特点有：一是宏观调控与市场调控并重，鼓励企业兼并重组，提高钢铁行业集中度。二是行政手段与经济手段并用，经济手段开始重视市场配置资源的基础性作用，但行政手段还是以市场准入、项目审批、强制性清理等直接管制手段为主。三是开始关注经济增长方式的转变，市场准入和宏观调控方面凸显环保思维。

《钢铁产业调整和振兴规划》是在应对金融危机对我国钢铁行业的巨大冲击的背景下产生的，其主要特点有：一是第一次直面钢铁行业生产过剩的问题，提出了保增长、扩内需、调结构的总体要求。二是统筹国内外两个市场，以控制总量、淘汰落后、企业重组、技术改造、优化布局、提升质量为重点，推动钢铁产业结构调整和优化升级。三是要增强企业素质和国际竞争力，加快钢铁产业由大到强的转变。

《钢铁产业调整政策（2015 年修订）征求意见稿》是在我国经济进入新常态的大背景下产生的，其主要特点有：一是进一步厘清了市场与政府的关系，突出了市场机制在钢铁产业市场准入与退出方面的决定性作用。二是钢铁产业结构调整、转型升级的内容更加丰富，体制、兼并重组、创新等各个方面都有了新的内容。三是淘汰落后产能，化解过剩产能等方面，法治思维更加突出。

（二）钢铁产业产能调控政策绩效

自《钢铁产业发展政策》实施以来，2005—2007 年，我国钢铁产业的盲目投资、低水平重复建设和不合理的规模扩张等现象得到了一定程度的抑制。钢铁行业固定资产投资速度放缓，且产业集中度止住了连续下降的势头。同时，产量却保持了适度比例的增长。因此，这一时期的产能调控政策是具有一定积极效应的，对我国乃至全球的钢铁产业发展都产生了一定的影响。然而，由于具有明显的行政性质，在其实施过程中，与市场存在着矛盾，导致该政策的强度显然不够。换言之，我国钢铁行业的产能过剩问题没有得到根本解决。这一点，在 2008 年金融危机时表现得更加明显。

2008 年的金融危机，使我国钢铁市场受到强烈冲击。产能过剩问题更加突出，产品需求不断下降，价格不断下跌等成为金融危机之后几年我国钢铁市场的基本现象。虽然 2009 年 3 月实施了《钢铁产业调整和振兴规划》，但在宏观经济“保八”增速和“调结构、保增长、扩内需”的经济政策刺激下，不少钢铁行业更加注重保增长和扩内需，而相对忽视了调结构，导致产量和投资规模迅速扩张，远远超过了政府预定的目标。这一时期，抑制性政策的放松，加剧了钢铁行业的产能过剩。

2011 年，政府意识到了这一问题，相继出台了一些抑制性政策，以期达到淘汰落后产能、化解过剩产能的目的。然而，在国际经济下行和国内抑制性政策的双重影响下，我国钢铁行业步入低谷。换言之，《钢铁产业调整和振兴规划》也没有真正解决我国钢铁行业产能过剩的问题。

不过，2005 年以来，钢铁行业化解过剩产能的经历为后续我国钢铁行业的长期可持续发展积累了丰富的经验，并指明了方向：即在经济新常态下，厘清政府与市场的关系，发挥市场在化解钢铁行业产能过剩过程中的决定性作用。因此，在新经济形势下，2015 年工信部发布了《钢铁产业调整政策（2015 年修订）征求意见稿》。

五　钢铁行业化解产能过剩的政策建议

现在，我国经济已进入新常态。为使我国钢铁行业的发展适应经济新常态，切实解决当前我国钢铁行业产能过剩的核心问题，使得钢铁行业走上绿色、协调、可持续发展的道路，我们可以从以下几方面着手。

（一）实施精准的产业政策

第一，坚决淘汰落后产能。从资源配置角度而言，淘汰落后产能，是对资源的一种优化配置，既可以避免企业因落后产能的闲置而产生巨大社会负担，又可以减少落后产能对整个钢铁行业的侵蚀，减少行业负担。

第二，降低产能投资增速。降低钢铁企业的产能投资，使产业的产与需协调发展，产业与环境协调发展，不仅提高了钢铁企业的最优产能利用率，而且增强了其与环境的相适应能力，保护了环境。

第三，加强产业升级。钢铁行业的产业升级，是钢铁企业主动升级产品结构，掌握关键工艺、设备和技术的重要环节。通过产业升级，一方面可以避免使用强制手段关停落后、过剩的产能；另一方面也可以优化资源配置，节约成本，从而使得钢铁企业的产品市场竞争能力更强。

第四，拓展钢铁行业的产业链。钢铁行业是中间产业，其上游产业有铁矿石、煤、电等，下游产业有建筑、汽车、机械等。发展钢铁行业的产业链，有利于增强其与上、下游产业的议价能力，降低交易成本，便于达成一致协议，从而降低钢铁行业的成本，提高市场竞争能力和企业利润。

第五，着力提高产业集中度。与发达国家相比，我国产业集中度水平较低，并且还呈现下滑趋势，加大政府宏观调控力度，在政府的引导下，提高钢铁产业集中程度，这是化解我国产能过剩和优化我国产业结构的关键环节。

（二）市场与政府准确定位

第一，让市场在提高钢铁行业的产业集中度上发挥决定性作用。钢铁企业的产业集中，主要通过兼并、整合与重组进行，在这一过程中淘汰落后、过剩产能，其实质是钢铁行业资源的重新配置。过去，主要在政府的推动下强制兼并与重组。这种方式造成了诸多问题，如资源配置不合理、交易成本高、权力“寻租”等，极大地影响了钢铁行业的资源配置效率和市场竞争能力等。因此，让市场在钢铁行业的产业集中度上发挥决定性作用，有利于企业随着经营效率的变化进行兼并、整合与重组，有利于国有钢铁企业的民营化和民营钢铁企业参与国有钢铁企业的兼并与重组，有利于钢铁行业随着市场环境和钢铁行业发展阶段的变化而做出最适合自己发展的决定，从而最大限度地激发钢铁行业各类企业主体的活力，加速要素流动，优化资源配置。

第二，加快形成统一开放、竞争有序的钢铁行业市场体系。当前，钢铁行业市场存在的主要问题有：存在较高的行政准入壁垒；竞争公平性不够，存在市场分割和地方保护主义；市场运行透明度不够，存在“寻租”行为等。钢铁行业市场的这些负面特征，无疑都会对淘汰落后产能、化解产能过剩产生消极的影响。因此，要加快形成统一开放、竞争有序的钢铁行业市场体系，建立公平、开放、透明的市场规则。

第三，更好地发挥政府的作用。政府在钢铁行业淘汰落后产能，化解过剩产能的过程中，要坚持市场作用为主、政府作用为辅的原则，其主要作用有：一是建立和维护公平、开放、透明的市场规则，清理和废除妨碍钢铁市场公平竞争的各种规定，打破地方保护主义，促进要素的自由流动。二是加快建设钢铁市场法治化的营商环境，健全法制性、制度性规则，使包括政府在内的所有行为主体都要依法办事，减少随机干预和权力“寻租”，并加强责任追究。三是为某些钢铁企业退出市场和重组创造必不可少的外部条件，如完善社会保障体系、开辟再就业途径、为兼并重组提供必要的财政支持等。

（三）完善制度和法律体系

第一，发展混合所有制。非公有制经济在促进创新、配置资源、人才流动等方面发挥着越来越重要的作用。当前，我国的钢铁市场主要以大型国有企业控制为主。要鼓励、支持国有大型钢铁企业发展混合所有制经济，鼓励、支持非公有制经济、非公有资本参股钢铁行业的国有经济，这样有利于优化产权结构，有利于各种所有制经济取长补短、相互促进、共同发展。同时，允许混合所有制经济推行企业内部员工持股，形成资本所有者和劳动者共享利益，充分调动员工的积极性，让员工积极参与企业的各项事务并共享企业发展的成果。

第二，减少区域性贸易壁垒。地区的钢铁企业较多地依赖于当地政府的扶持。各个地方政府对当地钢铁企业的政策扶持与限制也不尽相同，这无形中形成了区域性贸易壁垒，使得不同地区政府与政府之间、企业与企业之间、政府与企业之间等形成了较大的交易费用，从而产生了较大的交易成本。交易成本的存在，严重影响了资源、要素的自由流动和配置效率。此外，政府干预、地方保护主义等，也为钢铁企业的要素投入、资源流动与整合、兼并与重组等套上了无形的枷锁。因此，从制度层面去除这些限制，减少地区贸易壁垒，降低交易费用和交易成本，使得地区之间的生产要素、资源等自由流动，企业更好地配置资源和不同地区之间的钢铁企业兼并、整合与重组，将是钢铁企业淘汰落后产能，提高利润的重要举措。

第三，法律法规方面，钢铁产业要严格遵守相应的法律法规，走社会主义市场经济法治发展道路，做到有法必守、有规必依。因此，钢铁企业不仅要严格遵守《产业结构调整指导目录》、《部分工业行业淘汰落后生产工艺装备和产品指导目录》等规则，淘汰落后工艺、技术、装备和产品，而且还要严格执行环境保护法、污染物排放标准和能耗限额标准等法律法规，对超过污染物排放标准或超过重点污染物排放总量控制指标的企业，责令其限产或停产，并进行整顿、整改。对整改后仍不达标的企业，则依法予以停业、关闭。同时，各企业行为主体、政府行为主体在法律法规面前均平等，都要依法依规办事，尤其要促使行政权力运作的透明性，避免权力“寻租”。

（四）全面改革促进产业发展

第一，鼓励新产品、新体系，培育有利于钢铁行业发展的新环境。创新是企业发展的不竭动力。一是产品创新，建立以市场为导向，由市场决定产品创新的立项、实施和评价机制。二是创新体系，在原始创新、集成创新、引进消化吸收再创新的体制基础上，一方面不断健全钢铁行业创新体系的市场导向机制，发挥市场对创新方向、要素流动、资源配置的导向作用；另一方面建立钢铁市场的用户导向创新体制，发展具有自主知识产权的产品、技术、设备等，加快成果转化。三是创新环境方面，一方面积极落实创新的优惠政策，支持企业加大研发投入，并加强知识产权的运用和保护；另一方面打破部门、地区分割，形成协同创新的良好局面，同时，加强科技基础制度建设，建立公开、透明、高效的创新资源共享平台。以上三方面创新角度的有机融合，有利于扩大钢铁行业市场需求，逐步化解过剩产能。

第二，以人才为依托，构筑产业升级的智力支持。随着产业升级和结构调整的不断深化，势必对人才队伍有着更高的要求。一是企业员工，一方面加强钢铁企业内部科技创新人才、高技能人才的培养，有助于提高钢铁企业的科学技术水平和生产效率，降低成本；另一方面建立良性的市场导向的人力资本流动和选择机制，打破“铁饭碗”制，有助于合适的人才配置到合适的岗位上，发挥其最大作用。二是企业家，一方面建立市场导向的企业家选择、聘任制度，形成权、责、义、利合理、清晰的企业家选择机制，打破行政命令，避免权力“寻租”；另一方面积极发挥企业家的才能，包括管理水平、市场动向掌握、宏观经济走向、资源配置等，有助于钢铁企业形成战略思维，积极走在市场的前列和保持长期发展。

第三，顺应时代发展趋势，改变和创新商业模式。商业模式角度，一方面是发展精益生产方式，即在需要的时候，按需要的量，生产所需的产品，其核心是追求对市场的快速反应，追求零库存。这为解决当前我国钢铁市场供过于求，产能过剩的问题，提供了一个思路。另一方面是钢铁行业与互联网的结合，即打造、发展钢铁行业的“互联网+”。传统钢铁行业和新兴互联网行业的融合，发挥互联网行业在快速传递市场供求信息、反映市场价格变化、要素流动、资源配置等方面上的优势，以期解决传统行业产能过剩的问题。

第四，拓展市场边界，推进国际钢铁产能合作。主要是采取“走出去”战略，支持、鼓励我国钢铁企业发挥比较优势，通过控股、参股、收购、合作等多种方式，加强海外矿产资源的开发。同时，积极融入国家市场，推进国际钢铁产能合作，参与国际竞争，提高我国钢铁企业的国际竞争力和品牌效应。

第三节　新兴过剩：光伏产业产能过剩现状与问题

与钢铁行业在新中国成立之初就开始得到国家支持而获得大力发展不同，新兴产业的代表——光伏产业在中国发展时间较短，然而就在这短暂的发展期内，市场的波澜壮阔与惊心动魄丝毫不亚于传统行业。我国的光伏产业从无到有、从小到大、从弱到强、从强到衰，从全行业产能过剩到世界光伏行业巨头“无锡尚德”破产重整，这一系列跌宕起伏的精彩与悲壮故事，发生在短短15年之内。传统行业的产能过剩易于推断，新兴产业普遍的产能过剩从何而来是个值得研究的重要问题。

一　光伏行业发展基本状况

（一）世界光伏产业的发展状况

1. 世界光伏产业的发展历程

太阳能光伏产业或光伏产业，是指利用光伏效应将太阳能转化为电能的产业，即太阳能发电。1839年法国科学家贝克勒尔发现光伏效应，随后各种太阳能电池问世。在20世纪50年代，美国贝尔实验室研发成功第一例单晶硅太阳能电池。1969年，世界上第一座太阳能电池在法国建成，之后太阳能光伏发电技术不断进步。

21世纪初，在全球变暖和能源危机日益严峻的形势下，太阳能作为一种可再生、无污染的清洁能源开始受到全世界的普遍关注，以欧美为代表的世界各国相继出台各种补贴、优惠政策扶持太阳能光伏产业的发展，在此背景下，全球光伏产业作为一种新兴产业在世界范围内获得高速发展。世界光伏产业的发展大致可以分为以下五个阶段。

（1）快速扩张期。从20世纪90年代中后期开始，太阳能光伏发电技术不断进步，在各国扶持政策的大力推动下，世界太阳能光伏产业进入了黄金发展期。

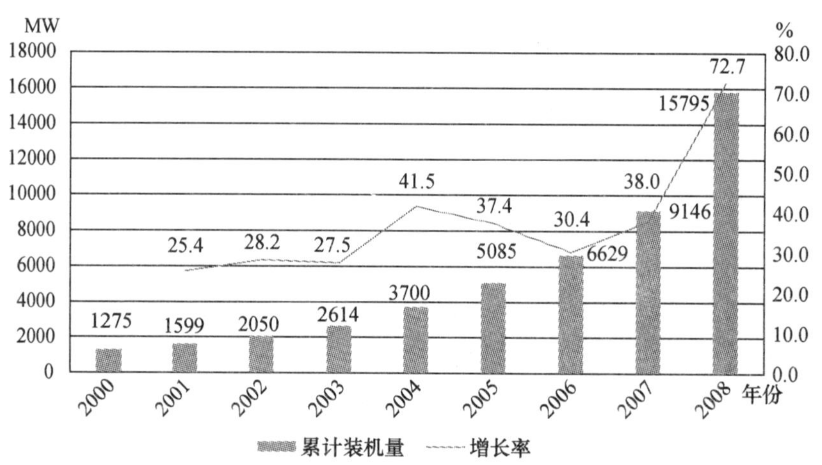

图4-19 全球光伏发电累计装机量（2000—2008年）

资料来源：欧洲光伏产业协会（EPIA）。

2000年以来，德国率先实施《上网电价法》①，使得德国多年光

① 《上网电价法》要求电网公司以40—50欧分/千瓦时的电价全额收购光伏电量。有了这样的法律，安装光伏发电的用户即可通过销售绿色电力获得收益。

伏发电安装量位居世界第一。继德国之后，欧洲各国也陆续实施《上网电价法》，欧盟光伏市场得到了快速扩张，2007 年和 2008 年欧洲占世界光伏市场达到 80%，欧洲光伏市场的高速扩张也带动了全球光伏产业市场的快速发展。如图 4－19 所示，据欧洲光伏产业协会数据，全球太阳能光伏发电累计装机容量从 2000 年的约 1.3GW 增长到 2008 年的约 16GW，增长了 11 倍。

（2）短暂调整期。2008 年，金融危机爆发，全球装机需求低迷。多晶硅价格暴跌，制造业产业链出现严重的存货减值损失，全行业陷入严重亏损。如图 4－20 所示，2008 年全球新增装机容量同比增长 135.71%，2009 年迅速下降为 16.67%。

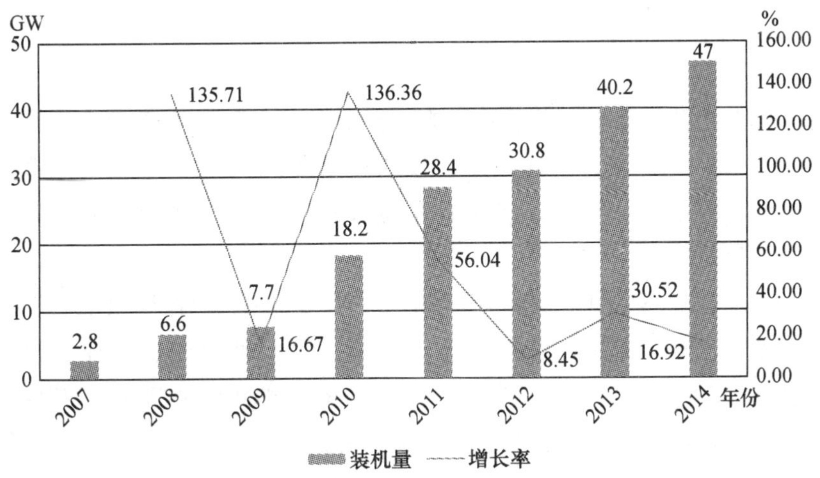

图 4－20　全球光伏新增装机容量（2007—2014 年）

资料来源：彭博新能源财经。

（3）快速反弹期。多晶硅价格下跌使得光伏装机成本大幅下降，德国、意大利市场在补贴下调的预期下出现短期的抢装效应。如图 4－21 所示，2010 年，光伏制造业环节开始新一轮产能扩张。

（4）剧烈调整期。2011 年，产能过剩的光伏产业遭遇了欧债危机，欧洲各国纷纷削减光伏补贴，欧洲光伏市场需求大幅下降，全球

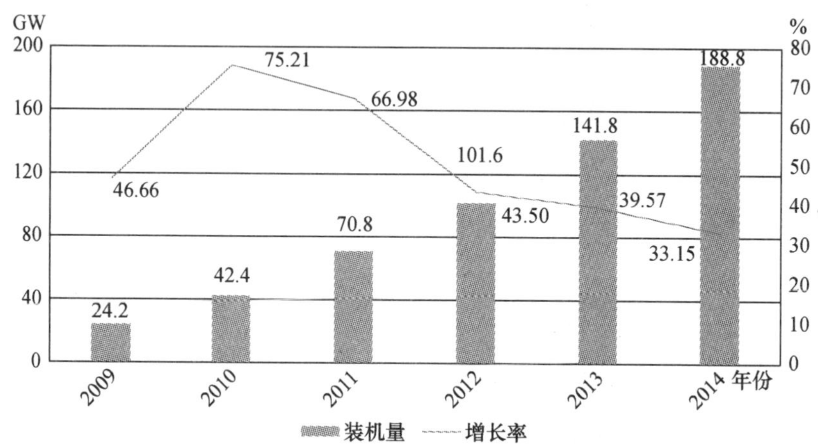

图 4－21 全球光伏发电累计装机量（2009—2014 年）

资料来源：彭博新能源财经。

光伏产业遭遇前所未有的危机。光伏产品价格暴跌，大部分企业陷入亏损状态。2012 年，全球产业规模快速增长势头受到冲击，2012 年全球太阳能光伏发电累计装机容量增长率从 2011 年的 66.98% 锐减到 43.50%。

（5）健康发展期。在经历 2011—2013 年的持续亏损后，2014 年，在中、美、日等国家光伏市场的带动下，世界光伏产业逐渐复苏，光伏企业经营状况得到改善。2014 年全球光伏装机量达 47GW，较 2013 年的 37GW 增长约 27%。据彭博新能源财经（BNEF）预计，2015 年全球新增光伏装机容量将达 58.3GW，增长 25% 左右。在新兴市场的带动下，近几年全球光伏市场需求呈现上升态势，太阳能光伏行业处于健康稳定发展阶段。

2. 世界光伏产业的发展趋势

（1）未来全球光伏市场需求巨大。从人类社会的发展趋势看，新能源必将在未来代替传统能源。由于太阳能储量巨大、清洁环保、可再生，太阳能光伏行业发展前景十分广阔。欧盟联合研究中心（JRC）预测 2030 年太阳能光伏发电在世界总发电量中的比重将达到 10% 以上，2040 年将达到 20% 以上，21 世纪末将高达 60% 以上。长期来看，光伏产业发展前景广阔。欧盟、美国等发达经济体都将太阳能发电作为可再生能源的重要来源，制定了2020年乃至更长远的发展目标。根据欧盟及成员国颁布的可再生能源行动计划，到2020年欧盟太阳能发电总装机容量将超过90GW。此外，欧盟启动了“欧洲沙漠行动”，计划在撒哈拉沙漠建设大规模太阳能电站向欧洲电力负荷中心输电。欧盟各国普遍通过优惠上网电价政策支持太阳能发电的发展，美国通过税收减免和投资补贴等政策支持太阳能发电发展。

（2）市场重心东移。《全球新能源发展报告2015》显示，全球光伏新增装机容量居前两位的分别为中国、日本，占全球装机容量的比重分别达到27.7%和22.3%。亚洲其他国家将光伏产业作为未来发展的重点产业，如泰国于2013年出台了新上网电价政策，巴基斯坦规划到2030年50%以上电力来自光伏等新能源。据欧洲光伏产业协会（EPIA）数据统计，在利好政策的推动下，未来五年亚太地区的光伏市场新增需求将占全球新增需求的54%。

（3）新兴市场发展快速。根据欧洲光伏产业协会（EPIA）数据统计，2010年欧洲占全球新增装机量的80%，中国、美洲及亚太地区等新兴市场仅占到18%。2010年之后，虽然英国市场快速崛起，但是欧洲装机量连续下滑，2013年新兴市场占全球新增装机量的71%，而欧洲新增装机量占比下滑至28%。中、日、美新兴市场成为推动光伏行业发展的主要动力。

表4－11　2014年全球光伏新增装机容量排名前十的国家占比

排名	国家	占比（%）	排名	国家	占比（%）
1	中国	27.7	7	南非	2.0
2	日本	22.3	8	澳大利亚	2.0
3	美国	13.4	9	印度	1.7
4	英国	4.6	10	加拿大	1.6
5	德国	4.1	11	其他	18.4
6	法国	2.2			

资料来源：《全球新能源发展报告2015》。

《全球新能源发展报告 2015》显示，中国、日本、美国等市场成为 2014 年全球光伏产业发展的主要推动力，传统市场的德国、法国下滑至全球第五、第六位。

3. 总结

从世界光伏产业的发展进程来看，政府通过政策扶持、财政补贴、项目规划推动光伏产业的繁荣，成为产业发展的主导。由于政府干预，扰乱了价格对市场的调节信号，导致光伏产业重复生产，在遇到金融危机和财政危机的冲击下，产能过剩问题凸显。未来光伏产业将持续蓬勃发展，新兴市场面临巨大的发展机遇。世界经济和金融市场的持续动荡成为光伏产业发展的主要隐患，在光伏产业快速增长的背景下，政府如何科学规划、正确引导、有效监管，实现产业规模经济效益最大化是世界各国需要研究的重点。

（二）中国光伏产业的发展状况

1. 中国光伏产业的发展历程

中国幅员辽阔，太阳能资源开发有着巨大的潜力。作为全球最大的能源消费大国，中国的能源危机和环境危机日益严峻。作为新能源产业的代表，太阳能光伏发电近年来受到政府的大力扶持，获得了快速的发展。

中国对太阳能电池的研究始于 20 世纪中期，90 年代开始应用于通信领域，1995 年开始应用于解决贫困边远地区的用电问题。2001 年，我国开始推出“光明工程计划”，成为我国光伏产业发展的开端，伴随着中国经济的跨越式发展，十几年来我国光伏产业的发展也伴随世界光伏产业的发展大致经历了几个阶段。

（1）产业形成期（2000—2004 年）。这一时期，中央和地方政府开始重视光伏产业的发展潜力，通过财政补贴、土地支持、税收优惠等方式大力扶持光伏产业的发展。在政府的支持下，光伏作为一个产业快速形成。

（2）高速发展期（2005—2007 年）。2005 年开始，欧洲各国提高了对光伏产业的补贴力度，使得欧洲的光伏市场迅速扩张，也大大增加世界光伏产业的市场需求。2005 年，我国颁布《中华人民共和国可再生能源法》，2007 年颁布《可再生能源中长期发展规划》，鼓励太阳能资源的开发利用，同时全国 31 个省、市、自治区均把光伏产业作为重点扶持的新兴产业，政策支持推动了这一时期光伏产业的迅猛发展。我国第一批光伏企业英利、无锡尚德等陆续投产，2005 年我国最大的光伏企业无锡尚德成功在美国证券交易所上市。

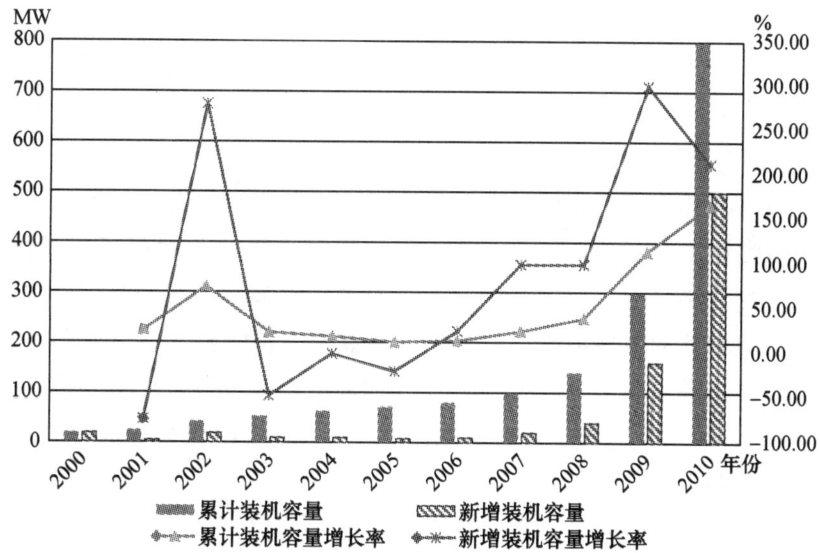

图 4－22　中国光伏装机容量（2000—2010 年）

资料来源：EPIA、国家能源局。

（3）短暂调整期（2008—2009 年）。2008 年，全球金融危机爆发，欧洲市场需求萎缩，光伏产品价格暴跌，其中多晶硅的价格更是跌落到约 40 美元/公斤的水平。我国光伏产业受到冲击，产能过剩问题开始凸显，整个产业陷入低迷状态。

（4）快速反弹期（2009—2010 年）。在中央出台"四万亿"救市的大背景下，2009 年我国先后实施了"太阳能屋顶计划"、"金太阳示范工程"等一系列重大项目，光伏产业获得战略性新兴产业的定位。各地多晶硅项目和规划项目超过 40 个，掀起了新一轮光伏产业投资热潮。按照德国的光伏杂志 *Photon International* 的统计，中国2010年太阳能电池产量达到13.01GW，比2009年的4.75GW增长了174%，占当年全球光伏组件总出货量27.2GW的47.8%。

（5）剧烈调整期（2011—2012年）。2011年受欧债危机、美国“双反”调查的影响，导致我国的光伏产业陷入严重的阶段性过剩。光伏产品价格暴跌，多晶硅价格跌落到约15美元/公斤的历史最低位。国内光伏企业一片萧条，半数以上企业停产，大部分企业陷入亏损、裁员的状态。2012年，情况非但没有好转，反而愈加恶化。

（6）稳定发展期（2013年至今）。2013年7月，国务院颁布《国务院关于促进光伏产业健康发展的若干意见》，各项配套措施、支持政策也陆续实施。此外，中欧光伏贸易纠纷通过承诺机制解决，多晶硅价格微涨至约18美元。2013年，我国光伏产业没有因此没落，平稳度过。2014年，国内光伏市场的恢复以及新兴市场的开启，成为推动行业复苏的重要力量。我国光伏产业规模持续扩大，行业发展总体趋好。多晶硅产能15.8万吨，产量13.6万吨，同比增长58%，全球占比为44.7%，连续4年位居全球首位；硅片产能50.4GW，产量38GW，同比增长28%，全球占比为76%。电池片产能47GW，产量33GW，同比增长32%，全球占比为59%；组件产能63GW，产量达到35.6GW，同比增长30%，全球占比为70%，我国连续8年位居全球光伏电池/组件产量首位。从中国光伏行业协会获悉，2015年前三季度，中国光伏制造业总产值已超2000亿元。其中，多晶硅产量约为10.5万吨，同比增长20%；硅片产量约为68亿片，同比增长10%以上；电池片产量约为28GW，同比增长10%以上；组件产量约为31GW，同比增长26.4%。光伏企业盈利情况得到明显好转，产业链各环节均有较大幅度增长。

2. 光伏企业的所有制结构

由于上游的晶体硅产业技术门槛最高、资金投入最大、生产周期长，因此在多晶硅行业央企和民企势均力敌。如表4-12所示，2014年中国光伏行业协会公布的10家主要多晶硅企业中，民营企业占到5家，大型央企控股企业占到4家。

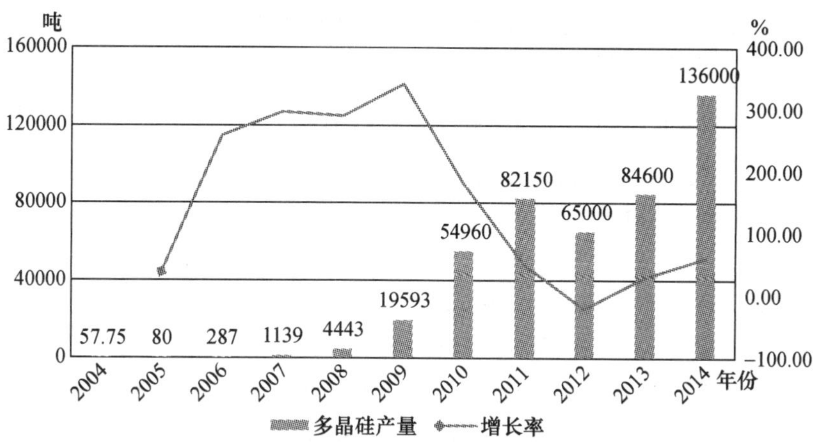

图 4－23　中国多晶硅产量（2004—2014 年）

资料来源：《中国光伏行业发展研究报告》2014 专业版，中国光伏行业协会。

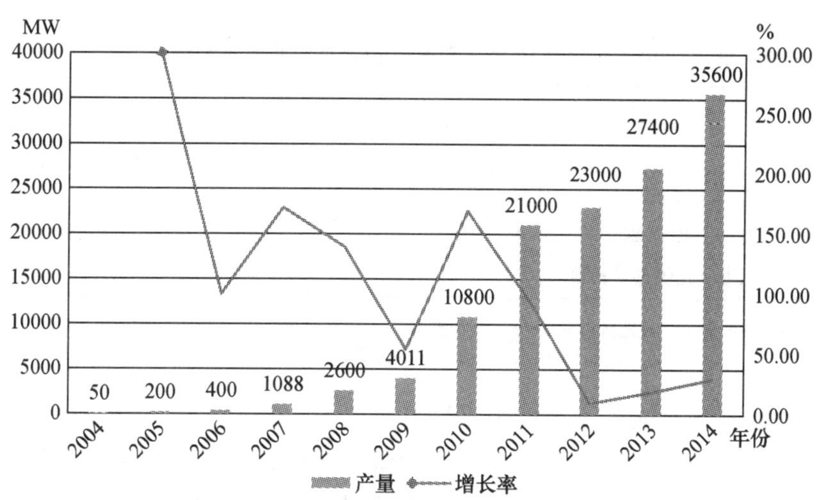

图 4－24　中国光伏电池组件产量（2004—2014 年）

资料来源：《中国光伏产业发展分析与评价》，中国光伏行业协会。

中游的光伏电池片及组件行业是一个劳动密集型产业，进入门槛较低，竞争激烈，因此在光伏电池片及组件行业中民企占据绝对主导地位。如表 4－13 所示，2014 年中国光伏行业协会公布的 10 家主要组件企业中，民营企业占到 9 家。由于国内市场的启动，巨大的国内

表 4-12　2014 年我国 10 家主要多晶硅企业的所有制结构

民营企业	大型央企控股企业	地方国企控股企业	外资企业
江苏中能、特变电工、亚洲硅业、四川瑞能、盾安光伏	洛阳中硅、宜昌南坡、神州硅业、内蒙古晶阳		大金新能源

资料来源：中国光伏行业协会，笔者整理。

市场对国际资本造成巨大诱惑，已经陆续有国际资本进入中国抢占国内市场。如 2014 年中国光伏行业协会公布的 20 家多晶硅、组件企业中，有 1 家中美合资企业（正泰太阳能）和 1 家外商独资企业（大金新能源）。2015 年，美国光伏巨头 First Solar 宣布成功取得北京鉴衡认证中心颁发的金太阳认证证书，美国第二大太阳能生产商也已联合苹果公司在中国建设太阳能电站。国内市场开始迎来外资企业的巨大挑战。

表 4-13　2014 年我国 10 家主要光伏组件企业的所有制结构

民营企业	大型央企控股企业	地方国企控股企业	外资企业
常州天合、保定英利、浙江晶科、常熟阿特斯、上海晶澳、上海韩华、浙江昱辉、海润光伏、中利腾晖			正泰太阳能

资料来源：中国光伏行业协会，笔者整理。

3. 我国光伏产业的世界地位

（1）从产量来看。2014 年，我国新增装机容量 10.6GW，累计装机量 28.05GW，仅次于德国，成为全球第一大光伏应用市场。如表 4-14 所示，我国光伏产业规模持续扩大，2014 年多晶硅产量达到 13.6 万吨，占全球比重 44.7%；硅片产量达到 38GW，占全球比重 76%；电池片产量达到 33GW，占全球比重 59%；组件产量达到 35.6GW，占全球比重 70%，我国光伏产业规模全球首位的地位进一步巩固。我国光伏产业链各个环节均有企业进入全球前十，多晶硅 4 家、硅片 8 家、电池片 5—6 家、组件 5—6 家，并且第一名均为中国企业。①

表 4-14　　2014 年我国光伏产品产量及全球占比情况

行业	多晶硅	硅片	电池片	组件
产量	13.6 万吨	38GW	33GW	35.6GW
增长率（%）	58	28	32	30
占全球比重（%）	44.7	76	59	70

资料来源：《2014—2015 年中国光伏产业年度报告》。

（2）从融资额来看。如图 4-25 所示，从 2006 年到 2014 年，中国和亚洲其他地区的融资额占比不断提高。如图 4-26 所示，2014 年全球光伏融资总额达到 1347.6 亿美元，亚太地区（包括中国、印度及其他亚太地区）融资额达 827.3 亿美元，占比达 61.39%，其中，中国融资额 380.4 亿美元，占比达 28.23%，高居全球首位。②

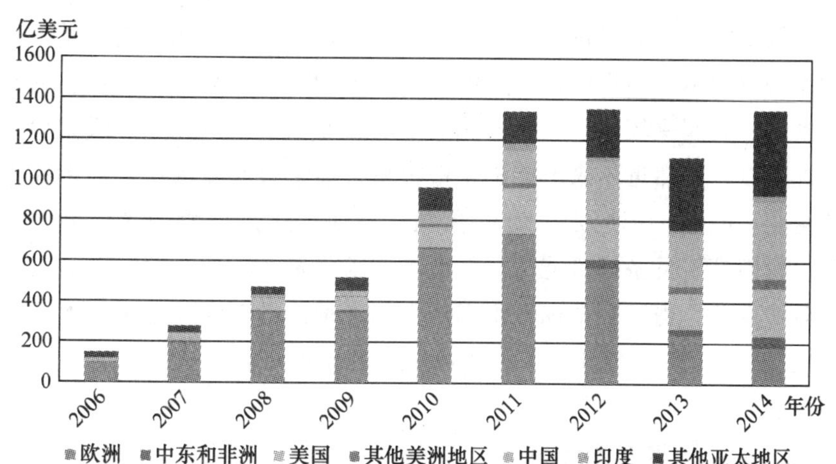

图 4-25　2006—2014 年全球光伏融资的区域分布

资料来源：《2014—2015 年中国光伏产业年度报告》。

① 参见《2014—2015 年中国光伏产业年度报告》。

② 参见《全球新能源发展报告 2015》。

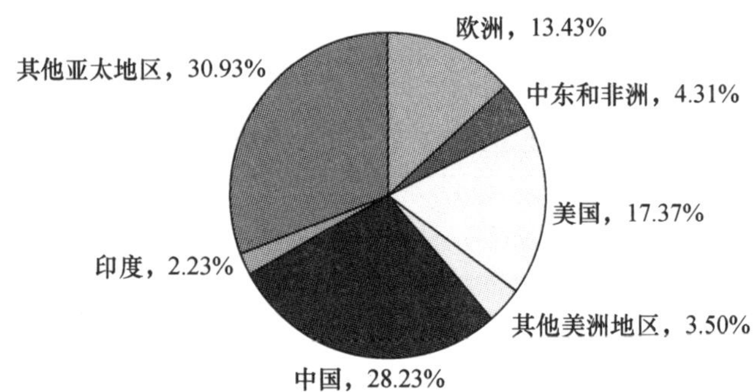

图 4－26 2014 年全球光伏融资国家/地区占比

资料来源：《全球新能源发展报告 2015》。

（3）从定价权来看。上游的多晶硅行业存在产能总量过剩与优质产能不足的困境。虽然自 2011 年以来，我国逐渐打破了美、日、德等发达国家的技术封锁和市场垄断，但是我国多晶硅产业竞争力仍然偏弱，属于典型的结构性产能过剩，高端产品供不应求，需求大量进口，低附加值产品供过于求，大量产能存在。中游的光伏电池及组件行业是劳动密集型产业，附加值低，竞争激烈，不具备创新性，易复制模仿，利润率较低。下游的光伏发电企业主要设备和生产线主要从国外进口，虽然近年来产能扩张得很快，但是核心技术主要掌握在国外企业。因此，不论是上游的多晶硅行业，还是下游的光伏发电企业，我们都不具备议价能力。在市场需求稳定的时候，这一致命的弱点会被掩盖。当遇到全球性市场需求低迷时，由于国外企业掌握“定价权”，企业的利润空间在不断被压缩的情况下，许多中小企业会被淘汰。

4. 行业世界主要竞争者

（1）从累计装机容量来看。如图 4－27 所示，2014 年全球光伏累计装机容量前十名的国家分别为：德国、中国、日本、美国、意大利、法国、英国、西班牙、澳大利亚和印度。从区域分布来看，欧洲累计装机容量占比最高，占全球的 45.7%；亚洲其次，占全球累计光伏容量的 35.3%（包含 18% 其他部分中未显示出的欧洲、亚洲国家）。

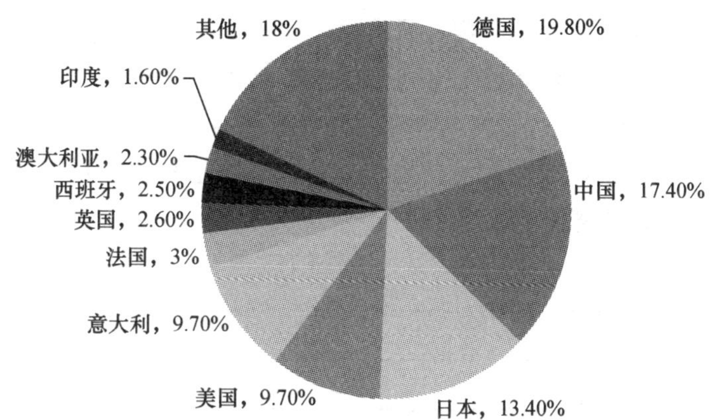

图 4－27　2014 年全球光伏累计装机容量前十国家占比

资料来源：《全球新能源发展报告 2015》。

（2）从新增装机容量来看。如图 4－28 所示，2014 年全球新增光伏装机容量前十名的国家分别为：中国、日本、美国、英国、德国、法国、南非、澳大利亚、印度和加拿大。从区域分布来看，亚洲地区成为全球最大的应用市场，占比达 59%；美洲其次，占比达 19.3%；欧洲第三，占比为 16.8%。除英国光伏产业得以强劲增长，欧洲市场装机量已经连续三年下滑，印度、南非、智利等新兴市场均呈现高速发展态势。

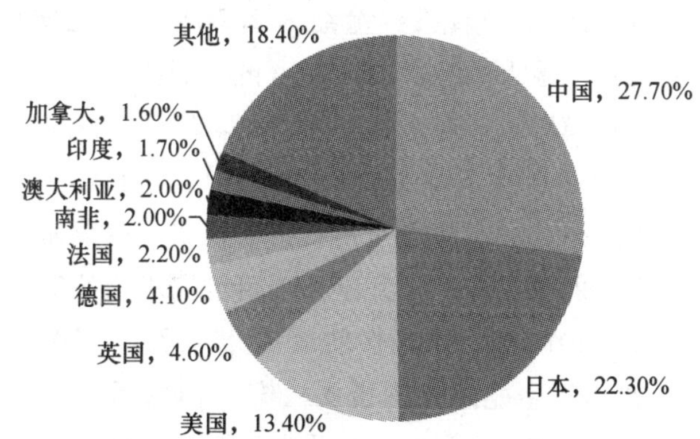

图 4－28　2014 年全球新增装机容量排名前十国家占比

资料来源：《全球新能源发展报告 2015》。

（3）主要国家光伏产业发展情况。如图4－29所示，德国长期以来是全球最大的光伏市场，由于2011年年末以来欧债危机的影响，德国削减了光伏补贴，2014年德国光伏新增装机容量1.9GW，同比下降41.3%。德国太阳能光伏装机容量仍然在增长，但其后劲明显不足，光伏产业发展速度放缓。

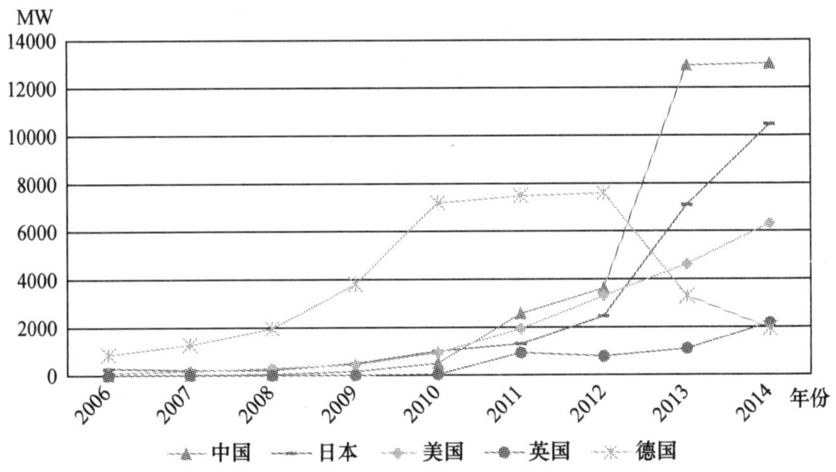

图4－29　全球主要光伏市场国家新增装机容量统计（2006—2014年）

资料来源：《全球新能源发展报告2015》。

2014年英国光伏新增装机容量约为2.2GW，同比增长99.7%，并超越德国成为欧洲最大的装机国。在可再生能源法的刺激下，英国光伏装机正在大规模增长，迎来蓬勃的发展。2014年美国光伏新增装机容量约为6.3GW，同比下降36.6%，科罗拉多州、北卡罗来纳州、纽约州、佛罗里达州、宾夕法尼亚州、密歇根州、堪萨斯州和华盛顿州均制定了可再生能源目标，大型屋顶项目的需求量快速增加，光伏装机量屡创新高。2014年日本光伏新增装机容量约为10.5GW，同比增长47.6%，在《再生能源特别措施法案》出台后，日本的太阳能光伏发电装机量迎来蓬勃发展，并成为世界第二大光伏应用市场。

5. 我国光伏产业投资诱因

光伏产业产能过剩问题仍然突出。据统计，我国从多晶硅到组件的光伏制造企业总数已超过千家，其中组件企业数量约占2/3，光伏组件建成产能达70GW以上，2014年平均产能利用率不足50%，半数以上组件生产企业仍陷于亏损状态。另外，2014年我国市场多晶硅需求量超过20万吨，除自产外仍进口10万吨；组件需求量超过40GW，产量也无法满足需求，且满足工信部《光伏制造行业规范条件》相关技术要求的产品数量占比更少。总体而言，光伏行业阶段性产能过剩仍然严重，且主要为低端产能过剩，特别是组件环节技术集中度低、设备折旧慢，通过市场自发淘汰难度较高。

光伏产业投资之热，在我国经济发展潮流中可谓“天时、地利、人和”。

（1）天时：时不我待的机遇与广阔市场前景。一是新能源革命带来的投资机遇。“十三五”规划明确提出制定中国能源生产和消费的革命战略，要求推动能源消费革命、能源供给革命、能源技术革命、能源体制革命。要求将提高非化石能源比重，推动煤炭等化石能源清洁高效利用。具体而言，将加快发展风能、太阳能、生物质能、水能、地热能，安全高效发展核电。我国能源和环境压力迫使中国必须大力发展光伏发电，30年之内完成向高比例可再生能源的转型，前景乐观，从常规能源为主转变为可再生能源为主。2015年7月23日上午，发改委能源研究所发布了国家能源新的发展路线图，为了满足国家能源转型战略，到2050年太阳能发电累计装机量要达到27亿千瓦（2014年路线图20亿千瓦，其中5亿聚光太阳能发电），其中20亿是光伏发电。预计到2020年，中国光伏总装机量要由100GW达到150—200GW。平均下来每年的装机量达到20GW；2030年达到25GW，2030年以后，每年装机量达到80GW。新能源革命的到来，给中国光伏产业等为代表的新能源产业带来了巨大和宝贵的历史机遇。

二是“一带一路”战略带来的机遇。光伏产业将从“一带一路”国家战略中受益。中国光伏应用技术有实力参与到国家“一带一路”战略布局之中，并且这一战略会给光伏产业带来发展契机。“一带一路”沿线是光照资源非常丰富的地区，现在我们可以把太阳能应用技术提供给沿线国家。以太平洋岛国和东南亚地区岛屿为例，将太阳能发电和 ZPD 储能发电做成微电网，可以为整个岛屿提供能源解决方案，这是非常大的机遇。“一带一路”沿线不乏能源应用较贫乏的国家，将中国的能效管理技术、能源综合解决方案推广出去，可以避免这些国家重走欧洲、美国、中国能源开发的老路，使它们可以一开始就用成本较低廉的清洁能源为后续工业发展打下基础。使“一带一路”沿线国家建立较好的能源结构，也使全球的碳减排受益。

三是应用市场潜力广阔。2013 年，全球发电总量约 23 万亿千瓦时，我国发电总量 5.3 万亿千瓦时，如按光伏满负荷发电占用电总量的 5% 计算，全球潜在光伏应用市场近 1000GW，我国潜在市场也达 200GW 以上。2009—2014 年，我国年新增光伏装机量从 160MW 增至 10GW 以上，年复合增长率超过 100%。截至 2014 年年底，我国累计光伏装机总量 26.5GW，预计 2015 年年底可达约 44GW，已成为全球最重要的光伏应用市场之一。此外，社会各界对于发展太阳能、风能等可再生能源，以缓解化石能源危机及雾霾等环境问题的呼声日益强烈，也有利于国内光伏应用的快速发展。

（2）地利：天然资源丰厚、历史积淀醇厚。第一，我国太阳能资源丰富。我国国土面积幅员辽阔，有着十分丰富的太阳能资源。据估算，我国陆地表面每年接受的太阳辐射能约为 50×1018kJ，全国各地太阳年辐射总量为 335—837kJ/cm^2·a，中值为 586kJ/cm^2·a。

第二，完善的产业配套系统。我国对半导体、集成电路等行业的长期投入，推动了光伏产业等大半导体分支行业的产业配套不断完善。目前，我国光伏产业已形成从多晶硅提纯、太阳能电池制造、组件封装到系统集成的完整产业链体系，辅料、设备等配套产业相对完善，土地、人力等成本较欧美主要光伏国家偏低，且政策层面支持日益增大，产业发展综合比较优势明显。我国光伏产业区域集群化发展优势显现，我国依托区域资源优势和产业基础，在国内已经形成了江苏、河北、浙江、江西、河南、四川、内蒙古等区域产业中心，并涌现出一批国内外知名且具有代表性的企业，主要企业也初步完成垂直一体化的整合，加快海外并购和设厂，开始向国际化企业发展。

（3）人和：促进经济发展的政策导向是发展契机。自 2014 年以来，国家发改委、能源局、国税总局密集出台了一系列发展分布式光伏的政策，光伏产业装机容量出现了大幅增长，截至 2014 年 12 月底，我国并网太阳能发电装机容量 2652 万千瓦，同比增长 67.0%。在装机量不断攀升的背后，融资难问题日益突出，近年来，在政府、银行、企业的共同推动下，相关的政策已在逐步完善，各种形式的融资渠道也在打通。随着光伏装机量的增多，2014 年，工信部《光伏制造行业规范条件》继续实施，并在 2014 年年底出台《关于进一步优化光伏企业兼并重组市场环境的意见》，优化了光伏企业兼并重组的市场环境。国家能源局在 2014 年出台十多项与光伏有关的促进政策，完善光伏发电应用市场环境。银监会、国开行等金融机构积极与行业主管部门合作，出台光伏产业金融扶持政策。地方层面，已有十余个省份对光伏发电给予电价或投资补贴。未来关于光伏产业的发展政策还会陆续推出，为光伏产业发展创造良好的政策环境。

二　光伏产业结构与产业组织特性

（一）产业链特征

1. 光伏产业链

光伏行业的产业链一般包括硅原料、硅片、光伏电池、光伏组件、光伏系统应用产品 5 个环节。其中，上游产业链为提炼硅原料和生产硅片；中游产业链主要为光伏电池和光伏组件生产；下游产业链主要为光伏系统应用产品。光伏全产业链构成如图 4－30 所示。

2. 光伏产业链的利润分配

在光伏产业链中，上游的晶体硅生产环节技术门槛最高、资金投入最大、生产周期长，因此利润回报率也高。下游的光伏应用系统环节利润率次之。而中游的太阳能电池生产与组件封装环节属于劳动密集型产业，进入门槛较低，导致其竞争激烈，该环节产业附加值也最低。光伏产业的价值链分布呈“微笑”曲线分布。

3. 我国的光伏产业链

与产业链的划分不同，光伏产业主要包括光伏生产设备、光伏零部件、光伏原材料、太阳能电池组件、销售商、光伏系统安装 6 个领域。其中，光伏生产设备主要包括硅棒/硅锭生产设备、硅片/晶圆、电

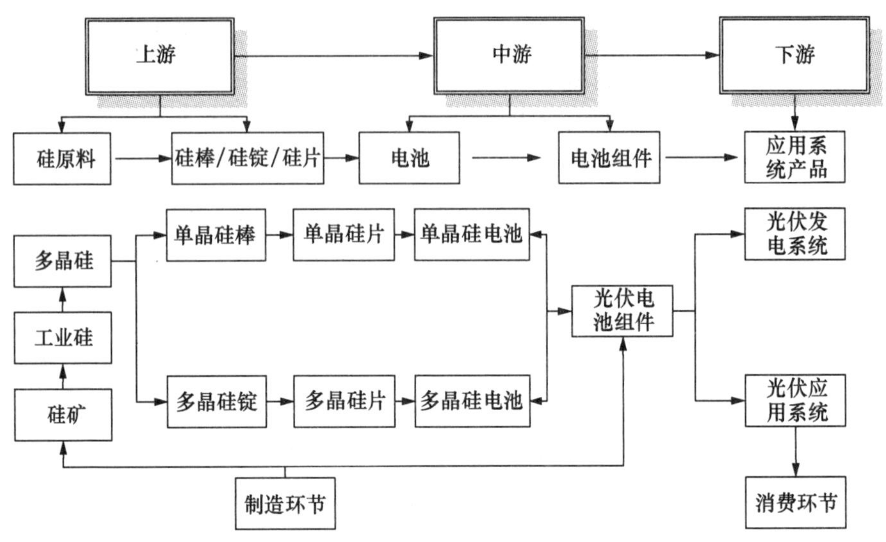

图 4－30　光伏全产业链构成

资料来源：笔者绘制。

池片、晶体硅电池组件、薄膜组件制造设备；光伏零部件主要包括蓄电池、转换器、逆变器、监控系统等零部件；光伏原材料主要包括硅棒、硅片、电池片、薄膜组件等生产原材料；太阳能电池组件主要包括晶体硅、薄膜等。①

由于我国拥有大量相对低成本高素质的劳动力，决定了我国在中游电池制造和组件生产环节具有比较优势，因此我国光伏产业链主要集中发展在价值较低的中游环节。而上游的硅原料主要依赖进口，光伏产品仍以出口为主，与国外需求相比，国内的应用很少，内需严重不足，是一个典型的出口导向型行业，下游光伏系统应用环节还很薄弱。长期以来，中国光伏产业的生产形成了原料和市场主要是在国外，加工环节在国内的“两头在外”的格局。据统计，我国从多晶硅到组件的光伏制造企业总数已超过千家，其中组件企业数量约占 2/3，光伏组件建成产能达 70GW 以上，2014 年平均产能利用率不足 50%，半数以上组件生产企业仍陷于亏损状态。另外，2014 年我国市场多晶

① 参见《中国新能源产业发展报告（2014）》。

硅需求量超过20万吨，除自产外仍需进口10万吨；组件需求量超过40GW，产量也无法满足需求。①

如图4－31所示，截至2014年1月，全球光伏企业数量30033个，中国企业5827个，占比达19.40%，六个领域内，中国企业占全球企业数量的比重分别为48%、35%、65%、47%、7%和2%。

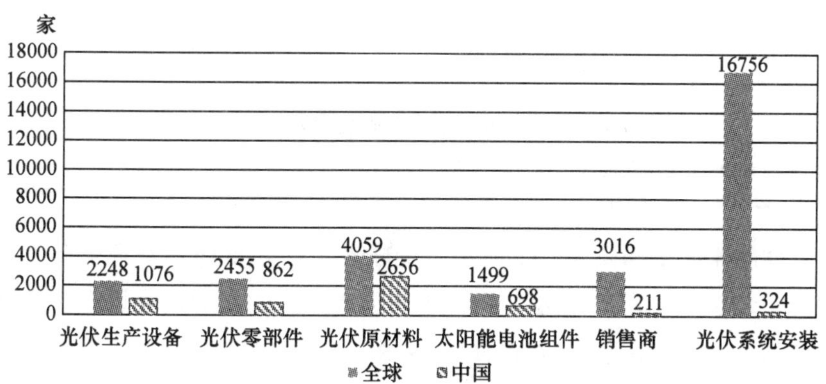

图4－31　全球与中国光伏企业数量对比

资料来源：《中国新能源产业发展报告（2014）》。

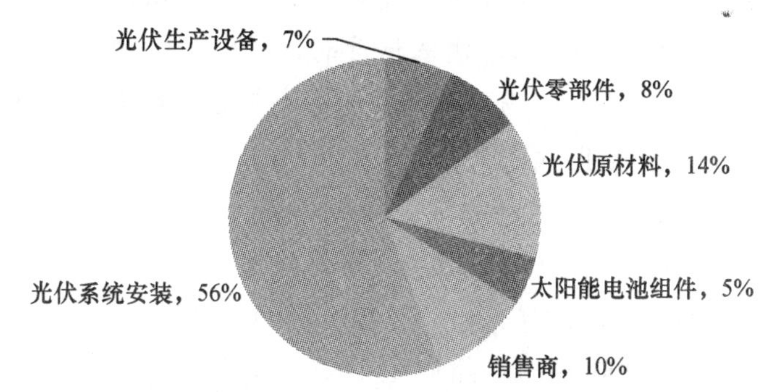

图4－32　全球光伏企业生产环节布局

资料来源：《中国新能源产业发展报告（2014）》。

---

① 李晓昕：《中国光伏产业面临形势之分析与思考》，赛迪智库电子信息产业研究所，2015年5月。

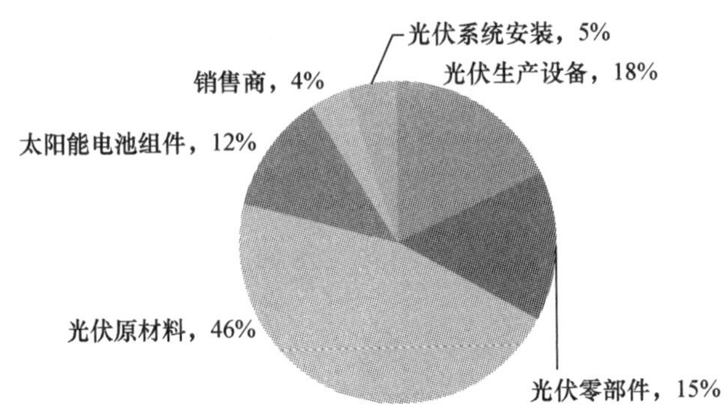

图 4－33　中国光伏企业生产环节布局

资料来源：《中国新能源产业发展报告（2014）》。

如图 4－32 和图 4－33 所示，全球光伏产业布局主要集中在光伏系统安装领域，占比高达 56%，中国的光伏产业布局主要集中在光伏原材料（占比 46%）、光伏生产设备（占比 18%）和光伏零部件（占比 15%）领域。

长期以来，中国光伏产业的生产形成了原料和市场主要是在国外，加工环节在国内的“两头在外”的格局。这样的模式存在很大的弊端，当上游的多晶硅行业遇到价格波动，遇到经济危机或出口遭遇“双反”等情况导致全球市场需求低迷时，国内光伏企业在产业链中的地位十分被动，原料市场和销售市场都不具备议价能力，国内整个产业链的企业都面临巨大的风险。

4. 上游多晶硅原料市场分析

上游的硅料与硅片利润率最高。多晶硅生产线投资大、生产周期长、周期性明显，有较大的进入壁垒。多晶硅是整个光伏产业资本投资最大的环节，3000 吨的多晶硅生产线，投资额需要 20 亿元左右。另外，多晶硅生产线从新建到投产之间周期很长，需要至少 4 年时间。晶硅原材料的核心提纯技术仅仅掌握在美、德、日等 7 家主要硅料厂商，包括美国的 Hemlock 以及 MEMC，挪威的 REC，德国的 Wacker，日本的 Tokuyama、三菱化工和住友化工，因此晶硅原材料供给主要由大企业主导。按照 2013 年实际出货量统计，美国汉姆洛克

(Hemlock)、德国瓦克（Wacker)、韩国东方化学工业（OCI)、中国保利协鑫（GCL－Poly）四大巨头加起来占比超过74%。2013年，国内正常经营的硅料厂不超过5家。由于多晶硅及光伏产业回暖，截至2014年年底我国在产多晶硅企业有十七八家。[1]

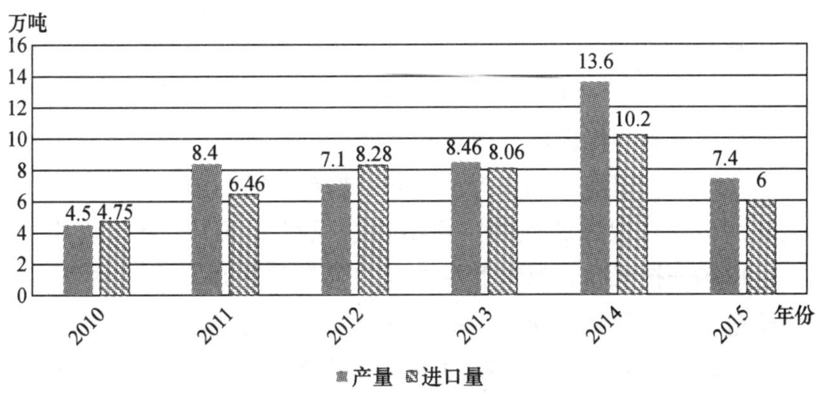

图4－34　我国多晶硅产量与进口量（2010—2015年上半年）

注：2015年为上半年数据。

资料来源：中国光伏行业协会。

如图4－34所示，2015年上半年，我国16家多晶硅企业产量为7.4万吨，同比增长15.6%，产量快速增加，自给率有所提升，但仍需大量进口，进口量为6万吨，自给率为55%。行业集中度较高，前十家产量占比达到91%，前五家占比达到77%，产品竞争力不断增强，已经具备实现进口替代基础。

5. 下游需求市场分析

供需关系是我国光伏产业发展的一大挑战。从国际市场来看，2014年，我国太阳能光伏电池进出口总额182.8亿美元，其中出口额144.1亿美元，占比达79%；进口额38.7亿美元，占比仅为21%。2014年全年中国太阳能光伏电池加工贸易出口额为75.85亿美元，出

① 参见多晶硅产业技术创新战略联盟、中国电子材料行业协会《2014—2015年度中国多晶硅产业发展报告》，2015年4月。

口占比高达52.64%。[1] 太阳能电池出口额达到124.2亿美元，太阳能电池环节，日本、欧洲、美国位居我国太阳能电池产品出口金额前三位，占比接近70%（见表4－15）。由2014年中国光伏产品的进出口数据可以看出，我国整个产业的对外依存度依然偏高，市场结构不合理，贸易风险依然较大。2014年，美国对我国光伏产品进口进行第二轮“双反”调查，澳大利亚、加拿大等国家也相继对我国光伏产品出口进行“双反”或反倾销调查。欧盟对我国光伏产品出口通过日本、马来西亚和中国台湾等国家和地区转口以及第三国设厂的方式进行“双反”规避调查。近年来国际市场摩擦不断，新兴经济体也进入了调整期，这对我国的光伏产业出口造成很大压力。从国内市场来看，从市场开拓来讲，目前我国光伏电站建设仍以集中式电站为主，分布式应用推广受阻。光伏应用的市场化推广刚刚起步，大型电站建设周期长，符合我国发展实际的光伏引用商业模式仍未创立；并网的“瓶颈”、电力消纳问题、电价补贴发放滞后等问题仍然亟待解决，这些都制约了国内光伏消费市场的发展。

表4－15　　2014年我国太阳能电池产品前五大出口国家

	日本	欧洲	美国	印度	韩国	合计
出口金额（亿美元）	43.95	24.2	18.17	4.89	4.17	95.38
占比（%）	35.4	19.5	14.6	3.9	3.4	76.8

6. 上下游市场对我国光伏产业发展的影响

在光伏产业链中，由于我国光伏产业形成了原料和市场主要是在国外，加工环节在国内的“两头在外”的格局，虽然现在这种格局已经有了很大改观，但是原材料进口价格的波动和国外市场的变动都会对我国光伏产业的波动产生较大的影响。

近几年来，虽然我国的多晶硅产能得到了巨大提升，但是由于国外企业技术水平高、产业规模大，因此多晶硅价格低廉，对我国的多

① 参见《2014年中国光伏产品出口概况》。

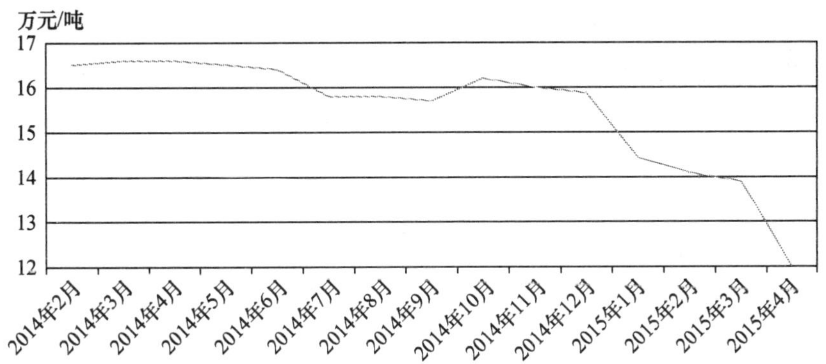

图 4 - 35　2014 年 2 月至 2015 年 4 月国内多晶硅价格变化情况

资料来源：中国海关。

晶硅市场造成很大冲击。如图 4 - 35 所示，2015 年 3—4 月国内多晶硅价格一路直线下跌，从 3 月初的 13.9 万元/吨下滑到 4 月底的 12.0 万元/吨，下降幅度为 13.7%。在供应充足、需求疲软的条件下，进口多晶硅现货价格低于国内同等级产品 0.5 万—1 万元/吨，在多晶硅进口规模占比达到 45% 左右的情况下，对国内多晶硅行业的冲击较大。国内企业为了保持自己的市场份额不得不压低价格，且直逼企业生产成本。国内企业被迫下调价格以维持现金流，有可能再次陷入 2012 年年底全面停产再难复产的困境。

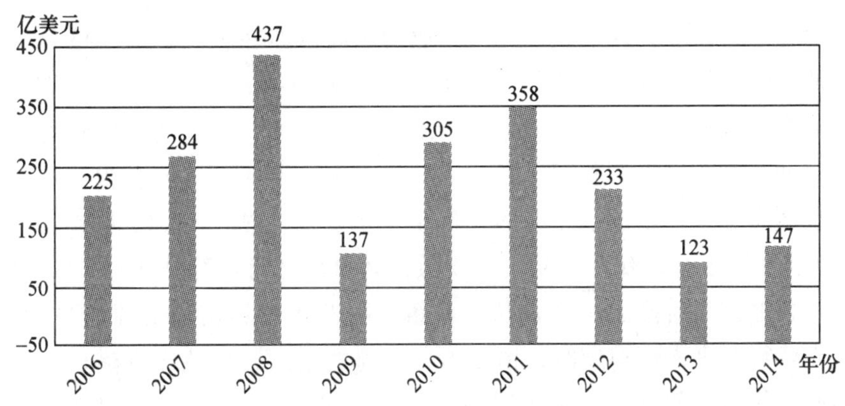

图 4 - 36　2006—2014 年中国光伏产品出口额

资料来源：《中国信息产业年鉴》，中国统计出版社 2014 年版。

如图 4－36 所示，中国的光伏出口额在 2006—2008 年取得了快速增长，之后出现两次大的波动。2009 年受到金融危机的影响，国外需求下降，使得出口额从 437 亿美元锐减到 137 亿美元，下降了近 69%。受到欧美对我国光伏企业“双反”的影响，出口额从 2011 年的 358 亿美元下降到 2013 年的 123 亿美元，下降 66%。由此可以看出，我国光伏产业的对外依存度很高，国外市场的波动会对我国光伏行业产生巨大的影响。

（二）产业结构特征

1. 市场进入壁垒

我国光伏企业长期以来，只注重产能扩张，而忽略了技术的发展。光伏产业作为新兴的能源产业，政府虽然大力支持产业快速发展，但是由于缺乏完善的产业准入制度、明确的技术标准和环保耗能标准，也未能建立公平的市场准则，再加上监督管理不到位，导致一些技术水平低、达不到环保、能耗和安全标准的低质企业涌入光伏产业，大量使用废次料的小厂也得以大量兴起，从而加剧了低水平的重复建设和产能过剩的矛盾。光伏产业初期的暴利使得不少投资者，只顾大规模扩产，而忽视了技术的提高。中国光伏产业的高速成长本身并没有错，不合理的是进入的技术标准等壁垒太低。

2. 市场退出壁垒

和全球情形一样，我国光伏产业的发展依然在较大程度上依赖政府的补贴和扶持政策。2011 年以来，当金融海啸、欧债危机这些涉及政府要动用资金救急解困的危机情形出现时，光伏产业所受的影响首当其冲，产业进入调整期。2013 年，市场的高调回暖，也使得行业调整戛然而止，很多已被关停的光伏企业“重获生机”。2013 年，国内 600 多个城市有 300 多个光伏产业园，其中百亿元规模以上的有 20 多个，各地方政府推出一大批扶持政策，扭曲了市场调配资源的作用。在光伏行业进入调整期时，由于地方政府的干预，导致产业整合并不彻底，使得大部分光伏企业“破而不倒”。因此，导致要化解产能过剩还需要更多时间。

3. 市场进入退出壁垒的变化趋势

近年来，我国对于光伏产业的进入壁垒不断提高。2013 年，工信部下发《光伏制造行业规范条件》（以下简称《规范条件》）公告，对光伏产业的项目设立、生产规模和生产技术、资源综合利用及能耗等方面设定标准，进一步规范行业发展秩序，推进产业转型升级。从多晶硅产业情况来看，中国多晶硅企业虽然小项目个数占比大，但从产能分布看，占中国多晶硅产业有效产能 70% 的企业达到《规范条件》要求。因此，产业中的主力企业并不会受《规范条件》出台的影响，主要是限制了小企业的进入。2015 年，为引导产业加快转型升级和结构调整，工信部公布了《2015 年光伏制造行业规范条件》，相比 2013 年的光伏规范，对产业链的各个环节能耗要求，相比此前的版本更严格，光伏企业的进入条件进一步提高。2015 年 12 月，《光伏发电站工程项目用地控制指标》（以下简称《指标》）发布，为促进光伏产业用地节约集约利用提供了政策支撑，规定企业在土地资源利用时要充分论证、科学规划、优化配置、保护环境。《指标》的发布对于优化光伏产业结构和加快产业转型具有积极意义，市场准入条件进一步提高。

此外，光伏产业的退出壁垒进一步放松。2013 年 7 月 15 日，国务院发布《国务院关于促进光伏产业健康发展的若干意见》（以下简称《意见》），《意见》要求加快企业兼并重组，淘汰产品质量差、技术落后的生产企业，培育一批具有较强技术研发能力和市场竞争力的龙头企业。随着《光伏制造行业规范条件》的完善和落实，无竞争力产能将加快退出。2015 年 1 月，《关于进一步优化光伏企业兼并重组市场环境的意见》发布，产业集中度将进一步提升。随着金融自救、金融租赁、资产证券化的盛行，金融机构也将推动优胜劣汰。

（三）产业组织特征

1. 行业集中率

行业集中率（CR_n 指数）是指该行业的相关市场内前 N 家最大的企业所占市场份额的总和。根据美国经济学家贝恩和日本通产省对产业集中度的划分标准，将产业市场结构粗分为寡占型（$CR_8 \geq 40\%$）和竞争型（$CR_8 < 40\%$）两类。其中，寡占型又细分为极高寡占型（$CR_8 \geq 70\%$）和低集中寡占型（$40\% \leq CR_8 < 70\%$）；竞争型又细分为低集中竞争型（$20\% \leq CR_8 < 40\%$）和分散竞争型（$CR_8 < 20\%$）。

如表4－16所示，2014年我国多晶硅企业前十家产量合计12.15万吨，占全年产量13.6万吨的89.34%。硅片前十家企业产量占比77%。[①] 2014年，电池片前十家企业产量占比52%，组件前十家企业产量占比达到57.03%（见表4－17）。[②] 其中，多晶硅企业产量前八家占比达84.92%，属于极高寡占型（$CR_8 \geq 70\%$）。组件企业产量前八家占比达53.03%，属于低集中寡占型（$40\% \leq CR_8 < 70\%$）。

表4－16　2014年中国多晶硅企业产量前十名及占比情况

多晶硅企业	产量（吨）	占比（%）	累计占比（%）
江苏中能	65500	48.16	48.16
特变电工	16000	11.76	59.92
洛阳中硅	9500	6.99	66.91
大全新能源	6300	4.63	71.54
宜昌南坡	4700	3.46	75.00
神州硅业	4500	3.31	78.31
亚洲硅业	4500	3.31	81.62
四川瑞能	4500	3.31	84.93
内蒙古晶阳	3000	2.21	87.14
盾安光伏	3000	2.21	89.35
合计	121500	89.35	

注：百分比数据经过四舍五入处理。

资料来源：中国光伏行业协会。

---

① 参见中国产业信息网《2015—2020年中国光伏发电市场监测及投资战略研究报告》。

② 参见《2014年光伏行业小结及2015年发展对策分析》。

表 4－17　　2014 年中国组件企业产量前十名及占比情况

组件企业	产量（GW）	占比（%）	累计占比（%）
常州天合	3700	10.57	10.57
保定英利	3300	9.43	20.00
浙江晶科	3000	8.57	28.57
常熟阿特斯	2700	7.71	36.28
上海晶澳	2300	6.57	42.85
上海韩华	1420	4.06	46.91
浙江昱辉	1200	3.43	50.34
海润光伏	940	2.69	53.03
中利腾晖	700	2.00	55.03
正泰太阳能	700	2.00	57.03
合计	19960	57.03	

资料来源：前瞻产业研究院《2015—2020 年中国光伏发电产业市场前瞻与投资战略规划分析报告》。

2015 年，国内外光伏市场仍保持快速增长态势，我国光伏产业规模也持续扩大，行业集中度逐步提升。

2. 行业兼并重组

2014 年我国光伏行业兼并重组步伐持续推进，主要表现为四种形式：一是大企业通过兼并小企业扩张产能；二是通过资本运作等手段盘活优质资产；三是通过上下游延伸并购打通产业链；四是通过全球并购获得先进生产技术或开拓国外市场。2014 年，工信部《光伏制造行业规范条件》继续实施，并在 2014 年年底出台《关于进一步优化光伏企业兼并重组市场环境的意见》，优化了光伏企业兼并重组的市场环境。国家能源局在 2014 年出台十多项与光伏有关的促进政策，完善光伏发电应用市场环境。银监会、国开行等金融机构积极与行业主管部门合作，出台光伏产业金融扶持政策。地方层面，已有十余个省份对光伏发电给予电价或投资补贴。2015 年，我国光伏产业仍将面临复杂多变的国内外形势，既有国内产业发展政策环境持续改善所带来的利好，又有国际市场贸易保护与政策变化带来的出口市场不确定性。目前，工业和信息化部指出，在一定时期内，我国光伏产业发展仍将处于深度调整阶段，企业兼并重组和资源整合将不断加快，优势企业凭借技术、资金、管理、品牌等方面的优势将进一步抢占市场先机。

综上所述，我国的光伏行业集中度较高，总体上属于寡占型市场。在国内外市场不确定性较大的情况下，加之政府的鼓励引导，兼并重组趋势加快，产业的集中度进一步提高。

三 光伏行业产能过剩态势

自2014年以来，在国际新兴市场不断开拓、国内市场快速启动的背景下，随着光伏企业转型步伐加快，我国光伏行业的产能过剩压力得到缓解，但产能过剩问题依然严重。我们主要从生产性指标和经营性指标两个方面进行分析。

（一）生产性指标

1. 产能利用率总体偏低，出现结构性过剩

产能利用率是衡量产能是否过剩的重要指标。目前，我国还没有建立对产能过剩定性、定量的科学评价标准。欧美等国家一般用产能利用率作为产能是否过剩的评价指标。国际经验显示，产能利用率正常水平为81%—82%。一般而言，高于85%表示产能不足，75%以下表明产能过剩严重。

若依此标准评判，如表4－18所示，2014年多晶硅行业产能利用率达到86.1%，产能略显不足。硅片行业整体产能利用率为75.4%，总体偏低，产能过剩。电池片行业整体产能利用率为70.2%，总体较低，产能过剩严重。组件行业整体产能利用率仅为56.5%，产能过剩极其严重。从产能利用率来看，光伏产业产能利用率总体偏低，产能过剩问题依然严峻，特别是中游产业，尤为严重。

表4－18　　2014年我国光伏行业产能利用率

	多晶硅	硅片	电池片	组件
产能	15.8万吨	50.4GW	47GW	63GW
产量	13.6万吨	38GW	33GW	35.6GW
产能利用率（%）	86.1	75.4	70.2	56.5

资料来源：《2014—2015年中国光伏产业年度报告》。

同时，光伏产业产能利用率出现了分化。如表 4 – 19 所示，2014 年组件行业产量排名前十的主要企业产能利用率达到了 84%，天合、晶科、阿特斯基本满产。如表 4 – 20 所示，多晶硅行业产量排名前十的主要企业产能利用率达到了 91.70%，大部分企业基本实现满产。小企业生产困难，产能利用率偏低，分化现象严重。2015 年上半年，光伏组件制造企业的产能平均利用率约为 77%，总体偏低，主要组件制造企业基本满产，主要企业的实力不断增强。但 40 家统计企业产能利用率约为 80%，200 兆瓦以下企业的产能利用率只有 50%。①

表 4 – 19　　2014 年组件行业产量前十的企业产能利用率

组件企业	产能（MW）	产量（MW）	产能利用率（%）
常州天合	3800	3700	97
保定英利	4200	3300	79
浙江晶科	3200	3000	94
常熟阿特斯	3000	2700	90
上海晶澳	3000	2300	77
上海韩华	1900	1420	75
浙江昱辉	1350	1200	89
海润光伏	1200	940	78
中利腾晖	1300	700	54
正泰太阳能	800	700	88
合计	23750	19960	84

资料来源：《2014—2015 年中国光伏产业年度报告》。

表 4 – 20　　2014 年多晶硅行业产量前十的企业产能利用率

多晶硅企业	产能（吨）	产量（吨）	产能利用率（%）
江苏中能	65000	65500	100.77
特变电工	17000	16000	94.12
洛阳中硅	10000	9500	95.00

① 资料来源：中国光伏行业协会。

续表

多晶硅企业	产能（吨）	产量（吨）	产能利用率（%）
大全新能源	6500	6300	96.92
宜昌南玻	6000	4700	78.33
神州硅业	5000	4500	90.00
亚洲硅业	5000	4500	90.00
四川瑞能	8000	4500	56.25
内蒙古晶阳	5000	3000	60.00
盾安光伏	5000	3000	60.00
合计	132500	121500	91.70

资料来源：《2014—2015 年中国光伏产业年度报告》。

2. 产业规模持续稳定增长

从产量来看，2015 年上半年，多晶硅产量约为 7.4 万吨，同比增长 15.6%；电池组件产量 19.6GW，同比增长 26.4%。硅片和电池片产量分别为 45 亿片和 18.2GW。光伏新增装机量为 7—8GW，同比增长近 30%，光伏制造业总产值超过 2000 亿元。①

从融资额来看，如图 4－37 所示，2014 年我国光伏融资为 380.4 亿美元，增长 45.7%，较 2013 年的－9.6% 有显著提高，这主要得益于光伏发电成本竞争力的提升带来光伏市场规模化应用的快速增长。

（二）经营性指标

1. 光伏产品价格持续下降，但空间有限

由于光伏产业迅速发展，盲目扩张，大批企业进入，且产品多集中于进入门槛较低的光伏组件领域，造成产能过剩、光伏产品价格快速下跌。如图 4－38 所示，2007—2012 年，光伏产品价格下降趋势很快，光伏组件价格从 2007 年的每瓦 36 元降到 2012 年的每瓦 4.5 元，下降 87.5%，光伏系统价格从 2007 年的每瓦 60 元降到 2012 年的每瓦 10 元，下降 83.3%。从 2012 年开始，光伏产品价格趋势平稳，成本下降的空间已经很小。

---

① 工业和信息化部电子信息司《2015 年上半年我国光伏产业运行情况》。

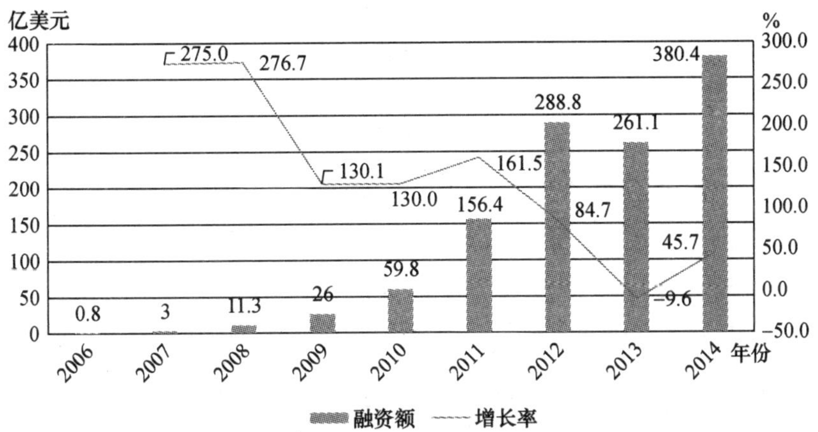

图 4 – 37　我国光伏融资额统计（2006—2014 年）

资料来源：《中国新能源产业发展报告（2014）》。

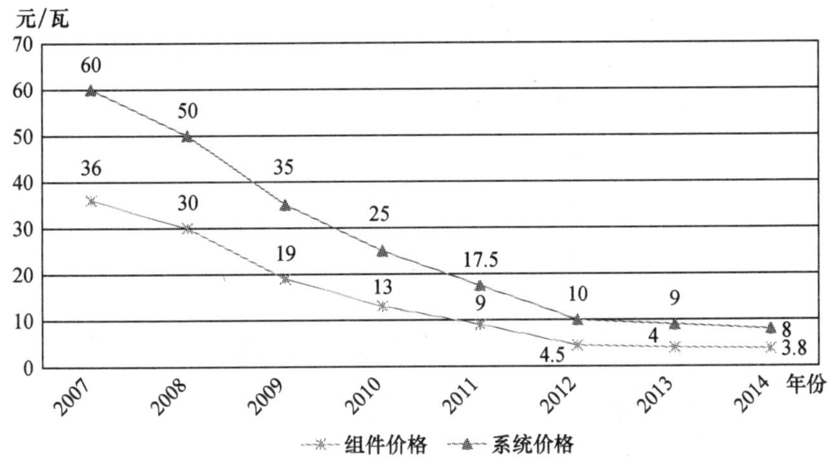

图 4 – 38　我国光伏组件和光伏系统价格（2007—2014 年）

资料来源：《光伏行业发展与投资分析——2014 年回顾与 2015 年展望》。

2. 企业盈利能力好转，但仍然偏弱

2015 年上半年，随着市场回暖，光伏产品价格稳中有升，我国光伏企业经营普遍好转。英利、昱辉等骨干企业出货量高，部分企业产能利用率达到 85% 以上，盈利能力较好。

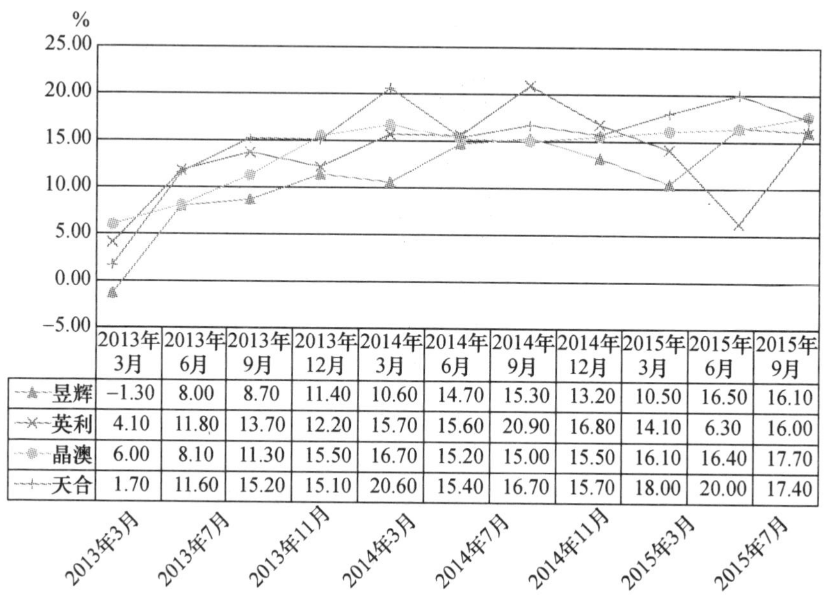

	2013年3月	2013年6月	2013年9月	2013年12月	2014年3月	2014年6月	2014年9月	2014年12月	2015年3月	2015年6月	2015年9月
昱辉	-1.30	8.00	8.70	11.40	10.60	14.70	15.30	13.20	10.50	16.50	16.10
英利	4.10	11.80	13.70	12.20	15.70	15.60	20.90	16.80	14.10	6.30	16.00
晶澳	6.00	8.10	11.30	15.50	16.70	15.20	15.00	15.50	16.10	16.40	17.70
天合	1.70	11.60	15.20	15.10	20.60	15.40	16.70	15.70	18.00	20.00	17.40

图 4－39　光伏骨干企业毛利率水平走势（2013—2015 年）

资料来源：Wind。

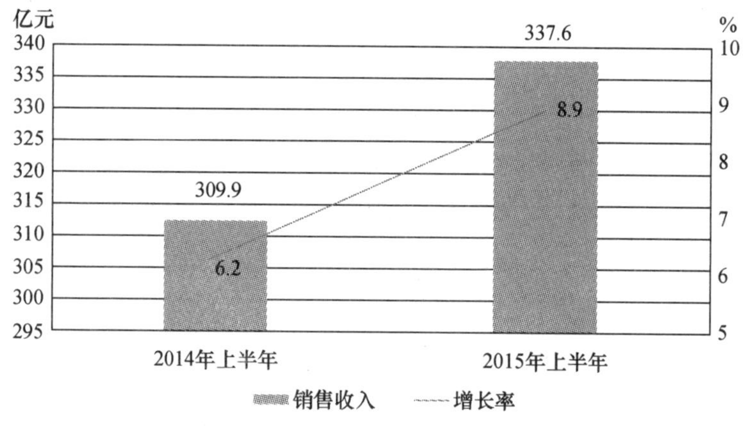

图 4－40　29 家规范条件企业盈利水平

数据来源：中国光伏行业协会。

如图 4－39 所示，2015 年 9 月 4 家企业毛利率均超过 15%，与

2013 年相比，盈利能力有显著提高。国内前 4 家多晶硅企业均实现满产，前 10 家组件企业平均毛利率超 15%。2015 年上半年，29 家通过规范条件企业销售收入达到 337.6 亿元，同比增长 8.9%，平均净利润率同比增长 6.5 个百分点，虽盈利能力有所改善，但仍然较弱。[①]

四　光伏行业产能过剩调整政策及绩效

（一）光伏产能调控政策回顾

政府部门为弥补市场失灵，缓解产能过剩，并促进太阳能光伏产业发展，制定了一系列规制、干预及引导的政策。近年来，我国对于光伏行业产能过剩进行过三次主要的政策调控。第一次是在 2008 年金融危机发生时期，第二次是在 2011 年欧债危机和欧美进行“双反”调查时期，第三次主要在 2013 年光伏行业破产潮发生时期。

1. 第一次产能调整

（1）政策调整背景。2008 年国际金融危机爆发，国际市场需求严重下滑，国际光伏产业市场价格下降严重，对中国光伏产业造成巨大冲击，国内光伏行业产能过剩问题凸显，绝大部分企业面临资金短缺、裁员、减产、倒闭等严峻形势。2008 年，海外上市十大光伏企业中的晶澳太阳能、昱辉阳光、阿特斯太阳能、韩华新能源等光伏企业开始亏损。[②]

（2）主要调整政策。在政府大规模救市的背景下，中央政府出台了一系列政策扶持太阳能光伏产业的发展，主要政策包括：2008 年，国家发改委批准内蒙古鄂尔多斯伊泰集团及上海崇明前卫村太阳能光伏电站，每瓦补助价格为人民币 4 元（含税），成为国内最高额度补助太阳能发电首例。2009 年 3 月颁布《关于加快推进太阳能光电建筑应用的实施意见》即“太阳能屋顶计划”，主要为了促进建筑节能；7 月，财政部、国家能源局和科技部共同颁布《金太阳示范工程财政补助资金管理暂行办法》，即“金太阳示范工程”；国家开发银行发布《太阳能光伏发电项目开发评审指导意见》，为光伏行业授信

---

① 参见《我国光伏产业 2015 年上半年发展趋势及现状》。

② 王立国、鞠蕾：《光伏产业产能过剩根源与对策找寻》，《改革》2015 年第 5 期。

将近2500亿元。

在中央政府积极引导、大力扶持光伏产业的大背景下，地方政府也陆续出台了一些区域性的光伏产业扶持政策，主要有2009年11月，浙江省发布《关于我省太阳能光伏发电示范项目扶持政策的意见》，对于装机容量大于200kWp的项目，上网电价可以按照同年燃煤脱硫机组的杠杆电价加上0.7元/kWh进行结算，全省电价的补贴量按照不超过太阳能光伏发电量的70%掌握。四川省把光伏产业作为重点发展新兴产业，2010年年初颁布了《四川光伏产业规划》。2009年，江苏省将光伏产业作为重点发展产业，6月，江苏省发改委制定了《江苏省光伏发电推进意见》，全面推进光伏项目的实施。

（3）政策调整的结果。从2009年7月开始，在国际金融危机还没有恢复的情况下，就出现了市场的快速启动，从而使得2009年国际金融危机当年全球太阳电池出货量达到12.464GW，比2008年的7.911GW增加了58%。2010年，中国光伏产业又经历了超高速的扩张阶段。据不完全统计，2010年中国全年新增太阳能电池生产线达到400条，按照每条产能25MW计算，新增产能达到10GW，加上原有的6—7GW的产能，因此2010年年底中国的太阳能电池产能估计达到16—17GW。

在中央和地方扶持政策的刺激下，太阳能光伏产业产能进一步扩大，企业积极参与光伏并网电站招标，2009年国内最大的太阳能光伏发电项目敦煌10兆瓦太阳能项目竞标成功，各地多晶硅项目和规划项目超过40个，其中光伏装机容量出现爆发性增长，新增装机容量130MW，增长率达到92.86%。除此之外，政府还对光伏产业的技术研发和产业化发展给予了大量的支持。

（4）政策调整特点。这一阶段的调整政策主要围绕扩大国内光伏市场需求，主要包括两类：一类是宏观的发展规划，特别是地方许多省份出台了发展光伏产业的规划和指导意见。另一类是重大工程项目的实施意见，特别是国家出台了“太阳能屋顶计划”、“金太阳示范工程”等一批重大项目推进实施计划。这一阶段政策以财政补贴和税收补贴为主。

2. 第二次产能调整

（1）政策调整背景。受国际金融危机尤其是欧洲债务危机的影响，欧洲各国开始对光伏产业削减政府补贴。原本占据世界光伏装机70%以上、占中国光伏电池出口80%的欧洲市场需求大幅下降，使中国光伏企业处境艰难，巨大的产能无法消化，只能竞相降价抢市场，利润大幅下滑。为了保护其国内企业，美国和欧盟开始对我国的光伏产品实施“双反”调查。美国国际贸易委员会（ITC）认定从中国进口的晶体硅光伏电池及组件产品，实质性地损害了美国相关产业，美国将对此类产品征收反倾销和反补贴关税，面对欧美咄咄逼人的贸易保护主义，中国光伏生产企业遭受了前所未有的寒冬。

（2）主要调整政策。中国政府对光伏行业频频实施救助计划，如表4-21所示。

表4-21 2012年国家对光伏产业政策支持汇总

时间	产业扶持政策内容
1月	财政部、科技部、国家能源局《关于做好2012年金太阳示范工作的通知》
2月	工信部《太阳能光伏产业“十二五”发展规划》
3月	科技部《太阳能发电科技发展“十二五”专项规划》
5月	国家能源局《关于申报新能源示范城市和产业园区的通知》
6月	国家能源局《关于鼓励和引导民间资本进一步扩大能源领域投资的实施意见》
7月	国家发改委《可再生能源发展“十二五”规划》
7月	国家能源局《太阳能发电发展“十二五”规划》
7月	国务院《“十二五”国家战略性新兴产业发展规划》
8月	财政部、住建部《关于完善可再生能源建筑应用政策及调整资金分配管理方式的通知》
9月	国家能源局发出《关于申报分布式光伏发电规模化应用示范区通知》
10月	国家电网《关于做好分布式光伏发电并网服务工作的意见（暂行）》
10月	国家电网《关于促进分布式光伏发电并网管理工作的意见（暂行）》
10月	国家电网《分布式光伏发电接入配电网技术规定（暂行）》

续表

时间	产业扶持政策内容
10 月	国家能源局综合司《关于编制无电地区电力建设光伏独立供电工程实施方案有关要求的通知》
11 月	财政部办公厅、科技部办公厅、住房城乡建设部办公厅、国家能源局综合司发出《关于组织申报金太阳和光电建筑应用示范项目的通知》
11 月	国家发改委、国家电监会《关于可再生能源电价补贴和配额交易方案的通知》
11 月	国家能源局《可再生能源发电工程质量监督体系方案》
12 月	国务院常务会议，研究确定促进光伏产业健康发展的政策措施

资料来源：《中国光伏行业发展研究报告（2014 专业版）》。

早在 2012 年 4 月就出台了《分布式发电管理办法》、《并网管理办法》草案，明确鼓励各类法人以及个人投资分布式发电；6 月国务院常务会议宣布，支持自给式太阳能等新能源产品进入公共设施和家庭；7 月国家能源局印发《太阳能发电发展“十二五”规划》；9 月国开行上报发改委《关于进一步加强金融信贷扶持光伏产业健康发展建议》；10 月国家又密集出台多项措施，10 月 15 日电监会宣布，保障光伏发电安全并网发电和可再生能源发电保障性全额收购，扩大用户直购电试点范围；10 月 26 日国家电网出台《大力支持光伏发电并网工作意见》；12 月 11 日，第二批金太阳工程目录公布，达到 2.835GW，超过预期；12 月 19 日财政部预拨 2012 年可再生能源电价附加补助近 86 亿元。

地方政府也纷纷出台对光伏产业的扶持政策。如辽宁省在 2011 年 11 月发布了《关于太阳能光伏实行财政补贴的实施意见》，对光伏发电项目予以电价补贴；2012 年，航天机电与宁夏回族自治区签订光伏产业合作战略框架协议，计划在宁夏投资 60 亿元建设 600MW 光伏电站项目；中国机械工业集团投资 200 亿元建设宁夏全区 2500MW 沙漠生态光伏电站；甘肃省投资 16 亿元建设总装机容量为 150MW 的光伏电站。江苏聚能硅业在乌鲁木齐签订了投资 24 亿元，建设装机容量为 200MW 的光伏电站合作项目等。

（3）政策调整结果。政策的陆续推出使地方政府重新找到了光伏产业发展的信心，在行业进入衰退期时，阻碍企业退出。地方政府通过担保贷款、国有资产注入、地方企业并购等维持光伏企业生产经营。在国际市场需求萎缩、国内市场几乎空白的双重压力下，市场机制进一步失灵。光伏产业的供需不平衡问题进一步加重，光伏企业利润率继续下滑并全面亏损。

（4）政策调整特点。相比第一阶段，这时期的调整政策呈现两大特点：一是出台政策更加细化，既有宏观的规划指导，又有具体的管理办法，如《分布式发电管理办法》、《大力支持光伏发电并网工作意见》，政策更加明确细化。二是在政策调控工具中，除了财政补贴、税收政策外，开始更多地使用金融工具，以解决企业的债务风险和经营危机。

3. 第三次产能调整

（1）政策调整背景。为应对欧债危机和“双反”对我国光伏产业的影响，我国先后出台了重度财政、税收等扶持政策，然而这些救助措施未能使光伏行业走出困境，光伏企业的债台高筑，国内整个光伏产业接近破产边缘，无锡尚德①、江西赛维等龙头企业破产可能性最大。

（2）主要调整政策。如表 4 - 22、表 4 - 23 和表 4 - 24 所示，从 2013 年开始，政府对光伏产业的调整政策思路发生转变，一方面开始注重采取市场化手段推动光伏产业健康发展，如 2013 年 7 月 15 日，国务院《关于促进光伏产业健康发展的若干意见》，2015 年 1 月 29 日，国家能源局发布《关于征求发挥市场作用促进光伏技术进步和产业升级意见的函》等。另一方面注重从扩大内需着手，制定了多项扶持政策，大力扶持分布式光伏发电，以促进国内市场对光伏产品的需求。中央有关部委先后发布了《分布式发电管理暂行办法》、《关于分布式光伏发电实行按照电量补贴政策等有关问题的通知》、《关于支持分布式光伏发电金融服务的意见》等扶持政策。

---

① 事实上，无锡尚德 2013 年 3 月就进入了破产重整阶段。

地方政府也相继出台了众多扶持政策，大力发展分布式发电。如浙江省出台《关于鼓励企业自投自用分布式光伏发电的意见》，广东省发布《关于促进光伏产业健康发展的实施意见》，福建省发布《关于印发福建省促进光伏产业健康发展六条措施的通知》等。

表 4－22　　2013 年国家对光伏产业政策支持汇总

时间	内容
3 月 1 日	国家电网《关于做好分布式电源并网服务工作的意见》
6 月 16 日	国家能源局《分布式光伏发电示范区工作方案》
7 月 15 日	国务院《关于促进光伏产业健康发展的若干意见》
7 月 18 日	国家发改委《分布式发电管理暂行办法》
7 月 24 日	财政部《关于分布式光伏发电实行按照电量补贴政策等有关问题的通知》
8 月 9 日	国家能源局《关于开展分布式光伏发电应用示范区建设的通知》
8 月 26 日	国家发改委《关于发挥价格杠杆作用促进光伏产业健康发展的通知》
8 月 30 日	国家发改委《关于调整可再生能源电价附加标准与环保电价的有关事项的通知》
8 月 22 日	国家能源局、国家开发银行《关于支持分布式光伏发电金融服务的意见》
9 月 17 日	工信部《光伏制造行业规范条件》
9 月 24 日	国家能源局《光伏电站项目管理暂行办法》
9 月 29 日	国家财政部《关于光伏发电增值税政策的通知》
10 月 11 日	工信部《光伏制造行业规范公告管理暂行办法》
10 月 29 日	国家能源局《关于征求 2013、2014 年光伏发电建设规模的函》
11 月 18 日	国家能源局《关于印发分布式光伏发电项目管理暂行办法的通知》
11 月 19 日	财政部《关于对分布式光伏发电自发自用电量免征政府性基金有关问题的通知》

资料来源：《中国光伏行业发展研究报告（2014 专业版）》。

表 4－23　　2014 年国家对光伏产业政策支持汇总

时间	内容
1 月 13 日	国家能源局《关于下达 2014 年光伏发电年度新增建设规模的通知》
2 月 17 日	国家认监委和国家能源局《关于加强光伏产品检测认证工作的实施意见》

续表

时间	内容
3 月 14 日	工业和信息化部办公厅、国家开发银行办公厅《关于组织推荐 2014 年光伏产业重点项目的通知》
6 月 3 日	工信部公告第二批《光伏制造行业规范条件》企业名单（52 家）
7 月 16 日	国家能源局《关于加强光伏电站建设和运行管理工作的通知》
9 月 4 日	国家能源局发布《关于进一步落实分布式光伏发电有关政策的通知》
10 月 11 日	国家能源局、国务院扶贫办《关于印发实施光伏扶贫工程工作方案的通知》
11 月 19 日	国务院办公厅《能源发展战略行动计划（2014—2020 年）》
12 月 24 日	国家能源局《关于推进分布式光伏发电应用示范区建设的通知》

资料来源：课题组整理。

表 4 - 24　　2015 年国家对光伏产业政策支持汇总

时间	内容
1 月 19 日	国家能源局《关于征求 2015 年光伏发电建设实施方案意见的函》
1 月 29 日	国家能源局《关于征求发挥市场作用促进光伏技术进步和产业升级意见的函》
3 月 16 日	国家能源局《关于下达 2015 年光伏发电建设实施方案的通知》
4 月 13 日	国家能源局综合司发布《关于进一步做好可再生能源发展“十三五”规划编制工作的指导意见》
6 月 1 日	工业和信息化部和国家能源局、国家认监委联合发布《关于促进先进光伏技术产品应用和产业升级的意见》
7 月 13 日	国家能源局《关于推进新能源微电网示范项目建设的指导意见》
7 月 28 日	国家能源局关于下达《2015 年能源领域行业标准制（修）订计划的通知》

资料来源：课题组整理。

（3）政策调整结果。在政策引导下，我国光伏产业开始向下游转移，太阳能发电站迅速扩张。国内需求的快速启动，使众多光伏企业逐步走出发展困境，经营状况有了很好的改观。正是由于光伏应用市场，即国内光伏电站建设的快速发展才有了 2014 年中国光伏产业的复苏。2014 年我国多晶硅产量达到 13.2 万吨，增长 58%；组件产量达到 35GW，增长 30%；累计装机容量 10.6GW，增长 51%。

2015年以来，由于分布式光伏发电进一步发展，国内光伏发电市场需求不断扩大，光伏产能利用率将得到有效提高，企业盈利情况逐渐好转。2015年上半年，多晶硅产量为7.4万吨，同比增长15.6%；组件产量约为9.6GW，同比增长26.4%。光伏新增装机量为7—8GW，同比增长近30%。

总体上看，中国光伏行业产能过剩压力得到了缓解。但是多晶硅、光伏电池及组件等中上游环节结构性产能过剩依然严重。

（4）政策调整特点。这一阶段的调控政策有两大特点：一是重点更加突出，这一时期的调整政策主要围绕分布式和光伏发电发展及光伏发电的技术升级、产业转型，方向性更加明确。二是注重用市场化的手段调节，对于光伏产业的干预力度在下降，财政、税收、金融扶持政策在减少，更加强调通过市场化手段实现光伏产业的技术进步、转型升级和健康发展。

（二）光伏产能政策调整总体特征

太阳能光伏产业政策是政府部门为弥补市场失灵，并促进太阳能光伏产业发展而制定的一整套干预、规制以及引导政策的总和。通过对中国太阳能光伏产业政策的收集与整理，我们可以发现中国太阳能光伏产业政策的总体特征可以具体分为以下三个方面。

1. 产业政策中管制与规划类的政策工具过多

法规管制类的政策工具应用较多的是由于其早期的政策文本未能够被切实有效地执行，从而使后来的政策文本在内容上被反复提及；或者是因为早期的政策文本虽然得到执行，但是没能达到计划中的政策目标，而在未来的政策文本中不断被强调。这一现象的存在使中国光伏产业的行业标准、国家标准与标准体系仍没得到完善，致使中国太阳能光伏产品在国际市场上缺乏核心竞争力。此外，在较多对中国光伏产业发展具有深远影响的政策文本中，大多是目标规划类的政策。在较多地运用目标规划这一政策工具时，却没能与实践层面很好地联系起来。例如，在2007年8月国家发展和改革委员会颁布的《可再生能源中长期发展规划》（发改能源〔2007〕2174号）中，设定的太阳能光伏发电总量的发展目标明显较低，相较于当时世界范围内的太阳能光伏产业的发展势头明显滞后。在实际发展过程中，我国在2009年就已达到了光伏发电装机容量的目标。

2. 经济决策干预多、信息服务功能少

产生此种现象的原因可能在于中国太阳能光伏产业的整体发展水平较低，在太阳能光伏产业的发展过程中，政府部门也强调基础设施的建设。例如，通过较早开展的“光明工程”与最近推出的“金太阳示范工程”和“太阳能屋顶计划”等全国性的项目来推动太阳能光伏产业技术基础设施的发展。伴随着光伏产业示范工程的开展，政府部门也从财政方面给予了很大的资金支持。国家财政部联合其他部门颁发了多项政策，例如《关于实施金太阳示范工程的通知》（财建〔2009〕397号）与《太阳能光电建筑应用财政补助资金管理暂行办法》（财建〔2009〕129号）等一系列产业政策中，指出中央财政将安排专项资金用来支持太阳能光伏产业的发展。另外，伴随光伏产业的不断发展，光伏产业链中的企业对科技信息的需求持续增加，而目前政府部门对信息支持类的产业政策发布得较少。例如，中国尚未形成整体的光伏产业知识产权的保护体系，也未成功搭建效率很高的公共技术平台用以促进共性技术或者核心技术的有效传播。

3. 少量政策涉及贸易管制与政府采购，外包政策尚未涉及

在此类政策工具中，政府部门的采购大都通过政府部门规定电网企业应收购太阳能光伏上网电量的方式实行，例如《可再生能源法（2009修正）》（主席令〔2009〕23号）中的第十四条“国家实行可再生能源发电全额保障性收购制度”中提出“电网企业全额收购其电网覆盖范围内可再生能源并网发电项目上网电量”的规定。政府部门的贸易管制大都通过调整进出口关税、制定鼓励进出口产品目录与技术等方式来实现。例如，《外商产业投资指导目录（2007年修订）》（发展改革委令57号）与《国务院关于调整进口设备税收政策的通知》（国发〔1997〕37号）等。另外，产业政策通过贸易管制、外包与政府采购等手段来降低市场中的不确定性，并且积极拓展光伏市场，从而带动光伏产业的发展。如外包政策，其不但能够促进民间机构和企业参与光伏产业的开发和利用，而且能够减轻政府部门在人员

与财政等多方面的压力，所以政府部门应着力加强此类政策工具的制定。

（三）光伏产能政策调控绩效

当前，中国光伏产业内部存在的部分环节结构产能过剩、产业链不均衡等问题已经得到不同程度的缓解，多晶硅、组件等环节产能过剩压力逐步降低，而核心设备及关键辅料国产化替代进程则在不断加快。

2015 年以来，国际新兴市场逐步开拓，国内市场迅速启动，一度饱受困扰的中国光伏产业开始回暖。中国光伏行业产能过剩压力得到缓解，而在光伏发电应用方面，新增装机连续两年保持在 10GW 左右，分布式光伏发电在新增装机量中所占比重将越来越大，国内光伏发电市场进入转型发展阶段。多晶硅、光伏电池及组件等中上游环节仍然呈现结构性产能过剩现象，即低端产能依旧过剩，高端产能相对不足。2014 年，全球晶硅电池及组件需求量约 35GW，而国内晶硅电池及组件产能达 40GW，仍超过全球需求量。但产能利用率较前年有所提升，国内 500MW 级以上企业达 80% 以上，预计 2015 年国内组件产能与 2014 年基本持平，亚洲和北美等海外市场的进一步开拓将使得产能过剩问题得到一定缓解。在多晶硅领域，由于价格和质量等方面的原因，国内多晶硅需求有一半依靠进口。为了促进多晶硅国产化进程，2014 年 11 月，海关总署与商务部联合发布《关于暂停太阳能级多晶硅加工贸易进口业务申请受理的决定》（58 号文），但由于文件发布到执行之日之间的空档产生的突击审批，导致 2014 年及 2015 年上半年多晶硅进口仍保持高位，2014 年全年进口突破 10 万吨。随着该项政策的进一步落实，国内多晶硅进口将逐步放缓。2015 年国内产量超过 16.5 万吨，产能利用率将得到有效提高，企业盈利情况趋好。总的来说，当前中国光伏行业产能过剩压力得到了一丝缓解。

五　光伏行业化解产能过剩的政策建议

当前，我国太阳能光伏行业仍然面临比较严重的产能过剩问题，及时化解过剩产能十分迫切。产能过剩主要是由于供需之间的不平衡造成的，政府宏观调控则可以通过政府监管弥补市场失灵。因此应该从需求、供给和宏观调控三个角度出发，化解我国光伏行业产能过剩问题。

（一）需求侧

1. 大力发展国内市场

我国光伏市场长期依赖国外的局面难以为继，必须继续大力发展国内市场，扩大国内需求。要把下游光伏应用市场作为政策扶持的重点，加大财政补贴。取消或简化光伏应用项目审批或类审批机制。借助“互联网+光伏产业”，大力扩展光伏消费市场。我国的农村光伏市场潜力巨大，在新型城镇化的背景下，应重点扩展农村光伏市场，加强技术和政策的宣传推广，建设农村光伏示范村和示范区，免费或补贴安装家庭分布式发电站。

2. 支持企业“走出去”

“走出去”是化解过剩产能的有效手段。从长远来看，以光伏企业为代表的新能源产业将拥有长远的发展机遇。支持引导光伏企业“走出去”参与国际竞争，对于扩展发展空间，增强企业竞争力具有重大战略意义。“一带一路”战略为中国光伏企业“走出去”提供了历史机遇。绿色环保也是“一带一路”沿线国家的发展理念，中国的光伏企业在技术、资本方面具备一定的优势。政府部门应利用对外开放战略为企业争取项目提供平台，并提供政策、风险咨询服务。金融机构应该针对不同的国家和项目，为企业提供专业化的风险识别、个性化的融资服务。亚投行、“丝路基金”等大型金融机构应该加大对中国光伏企业的支持力度。

（二）供给侧

1. 提升自主创新能力

政府应加大对企业的科研投入，支持企业技术创新，特别是基础领域的技术研究。一是提高企业科研团队力量，加强企业与大学、科研院所合作，形成“产、学、研”相结合的技术创新体系。二是国家加强对基础性、开创性的重大科学技术的研究，力争在关键领域取得突破。三是与国际光伏产业发展先进国家、企业和科研机构加强合作交流，逐步形成具有自主知识产权的生产技术。

2. 扩大融资渠道

太阳能光伏产业作为资本和技术密集型产业，且作为一种新兴产业，经营风险和财务风险都很大。光伏产业“融资难、融资贵”问题普遍，光伏企业资金链紧张成为制约光伏企业发展的主要“瓶颈”。金融机构应创新信贷产品，提供与光伏生产周期相适应的信贷产品。创新融资模式，通过股权融资、债券融资等多种方式，有效扩大光伏企业的融资渠道。此外，激活民间资本，积极引导民间资本参与光伏企业投资也是企业融资的有效手段。

(三) 宏观调控

1. 规范光伏产业发展和竞争秩序

政府部门应进一步明确与市场的界限，加强对光伏产业的监管，减少直接干预，运用市场化的手段加强对光伏产业的调控。政府部门应进一步完善光伏产业的法律法规，依法对光伏产业进行监管，建立规范、透明、公平、公开的监管体系。许多资金规模小、技术水平低、管理水平落后的中小企业扰乱了光伏市场，造成光伏市场恶性竞争，管理混乱。政府部门应构建一套完善的光伏产业规范体系，继续加大《光伏制造行业规范条件》落实，引导光伏企业提高管理水平和技术标准，实现健康有序发展。要进一步完善财政、税收、金融政策，加大对技术创新和科研水平的投入。制定光伏产业标准体系，严格规范项目审批程序。

2. 加强光伏产业链的培育整合

光伏产业要代替传统能源产业，需要推动产业整合，在行业规模扩大的同时，实现质量和效益的提升。实现光伏产业链的培育整合，有利于提升光伏产业的抗风险能力，改变无序竞争和盲目扩张的现状，发挥产业综合发展优势。一方面，要严格市场准入条件，淘汰落后和低端产能。另一方面，鼓励引导企业的兼并重组，提高市场的集中度，促进产业整合与转型。此外，要大力发展股权投资，加强资本与技术的融合，实现光伏产业的并购、整合和跨越式发展。

第四节　区域过剩：水泥产业产能过剩现状与问题

与钢铁和光伏产业又有所区别，水泥产业是较典型的区域性行业[①]，这意味着水泥企业的竞争可能限于一个特定的物理区域范围内。这个特点对于考察产能过剩的形成机制是非常有参考价值的，如果某一区域市场失灵，我们观测到该区域出现水泥产能过剩较为容易，但由于水泥市场在一定程度上是区域分割的，在所有区域都观测到水泥产能过剩逻辑上来讲是非常困难的，所有市场都同时出现失灵的概率极小。反过来，这可能说明中国产能过剩的形成并非市场因素，水泥产业发展为这个解释增加了一个强有力的注脚。

一　水泥产业发展基本状况

新中国成立以后，与快速的经济发展相对应，我国的水泥工业发展势头迅猛。1949 年，我国只有 35 家水泥厂，年产水泥 66 万吨。但是到了 2014 年，我国水泥产量已经达到近 25 亿吨，占世界总产量的一半以上，成为举足轻重的水泥大国。

（一）历史进程中的我国水泥产业发展

1. 水泥产业发展简史

1906 年，中国近代资本家周学熙在天津创办了官督商办的“启新洋灰股份有限公司”，成为国人自办的第一个近代水泥生产企业。新中国成立以后，为满足经济建设需要，我国大力发展水泥工业，但都是以引进外国设备和技术为主。1958 年，湘乡水泥厂采用了我国自行设计制造的第一台华新窑，永安水泥厂和西卓子山水泥厂开始采用小屯窑型建设，标志着我国水泥工业设计及装备制造开始自力更生。在此阶段，北京水泥工业设计院 3. 2 万吨立窑水泥厂配备了两台直径

① 就普通水泥而言，一般通过汽车运输的合理运输半径为 150—200 公里，通过铁路运输的合理运输半径为 300—500 公里，通过水路运输的合理运输半径在 600 公里以上。

(2×8) 米普通立窑，成为立窑水泥厂的设计方案，从此立窑在全国得到了迅速发展。1970 年 10 月，峨眉水泥厂两条直径（4.4×180）米的大型湿法回转窑生产线基本建成，成为当时亚洲最大的湿法窑，湿法窑开始占据主流地位。1986 年，江西水泥厂日产 2000 吨熟料预分解窑新型干法生产线建成投产并通过国家级验收，结束了以华新湿法窑为主导的时代。2001 年，伴随着新型干法水泥技术改造高级管理人员研讨会的召开，水泥工业结构调整迎来了“黄金时代”，新型干法水泥生产线迎来了春天，从此，中国水泥装备技术进入了自主创新，并拥有国际先进技术的自主知识产权的时代。

2. 水泥产业发展契机

“一五”期间，中央政府对包括水泥工业在内的重工业高度重视，集中人力、物力和财力，改扩建哈尔滨、本溪、华新等水泥厂，新建了大同、永登、昆明等一批重点水泥企业，为新中国水泥的发展奠定了坚实的基础。1961 年，水泥行业开始贯彻执行“调整、巩固、充实、提高”的方针，对基本建设项目进行了压缩。党的十一届三中全会之后，国家的工作重点转移到以经济建设为中心，水泥问题重新被涉及。

1978 年国务院批转了国家计委《关于加速发展水泥工业的报告》，追加了对水泥工业基本建设投资，水泥行业的管理体制得到了恢复和健全，科研队伍逐步开始合拢，技术力量得到加强，引进国外先进技术装备的政策得到落实，水泥新标准和产品质量规范开始实施，为下一步水泥工业的蓬勃发展打下了良好的基础。1985 年《建材工业发展纲要》（以下简称《纲要》）发布。《纲要》以改革的思维，率先冲破条块分割和部门界限，在全国掀起了各行各业投资办建材的热潮，“大家办建材”的方针得到了国务院的肯定。这一方针在当时对调动各方面的积极性，促进生产发展，缓解供需矛盾发挥了重要作用，迅速扭转了水泥等主要建材产品长期供不应求的被动局面。

1996 年，中国水泥工业进入了结构调整部署阶段。确定了“由大变强、靠新出强”的跨世纪发展战略，水泥行业在“上大改小”和“限制、淘汰、改造、提高”的方针指引下，为全行业结构大调整作出部署；新型干法水泥生产线的投资成本大大降低，由原来的吨投资1000—1200元降低到400元左右，从而为新世纪水泥工业加快发展奠定了坚实的基础。

2001—2009年是水泥工业受到国家有关部门高度关注、颁发的文件和出台的政策最多的时期。中国水泥协会作为政府与企业之间的桥梁和纽带发挥了积极作用，并配合政府有关部门做了大量调研工作，把行业和企业的呼声传递给政府，得到了政府的理解和支持，为国家制定宏观政策“有保有压、区别对待”提供了依据。为国务院103号文对水泥投资热提法的关键词是“关于防止”而不是“关于制止”付出了努力，也为后几年新型干法的进一步发展提供了良好的政策环境。随后中国水泥协会又与中国建材联合会、国家发改委有关司局联合调研，呼吁国家出台政策，培育和支持一批大企业集团，通过重组兼并，加快水泥行业组织结构调整，提高生产集中度。此建议得到有关部委的肯定，随后60家国家重点支持企业名单公布，并明确了相关的支持政策和措施。此项政策的出台，对水泥行业组织结构的调整产生了深远的历史意义。“十一五”期间，国家政策力度加大，落后工艺快速淘汰，淘汰的水泥落后产能超过2亿吨，每年淘汰都在5000万吨以上；通过管理创新、技术创新，我国日产5000吨、日产10000吨大型新型干法水泥成套装备出口和水泥项目工程总承包已具备很强的国际竞争力，产生了良好的效益；大型企业集团迅速成长，产业集中度逐步提高，中国水泥已经进入大企业集团主导的时代。

3. 水泥产业历史产出

1949年，我国只有35家水泥厂，年产水泥66万吨。1952年水泥产量达到286万吨。“一五”期间，水泥工业各项指标均提前和超额完成，新增水泥生产能力235.9万吨，保证了国家基本建设的需要。1957年我国水泥产量达686万吨，比1952年增长了140%。1959—1960年又陆续建成贵州、江山、巢湖、松江、庐山、湖州6个水泥厂。1958年、1959年水泥产量分别比上年增长34%和27.5%，1960年水泥生产能力达到1100万吨。到1965年，水泥工业开始全面好转，当年水泥产量达到1634万吨。从1970年起地方水泥每年以平均

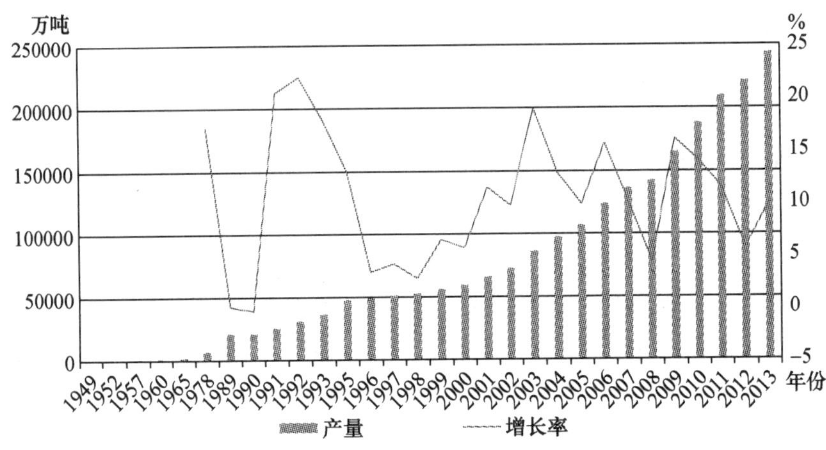

图4-41 我国水泥历史产出数据（1949—2013年）

资料来源：《中国水泥年鉴》（2014）。

21.8%的速度递增。1973年地方水泥产量首次超过了统配水泥，到1978年地方水泥达到4253.3万吨，占全国水泥总产量的65.2%，地方水泥厂也由1970年的875家增加到3400多家。1985—1995年是我国水泥工业蓬勃发展期，11年间纯增长水泥产量达32996万吨，平均每年纯增加约3000万吨。国内水泥长期供不应求，直到1995年开始逆转。1995年全国水泥产量达47591万吨，完全满足了市场需求，从此告别了长达45年之久水泥供不应求的历史。但市场急需的旋窑水泥仍然短缺，水泥总产量中立窑水泥占82%，结构性矛盾十分突出。1995年新型干法水泥产量为2853万吨，仅占当年水泥总产量的6%，而2000年上升到7188万吨，占总产量的12%。全国水泥年产量从2000年的5.97亿吨提高到2008年的14亿吨；新型干法水泥占总产能的比重从2000年的不足12%提高到2008年的62%，新型干法已经成为行业的主流。

4. 水泥企业所有制构成

水泥制造业规模以上企业的经济成分包括国家资本金、集体资本金、法人资本金、个人资本金、港澳台资本金和外商资本金。其中，国家资本金从2000年的260亿元减少到2007年的149.92亿元，然后开始逐年增加，2012 年达到 413 亿元。2007 年之后国家资本金虽然从数量上不断增加，但是其占比始终保持在 20% 以内（如图 4－42 所示）。

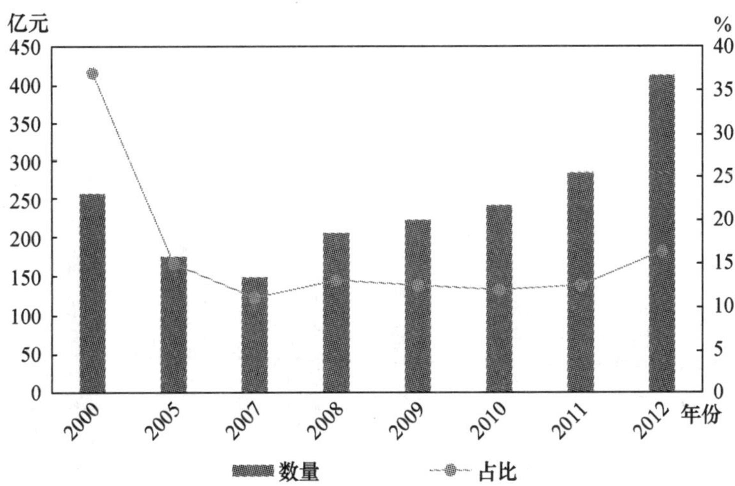

图 4－42　规模以上水泥生产企业国家资本金规模及比例（2000—2012 年）

资料来源：《中国水泥年鉴》（2014）。

从数量来看，国有控股企业的数量和其在全行业占比总体趋势是缓慢增长，如图 4－43 所示，2008—2013 年国有控股水泥企业的数量从 529 家增加到 597 家，比例从 10% 增长到 15.5%，但是仍然较小。

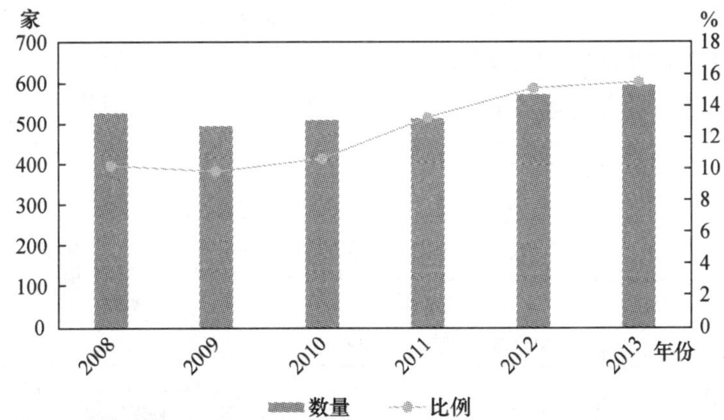

图 4－43　规模以上国有控股水泥生产企业数目及比重（2008—2013 年）

资料来源：《中国水泥年鉴》（2014）。

从控股资产来看，如图4－44所示，2008—2013年，国有控股企业的总资产平均每年增长24%，2013年资产总额达4909亿元，在全行业资产总额占比将近40%。

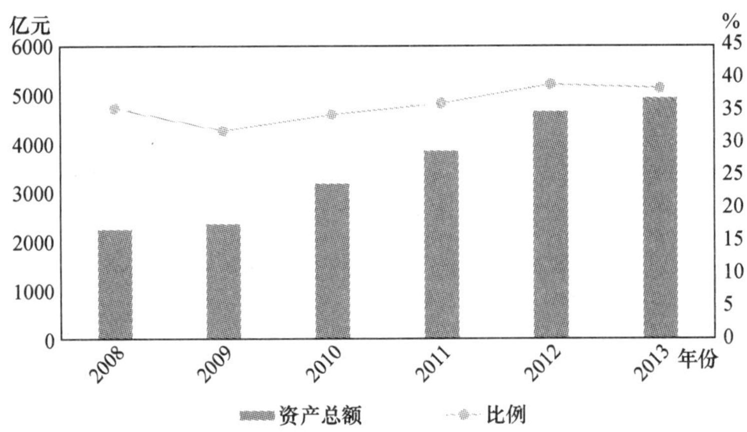

图4－44　规模以上国有控股水泥生产企业资产及比重（2008—2013年）

资料来源：《中国水泥年鉴》（2014）。

（二）世界水泥市场与我国水泥产业

1. 我国水泥行业的世界地位

从产量来看，我国已经是名副其实的水泥大国。2014年中国的水泥产量和熟料产能达到25亿吨和20亿吨（见表4－25），分别占世界总产量和世界总熟料产能的59.8%和56%，所占比例均超过世界的一半，市场占有率稳居第一。

表4－25　世界主要国家水泥产能　单位：万吨

国家	水泥产量		熟料产能	
	2013年	2014年	2013年	2014年
美国	7740	8330	10430	10430
巴西	7000	7200	6000	6000
中国	242000	25000	190000	200000

续表

国家	水泥产量		熟料产能	
	2013	2014	2013	2014
印度	28000	28000	28000	28000
日本	5740	5800	5500	5500
俄罗斯	6640	6900	8000	8000
全球	408000	418000	347000	357000

资料来源：中国水泥网。

从定价权来看，我国还不是水泥强国。我国现今水泥工业技术水平较低，水泥品质总体不高，混合材料掺入量太多，熟料系数太低，我国实物水泥的1.36吨才相当于国际平均品质水泥的1吨。在国际市场上基本依靠价格优势，实行“多供价廉、薄利多销”战略。由于水电实行政府价格管制，煤价又极低，企业的环保成本不高，导致中国水泥在国际市场上有较强的价格竞争优势。国际市场上的老牌企业只提供EP（工艺设计、全套装备供应和技术服务），而我国大都是提供EPC（包括水泥厂的全部土建工程设计与施工），是一套完整的“交钥匙”工程，利润较低。近年来，按水泥产能计算，我国成套水泥装备生产线销售份额的国际市场占有率将近40%，但是以EP合同金额计算，我国的份额将下降到20%左右，如果再按净利润计算，估计会在10%以下。

2. 我国水泥行业优劣势分析

与世界其他国家相比，我国水泥工业存在以下优势：一是我国水泥在国际市场上具有较强的价格竞争优势。2008年以来，非洲、越南、印度以及独联体等新兴经济体的经济发展和基础建设步伐加快，带动全球水泥需求大幅提升，主要市场普遍出现了供应紧张现象。特别是中亚的阿联酋和卡塔尔、非洲的安哥拉和南非等国水泥极其短缺。同时，由于我国实行政府管制的较低水电价格、对水泥行业的较低环境保护标准和较为便宜的人工成本，使我国水泥生产企业的成本大大降低。二是我国建筑业的海外扩张带动水泥业发展。近些年来中国企业在非洲和亚洲部分地区承包了大量建筑工程，由于这些地区经济发展水平较低，物质资源短缺，需要进口大量的建筑材料，从而带动了我国水泥产业发展。

与欧美国家的老牌水泥工业企业相比，我国水泥工业技术还比较落后，原创性科技研发与创新能力较低。过去35年以来我国水泥工业对于先进技术及其装备基本上是处于引进、消化、吸收、转化、仿制和改进的阶段，我国的水泥技术与装备极少能获得欧美国家的专利权，更没有打破德国BAT目录的“零”纪录。目前我国新型干法水泥生产线的能耗水平与国际一般标准存在在15%—25%的差距，技术先进水平也与国际先进水平存在约5%的差距。我国每年都需要进口部分高标号硅酸盐水泥。另外，与国际水泥平均品质相比，我国水泥具有熟料含量较少（约62%），混合材料掺入量较多（约34%），强度较低的缺陷。我国水泥的等级结构是32.5级占74%，42.5级占21%，52.5级占5%；而发达国家的水泥等级结构却是32.5级:42.5级:52.5级=25:60:15，这种差别致使我国实物水泥1.36吨才相当于国际平均品质的水泥1吨。在实际工程应用中，制备同标号（强度）的混凝土，其单位水泥需用量比国际的增加了1/3。

二 水泥产业结构与组织特性

产业的结构特性和组织特征决定了其市场运行规律。要分析水泥市场运行出现的问题，我们首先应该从产业角度分析水泥行业。

（一）水泥产业链特征

1. 水泥产业链条基本构成

水泥是以石灰石和黏土为主要原料，经破碎、配料、磨细制成生料，然后喂入水泥窑中煅烧成熟料，再将熟料加适量石膏（有时还掺加混合材料或外加剂）磨细而成，广泛应用于土木建筑、水利、国防等工程。

2. 水泥产业的议价能力

水泥生产成本主要由煤炭、电力、原料和机器设备折旧等构成。通常1吨水泥需要消耗0.85吨石灰石、约125公斤标准煤和85千瓦时电。煤电成本占比一般在60%以上（见图4-46）。

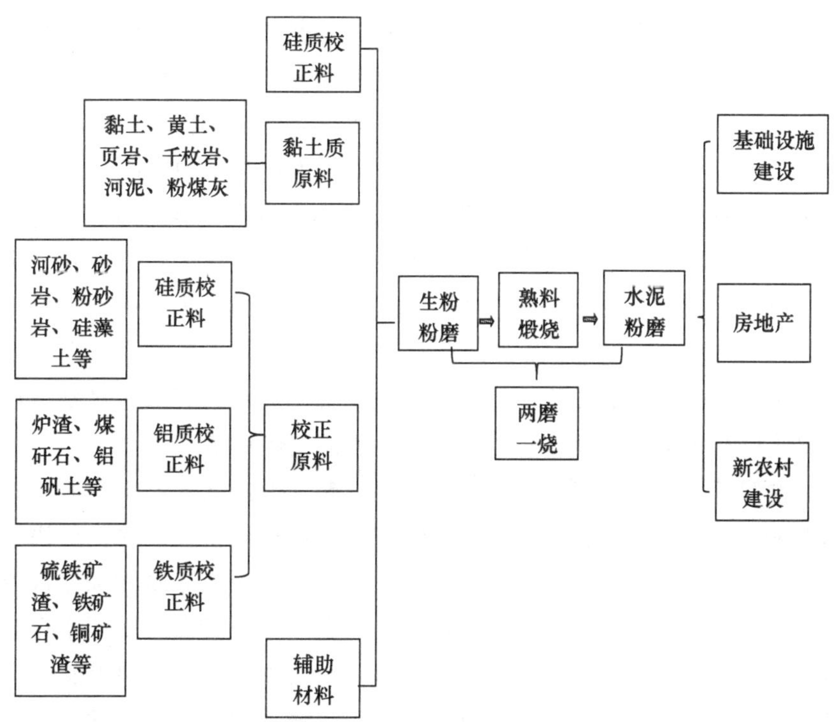

图 4－45　水泥全产业链示意

资料来源：笔者绘制。

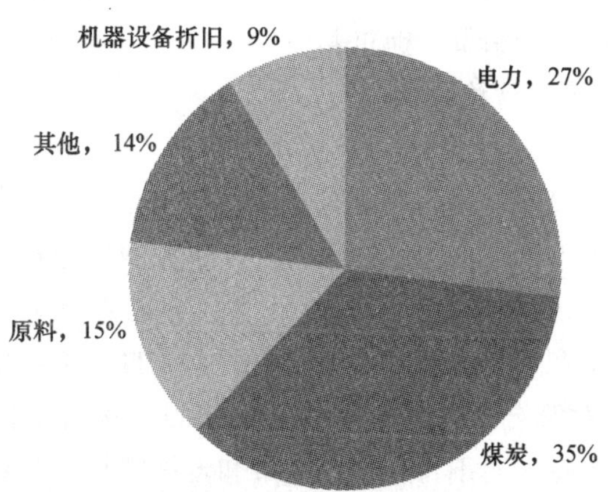

图 4－46　水泥生产成本结构

从水泥行业全国各行业占比分析来看，水泥行业的用煤需求在煤炭总需求中占比约8%，电力需求占比约3%，均处于较低水平；从水泥上游企业行业集中度来看，国内水泥行业的集中度要明显低于煤电、电力。与上游行业相比，低水平的需求占比与集中度决定了水泥行业较低的议价能力。相反，煤炭电力成本占水泥成本的60%以上，煤电价格的波动对水泥成本影响很大。水泥作为重要的建筑材料，主要应用于房地产、基础设施建设和新农村城镇化建设，基本比例为4∶3∶3。相对于这些企业而言，水泥行业更加分散，在其成本中的占比也较小，因此更缺乏议价能力。但是下游产业的繁荣却能轻易地拉动建筑材料投资，水泥行业对下游产业的依赖性较高。

综上所述，水泥行业如果出现产能过剩，理论上会影响到原材料的需求，不利于上游行业发展。同时产能过剩导致供大于求，价格下跌降低下游企业成本。但是实际上由于原料需求占比太少，水泥行业的变化对上游煤炭行业和电力行业产生的影响微乎其微。房地产行业具有超强的成本转嫁能力，基础设施建设和新农村城镇化建设又完全取决于国家宏观经济政策，下游行业受水泥行业的影响也非常小。从现实情况来看，我国电力价格受政府管控，煤炭价格始终在低位徘徊，当国家出台扩张财政政策或其他经济刺激政策时，房地产产业的繁荣和基础设施的大规模建设势必带动水泥行业的迅猛发展，最终当宏观经济乏力时便会引发产能过剩。

（二）水泥产业结构特征

1. 水泥市场进入壁垒

（1）经济性壁垒。水泥行业属于资本密集型行业，尤其对于政策鼓励的大规模新型干法水泥生产线，生产所需的固定资产投资数额巨大，并且项目建设周期一般需要1—1.5年，还需数额较大的流动资金维持正常的生产周转。新建水泥项目，企业自有资金比例一般要达到35%以上，对符合产业政策和规划的项目，银行根据独立审贷原则，提供信贷支持，对不符合产业政策和发展规划及市场准入条件的项目，银行不提供信贷支持。

（2）政策性壁垒。目前，我国在政策导向上，已对进入水泥行业的企业资质、规模、技术装备等提出了具体的准入标准，对不符合发展方向的新建项目也提高了行政核准的级别与审批难度。如在国家发展和改革委员会发布的《水泥工业产业发展政策》中，已明确规定“除一些受市场容量和运输条件限制的特殊地区外，限制日产2000吨以下新型干法水泥生产线，建设此类项目，必须经过国家投资主管部门核准”。因此我国水泥行业具有较高的国家产业政策壁垒。

（3）资源性壁垒。水泥是资源高消耗型行业，按矿石开采回收率90%、开采运输损失10%、生产工艺损失1%计算，1吨水泥熟料约需消耗石灰石1.21吨。近年来，为满足环境保护、生态平衡、防止水土流失、风景旅游等方面的需要，特别是随着我国小城镇建设规划的不断完善和落实，国家对矿山资源开采进行统一集中管理，整顿关停了大量不合格石灰石小矿点，直接导致石灰石开采量、供应量的逐渐减少和石灰石价格的上升。是否拥有稳定的石灰石供应渠道将直接限制水泥企业的发展。对于水泥矿产资源的管理，新建水泥生产线必须有可开采30年以上的资源保证。

（4）区域性壁垒。由于新企业进入一个地区的市场，需要当地政府的允许和支持，而当地政府更加偏向于支持本地的水泥企业，形成一定的区域性壁垒。水泥行业具有很强的地域性特征，区域市场垄断严重，几乎每个省市都有实力比较雄厚的水泥企业。比如，河北省水泥龙头企业有冀东水泥和太行水泥，甘肃省有祁连山水泥，湖北省有华新水泥，新疆维吾尔自治区有天山股份，安徽省有海螺水泥、巢东，山西省有大水和狮头股份，江西省有江西水泥，陕西省有秦岭，内蒙古自治区有西水股份，宁夏回族自治区有赛马实业，浙江省有尖峰集团，四川省有四川金顶和四川双马，福建省有福建水泥，吉林省有亚泰集团。这些地区水泥产量足以满足当地的需求，新的水泥企业很难进入，当地政府更加愿意扶植本地的水泥企业的业务发展，对其他地区企业来说有一定的区域壁垒。

2. 市场退出壁垒

在正常的市场中，当企业的经营出现问题或者其亏损超过停止营业点时，企业会自动退出市场。但是由于在某些行业存在较高的退出成本或者退出障碍，企业被迫滞留在行业内，这就是所谓的退出壁垒。

（1）经济成本壁垒。水泥行业作为固定资产高度专业化的产业，它的固定资产主要集中在窑、预热器等建筑物上，而这些建筑物及机器设备是由专门的水泥建材机械企业生产，具有专业化强、转换机会小的特点，水泥生产企业一旦投资便无法转变用途或以其他方式收回，即产生了沉没成本。而且再加上占比较高的土建成本和倒闭时较高的清理费用，水泥生产企业退出时的经济成本过高。

（2）体制性壁垒。改革发展到现在，我国依然还处于经济转轨的过程中，各种体制性弊端如国有企业利益固化、政策干预过多等因素加大了企业的退出困难。特别是对地方政府来说，工厂和项目代表着自己的业绩，所以会全力追求区域经济发展，盲目追求经济发展目标，尽量阻止水泥生产厂商退出市场。

（3）社会负担壁垒。目前各个大型水泥生产企业都重点承担着所在省市的就业任务。由于我国社会保障和再就业培训体制不健全，水泥企业的退出会导致该地区出现大量失业人员，这是该地区政府所不能容忍的，也是社会所不能承受的。

3. 市场进入、退出壁垒的动态变化

近年来，由于产能过剩的呼声越来越高，政府为了调整水泥生产规模和化解水泥过剩连续出台了很多政策，严格控制新增水泥生产线，而且强化了水泥行业的环保约束、技术标准等，加强了水泥行业的进入壁垒。而随着经济下行压力增加，企业退出经营也会更多地受到政府的干预。

4. 水泥企业的规模分布

根据2014年水泥熟料产能排名情况，可以发现中国水泥企业规模分布较为平均，中国建材和海螺水泥的产能较高，合计占全部产能的1/4左右，而剩下的其他水泥企业所占比例为2%—5%，份额较为平均。从产能分布来看，我国水泥市场竞争格局较为分散。

从产业结构上来看，我国水泥行业企业数量较多，且竞争格局较为分散，不会出现合谋限产等行为，排名靠前企业不具有操控市场的能力，理论上该行业不容易出现长期性的产能过剩态势。但是较高的退出壁垒使得企业在亏损时较难退出行业，再加上地方政府的过度干预，可能会导致落后亏损企业继续在市场上存活，造成产能过剩。

表 4-26　　2014 年水泥熟料产能排名前十企业

排名	企业	产能（万吨）	占比（%）	累计占比（%）
1	中国建材	29986.3	16.94	16.94
2	海螺	17877.7	10.10	27.04
3	中材	8794.7	4.97	32.00
4	冀东	7030.8	3.97	35.98
5	华润	5849.7	3.30	39.28
6	台泥	5446.7	3.08	42.36
7	山水	5238.9	2.96	45.32
8	华新	4417.5	2.5	47.82
9	红狮	3534	2.00	49.82
10	金隅	3366.6	1.90	51.72
	全国	177000	100	100

资料来源：中国水泥网。

（三）水泥产业组织特征

1. 水泥产业的竞争状况

集中度指标是衡量市场结构状况的重要指标之一，国际上通常采用 CR_4 和 CR_8 进行测算。20 世纪 50 年代，贝恩在分析美国的产业集中度时，以 CR_4 和 CR_8 作为衡量标准，将不同的产业市场结构分为高度寡占型、高度集中寡占型、中上集中寡占型、中下集中寡占型、低集中寡占型、原子型 6 类。贝恩认为 $CR_4<30\%$ 或者 $CR_8<40\%$ 就是原子型结构的标准，即竞争型结构。1963 年，日本学者植草益根据 1963 年的统计资料，将日本产业市场结构分为寡占型（$CR_8\geq40\%$）和竞争型（$CR_8<40\%$）。而寡占型又细分为极高寡占型（$CR_8\geq70\%$）和高中寡占型（$40\%\leq CR_8<70\%$），竞争型又细分为低集中竞争型（$20\%\leq CR_8<40\%$）和分散竞争型（$CR_8<20\%$）。

以前十家最大企业的集中度为例，如图 4-47 所示，从 2005 年开始，我国水泥行业的市场集中度（CR_{10}）不断提高，2014 年达到

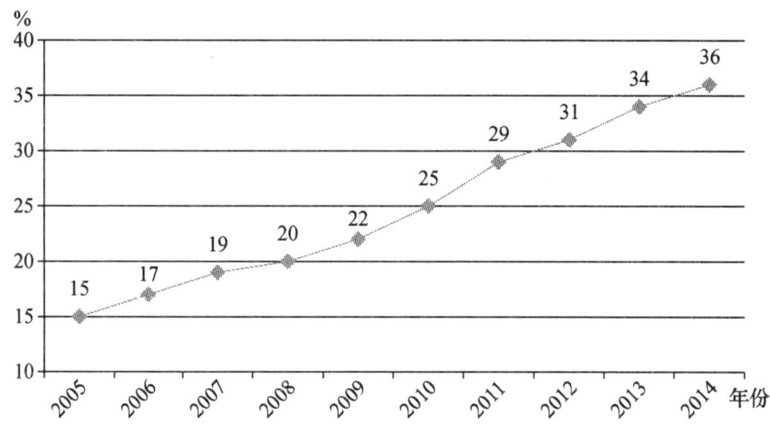

图 4－47　前十大水泥生产企业市场集中度（2005—2014 年）

36%，且有继续提高的态势。综合贝恩和植草益的理论，我们可以认为我国水泥行业属于竞争型市场结构。而从熟料产业集中度来看，2014 年我国水泥行业集中度 CR_{10} 达到 52%，可以归类为较低程度的寡占型。而前十大企业的熟料产能集中度高于市场集中度，截至 2014 年年底，全国前十大水泥企业熟料产能合计约为 9.2 亿吨，熟料产能集中度约为 52%，高出水泥市场集中度 16 个百分点；其中，前五大水泥企业合计熟料产能占全国总熟料产能比重约为 40%，高出前五大水泥企业市场集中度 13 个百分点。① 水泥粉磨企业从大企业购买熟料后又反过来冲击大企业的市场份额，加剧了水泥市场的竞争程度。

2. 水泥企业决策特征

当市场需求变化时，供给也会相应发生变化，而供给侧最直接的变化就是投资。水泥是关系国计民生的重要建筑材料，通常企业规模较大、投资周期较长。企业从做出投资决策、选址、建厂、引进生产线到投产一般需要 2—3 年的时间或更长。当市场需求发生变化时，很多水泥投资还处于在建时期。也就是说，水泥行业的投资决策存在

① 资料来源：中国水泥协会——数字水泥网。梁喜琴：《数字水泥：前十大水泥企业市场集中度 36%》，http：//www. dcement. com/Item/135338. aspx，2015 年 5 月 14 日。

一定的滞后性，所以会出现阶段性的产能过剩或产能不足。

3. 水泥产业内兼并与并购

根据中国水泥协会的统计，2014 年中国水泥行业总共有 67 起并购项目，总交易额超过 150 亿元。其中，以产业布局调整为主的横向并购占总并购的 55% 左右，以延伸产业链为主的纵向并购占 39% 左右，其他占 6% 。可以看出，目前我国水泥企业并购更加注重调整产业布局和整合市场。从并购案例的分布看，华东地区案例数最多，所占比例为 48% 。而对水泥熟料产能布局有影响的并购主要集中在中南地区和西南地区，这两个地区也是水泥需求保持稳定增长的地区。总体来说，我国水泥行业并购呈现以下特点：一是并购区域较为分散，大企业集团对于并购较为积极。二是并购的基本动机是调整产业布局、延伸下游产业链。三是目前并购热情较高，但是并购规模较小，对整个水泥产业的集中度影响不大。但是如果从区域市场来看，并购一定程度上促进了市场产业布局优化和提升行业整体效益。

综上所述，我国水泥行业集中度较低，总体上属于竞争性市场。由于水泥行业本身投资周期长特性导致投资决策滞后，有可能会引发阶段性和周期性的产能过剩或产能不足。从这个角度来看，我国目前正处于产能过剩周期。但是由于地方政府的不合理干预影响了水泥企业决策的独立性，破坏了水泥行业的正常市场规律，最终导致我国水泥市场产能过剩的周期被大大延长。

三　水泥行业产能过剩态势

水泥产业的运行包括生产和经营，为了分析水泥行业的过去走势和未来态势，我们相应选取生产性指标和经营性指标，以保证更加全面和准确。

（一）生产性指标

1. 产能利用率仍处低位

产能是指在计划期内，企业参与生产的全部固定资产，在既定的组织技术条件下，所能生产的产品数量，或者能够处理的原材料数量。水泥产能就是全部水泥企业的生产能力。产能利用率是由美国联邦储备局度量工业设备的使用情况时提出的，是工业总产值对生产设备的比率，即全部生产能力有多少比例在发挥实际作用，是衡量产能是否过剩的重要指标。欧美国家一般认为，产能利用率在79%—83%区间属于产需合理配比，低于75%即为严重过剩。

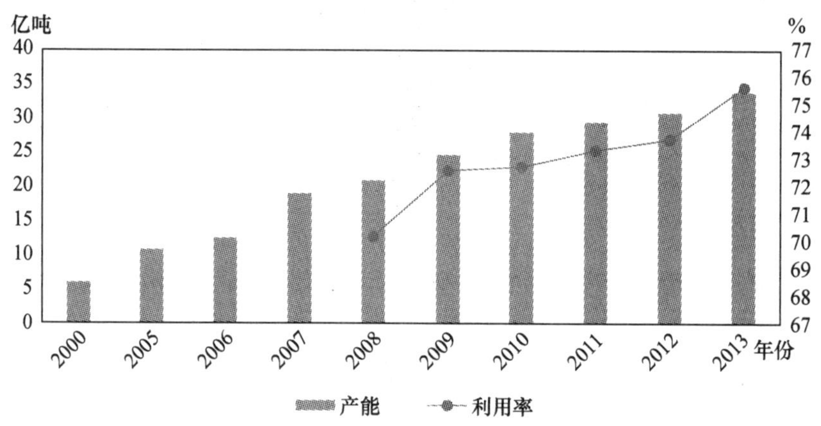

图4-48 水泥产能及产能利用率（2000—2013年）

注：2000年、2005年、2006年为产量值。

资料来源：《中国水泥年鉴》（2014）。

如图4-48所示，从2007年到2013年，我国水泥产能节节攀升，平均每年增长约2.5亿吨产能，增长态势过于迅猛。但是另一方面，水泥的产能利用率却在稳步提高，从2008年70.16%增长到2013年的75.6%，产能严重过剩的态势有所缓解。但是据中国水泥协会的估计，2014年的产能利用率为74%，2015年1—11月全行业产能利用率持续走低，全年的产能利用率不足70%，产能过剩的压力依然较大。①

2. 水泥行业投资增速回落

从投资来看，历史上出现过两次投资热潮。第一次是在2000年到2004年，这段时期水泥制造业投资的年均增速高达56%，投资数

① 李心萍：《水泥产能利用率持续走低（行业广角）》，《人民日报》2015年1月12日。

额从2000年的81.68亿元增加到2004年的433亿元，但是由于基数较小，并且正处在我国总体经济高速发展的大背景下，大规模基础设施建设促生巨大的水泥需求，所以这段时期产能过剩问题并不是很突出。从2007年之后，水泥制造业投资又开始大规模扩张，年均增速高达51%，投资数额从2006年的403亿元急剧增长到2009年的1520亿元（见图4－49）。水泥制造业占全社会固定资产投资的比例也快速上涨（见图4－50）。由于我国全社会固定资产投资主要集中在工业制造业、房地产业和基础设施建设行业，水泥是这些行业的重要建材之一。水泥制造业占全社会固定资产投资的比例过高也从侧面反映了水泥生产能力将大于其社会需求。2010年之后水泥制造业的投资开始缓慢下降，其所占全社会固定资产投资的比例也随之降低。但是年均投资额也在1400亿元左右，如此大规模的投资势必会带来产能的大幅度增长，而且制造业的投资周期一般较长，过去积累的过剩产能需要较长的消化期。

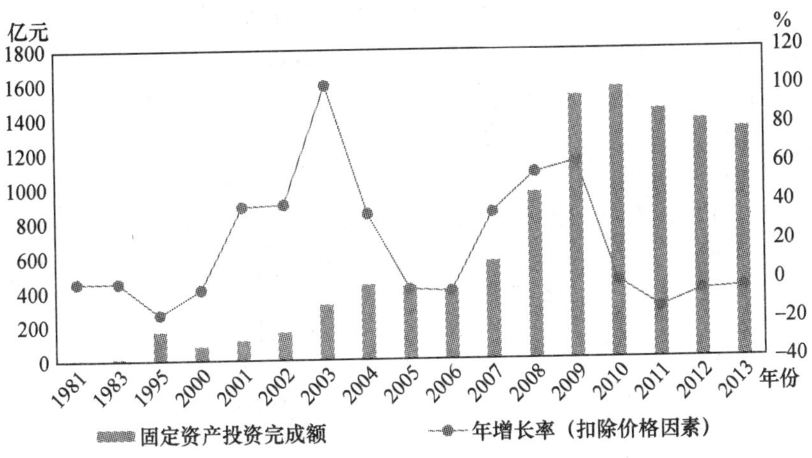

图4－49　水泥制造业固定资产投资趋势（1981—2013年）

资料来源：《中国水泥年鉴》（2014）。

3. 水泥产量增速

根据水泥行业经济运行报告，2014年全年水泥产量达到24.76亿吨，

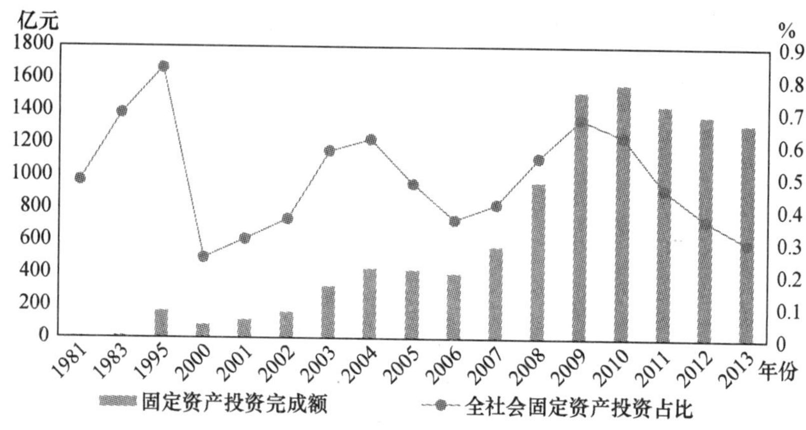

图4-50 水泥制造业占全社会固定资产投资比例（1981—2013年）

资料来源：《中国水泥年鉴》（2014）、《中国统计年鉴》（2014）。

同比增长1.8%（见图4-51）。增速创出自1991年以来24年最低。根据国家统计局的统计，2015年水泥产量23.48亿吨，同比下降4.9%，增速水平较2014年同期下降6.7个百分点。从目前态势来看，水泥产量的增速将会进一步回落。但是当前我国投资正处于震荡调整阶段，经济增长进入转轨期，相应的水泥需求也进入低速增长，水泥的供需水平依然难以平衡。

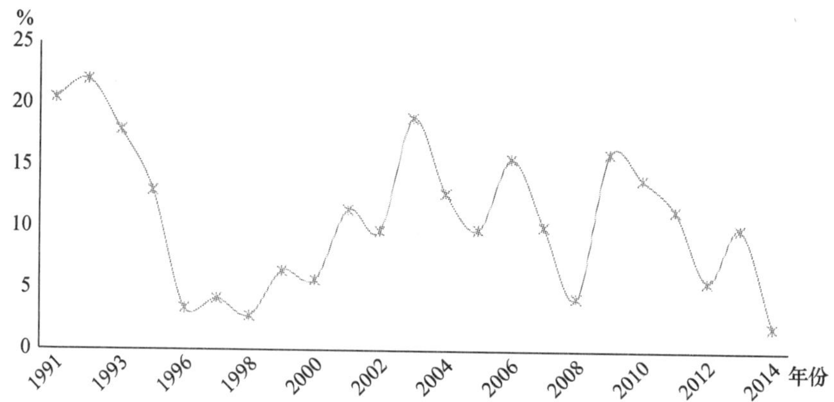

图4-51 水泥产量增速历史趋势（1991—2014年）

注：2014年为预计值。

资料来源：《中国水泥年鉴》（2014）。

（二）经营性指标

1. 水泥行业盈利能力

行业的盈利能力代表着该行业对投资的吸引力。一般来说，如果某行业的资产报酬率高于其他行业资产报酬率，则会有资金进入该行业以谋取高报酬率，直至与全行业资产报酬率相等。如果总资产贡献率低于其他行业资产报酬率，则会有资金退出该行业。工业行业通常以总资产贡献率来衡量资产报酬率。总资产报酬率是指报告期内利税总额、利息支出之和与平均资产总额的比率，综合反映行业或地区全部资产获取收益的水平和投入产出情况。从图4－52可以看出，除了2011年以外，水泥行业的总资产贡献率一直低于规模以上工业企业（由于没有全行业总资产贡献率，在这里以规模以上工业企业来代表工业总资产贡献率）。特别是在2012年以后，水泥行业的总资产贡献率大幅低于规模以上工业企业总资产贡献率，也就意味着水泥行业的资产报酬率要低于工业全行业资产报酬率，理论上资金会退出水泥行业，水泥行业规模和生产能力在未来会收缩。

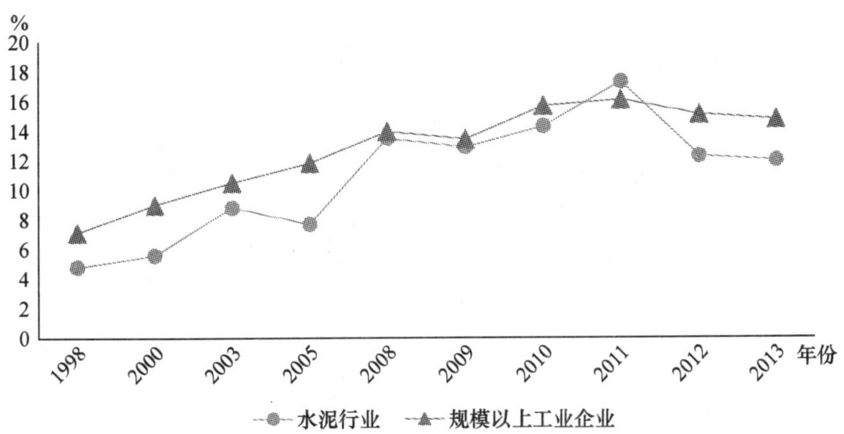

图4－52 水泥行业总资产贡献率（1998—2013年）

资料来源：《中国水泥年鉴》（2014）、中经网数据库。

2. 水泥行业内企业数量

根据产业生命周期理论，产业的发展要经过四个阶段：形成、成长、成熟和衰退。形成期的特征为企业数量少、集中度高、市场规模小。成长期的特征是产业增长率超过整个产业系统的平均增长率，产业内部集中程度低，企业数量较多，竞争比较激烈。成熟期的特征是企业数量少，产业集中度高，并且伴随着一定程度的垄断。衰退期的特征是市场需求和规模严重萎缩，产业增长率急剧下降。从我国水泥行业企业数量的变化规律来看（见图 4－53），2011 年之后水泥行业企业数量急剧减少，说明目前我国水泥行业正处于成长期向成熟期的过渡阶段，企业之间竞争激烈，落后产能不断被淘汰，企业兼并重组活跃。同时亏损企业所占比例在 2011 年达到最低点之后又有增加的趋势，从另一个侧面反映了我国水泥产能过剩现象依然存在，短期内产能过剩态势将进一步加剧。

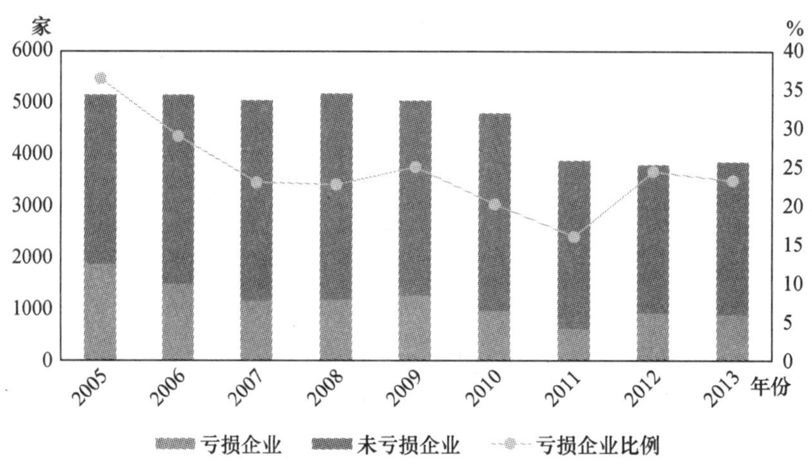

图 4－53　水泥行业企业数量与亏损状况（2005—2013 年）

资料来源：《中国水泥年鉴》（2014）。

四　水泥行业产能过剩调整政策及绩效

2005 年就有学者指出我国水泥行业存在产能过剩问题，政府开始出台政策和措施来控制产能，从此开始掀起了产能过剩调控的序幕，更多的调控政策出台，并且一轮比一轮力度大，但是产能也节节攀升，产能过剩问题也愈加严重。

（一）产能调控政策回顾

1. 政策出台背景简要介绍

2000 年以后，我国经济始终保持高速发展，工业化和城镇化进程加快，带动了水泥行业的快速增长，但是这种增长方式是粗放式的、低水平的、技术落后的扩张，导致的结果就是行业集中度较低，企业数量过多，竞争无序。水泥行业已出现产能过剩的苗头，其中立窑等落后产能的产量占总产量的 78%，新型干法产量占 22%，产能过剩以落后的立窑产能为主。2006 年，国务院出台了《关于加快推进产能过剩行业结构调整的通知》，提出了依靠市场、因势利导、控制增量、优化结构、区别对待、扶优汰劣的总要求，意在控制在建规模和产能过剩危机，化解供需结构矛盾。

2008 年金融危机之后，中央实施了“保增长、扩内需、调结构”的“一揽子”经济刺激政策，水泥工业在宽松的经济政策背景下快速增长，克服了国际金融危机的不利影响，总体上保持了较好的发展势头。但是与之相应的是重复建设严重、落后产能数量较大、产能过剩矛盾显现。2009 年国务院出台了《关于抑制部分行业产能过剩和重复建设引导产业健康发展的若干意见》。以此为基础，工业和信息化部印发了《关于抑制产能过剩和重复建设引导水泥产业健康发展的意见》。2010 年《水泥行业准入条件》发布。

2013 年，受国际金融危机的深层次影响，国际市场持续低迷，国内需求增速趋缓，我国部分产业供过于求矛盾日益凸显，包括水泥在内的传统制造业出现普遍的产能过剩。而且，一些企业对市场预期过于乐观、盲目投资，还在继续加剧产能扩张。一些地方政府为了追求速度，通过廉价供地、税收减免、低价配置资源等方式招商引资，助推了水泥行业的重复投资和产能扩张。鉴于此，2013 年 5 月，国家发改委、工信部发布了《关于坚决遏制产能严重过剩行业盲目扩张的通知》，10 月国务院印发了《关于化解产能严重过剩矛盾的指导意见》

提出了“消化一批、转移一批、整合一批、淘汰一批”过剩产能的要求。

2. 水泥调控政策的系统回顾

《国务院关于加快推进产能过剩行业结构调整的通知》主要是要通过重组、改造、淘汰等方法，推动产能过剩行业加快结构调整。主要措施包括：一是切实防止固定资产投资反弹，严把土地、信贷两个闸门，严格控制固定资产投资规模。二是严格控制新上项目，提高准入门槛。三是淘汰落后生产能力，依法关闭一批破坏资源、污染环境和不具备安全生产的小企业，逐步淘汰立窑等落后生产能力。四是推进技术改造。围绕提升技术水平、改善品种、保护环境、保障安全、降低消耗、综合利用等，对传统产业实施改造提高。五是促进兼并重组，鼓励大型水泥企业集团对中小水泥厂实施兼并、重组、联合，提高企业集中度，增强在区域市场上的影响力。六是深化行政管理和投资体制、价格形成和市场退出机制等方面改革，建立健全落后企业退出机制，在人员安置、土地使用、资产处置以及保障职工权益等方面，制定出台有利于促进企业兼并重组和退出市场，有利于维护职工合法权益的改革政策；加快建立健全维护市场公平竞争的法律法规体系，打破地区封锁和地方保护。七是健全行业信息发布制度。

根据《关于抑制部分产能过剩和重复建设引导产业健康发展的若干意见》和《关于抑制产能过剩和重复建设引导水泥产业健康发展的意见》，要严格控制新增水泥产能，执行等量淘汰落后产能的原则，对2009年9月30日前尚未开工水泥项目一律暂停建设并进行一次认真清理，对不符合上述原则的项目严禁开工建设。各省（区、市）必须尽快制定三年内彻底淘汰落后产能时间表。这两份《意见》进一步细化并提高了水泥行业准入门槛，同时提出要加大对企业联合重组的支持力度，通过等量置换落后产能建设新线，推动淘汰落后工作。坚决抑制产能过剩和重复建设的对策措施包括：一是严格市场准入。二是强化环境监管，未通过环境评价审批的项目一律不准开工建设。三是依法依规供地用地。四是实行有保有控的金融政策，加强融资管理。五是严格项目审批管理，对地方政府扩建和新建过剩产能进行了规范。六是做好企业兼并重组工作，按照国家发展改革委等八部门《关于水泥工业结构调整的指导意见》（发改运行〔2006〕609号）要求，水泥企业前10户集中度“十一五”末要达到30%，前50户集中度要超过50%。七是建立信息发布制度。八是实行问责制，对违反国家相关规定，工作严重失职或失误造成重大损失或恶劣影响的行为要进行问责。九是深化体制改革，完善干部考核体制。

根据《关于化解产能严重过剩矛盾的指导意见》，要加快制修订水泥、混凝土产品标准和相关设计规范，推广使用高标号水泥和高性能混凝土，尽快取消32.5复合水泥产品标准，逐步降低32.5复合水泥使用比重。鼓励依托现有水泥生产线，综合利用废渣发展高标号水泥、特种水泥等新产品。强化环保能耗指标约束，依法淘汰不达标的生产线。《坚决遏制产能严重过剩行业盲目扩张的通知》和《关于化解产能严重过剩矛盾的指导意见》提出的措施包括：一是坚决遏制产能盲目扩张，严禁建设新增产能项目，分类妥善处理在建违规项目。各地方、各部门不得以任何名义、任何方式核准、备案产能严重过剩行业新增产能项目。地方各级人民政府要立即组织对产能严重过剩行业违规在建项目进行认真清理，对未批先建、边批边建、越权核准和违规项目，尚未开工建设的不准开工，正在建设的项目要停止建设。二是淘汰和退出落后产能。通过提高财政奖励标准，落实等量或减量置换方案等措施，鼓励地方提高淘汰落后产能标准，产能严重过剩行业项目建设，须制定产能置换方案，实施等量或减量置换。三是调整优化产业结构。推进企业兼并重组，提高产业集中度，有序推进产业梯度转移和环保搬迁、退城进园，防止落后产能转移，支持跨地区产能置换。四是努力开拓国内和国外市场需求。五是增强企业创新驱动发展动力。六是建立长效机制，包括创新政府管理、营造公平环境和完善市场机制。

（二）水泥调整政策主要特点

从政策共性来看，政府在解决水泥行业产能过剩问题上比较注重从三个方面进行直接干预：①通过提高准入门槛来限制新企业进入；②通过财政补贴或强制性关闭来淘汰落后产能；③通过鼓励措施推动企业兼并重组，提高行业集中度。

从政策纵向发展来看，首先，市场准入门槛越来越高。2006 年的《通知》里是“严格控制新上项目，提高准入门槛”，到 2013 年的《意见》里是“严禁建设新增产能项目”，而且对技术标准、环保标准的要求也更加细化和更加严格。其次，淘汰落后产能的退出机制更加灵活。2006 年的《通知》里对落后产能是直接关闭，2009 年允许企业进行等量置换，2013 年则提高了财政奖励来落实等量或减量置换。最后，政府在处理水泥行业产能过剩问题上更加注重发挥市场的作用。2013 年出台的《坚决遏制产能严重过剩行业盲目扩张的通知》提出开拓国内和国外市场需求，更加注重公平竞争环境的营造和市场机制发挥决定性作用。

（三）水泥产能调控政策反馈

从地方政府角度，地方政府对中央政府的产能调控政策消极应对。对于大部分区县或者省市来说，本地水泥企业往往是重点骨干企业和利税大户。地方政府以土地、财政等大量优惠政策招引水泥项目以促进地方经济发展、税收收入和促进就业，同时带动了其他相关产业发展。水泥企业的关闭，意味着政府要面对企业的银行债务、资产处置和职工安置等诸多问题。而且，各地对于化解过剩产能存在“认识分歧”。由于水泥行业的区域特征明显，经济结构“偏轻”的省份一般会认为本省产能过剩矛盾并不突出，无须化解。所在，在中央出台众多调控政策后，有相当一部分省份没有出台落实化解过剩产能政策的细则，或者“以文件落实文件、以会议落实会议”来消极应付。

从微观企业角度，企业的经营目的是利益，在正常的市场中，如果某一行业出现产量滞销、利润大幅下降甚至出现亏损，那么企业就失去了进入的动机。但是由于地方政府之间存在激烈竞争，在招商引资中给予企业以低地价、低环境标准等优惠政策，降低了企业的正常经营成本，严重扭曲了市场，使得企业的经营规模超过了平均利润规模。从政策规定来看，企业无法通过正常程序进入水泥行业，但是依然还有与地方政府合作获取廉价土地、财政补贴等收益的动机。再加上地方政府的“跑部”和“协调”，必然导致调控政策的空转。

（四）水泥产能调控政策绩效

从水泥制造业投资来看，2006 年的产能调控政策对抑制产能增长、防止固定资产投资反弹、严格控制固定资产投资规模方面几乎没有起到成效，反而促进了水泥行业投资的高速增长，产能也顺势快速增长。究其原因，调控政策对于新型干法水泥制造准入条件设置过低，地方政府在淘汰落后产能时，却大规模地引入新型生产线，结果导致产能的急剧扩张。在 2009 年产能调节政策出台，强调通过等量置换落后产能建设新线，推动淘汰落后工作，水泥行业投资增速急剧下降到 0 以下，投资规模开始逐年减少，说明政策调整起到一定效果，投资势头得到一定的缓解。但是由于每年的投资规模依然有 1000 亿元以上，产能增加的速度依然很快。

五　水泥行业化解产能过剩的政策建议

我国水泥行业的产能过剩问题根本原因在于政府与市场的界限没有划清，再加上体制本身的原因和政策的滞后，导致“中国式产能过剩”问题越来越严重。化解水泥行业产能过剩，核心仍是处理好政府与市场的关系。

（一）厘清政府边界，深化体制改革

党的十八届三中全会提出要处理好政府与市场的关系，使市场在资源配置中起决定性作用和更好地发挥政府作用。解决产能过剩的关键问题就是要厘清政府边界，真正做到该管的管，不该管的不管，让自己从“资本所有者”、“企业管理者”和“生产管理者”的角色中退出来，以便更好地去执行政府服务职能。政府要摒弃计划经济简单调控思维，避免以行政手段关闭落后产能或限制新产能的进入，把鉴定和淘汰落后产能的任务交还给市场。

解决产能过剩问题，重点是要调整财税体制，改革官员考核制度。地方政府的非理性投资和过分干预主要源于不合理的财税分权制度，中央与地方的财权、事权分配严重失衡，地方政府的事权弱于其财权，可以说，盲目的大规模投资是地方政府为提高财政收入的无奈选择。而且，目前我国官员晋升制度又是以 GDP 论英雄的政绩“锦

标赛”，虽然目前中央政府在官员考核中极力弱化GDP的权重，但是GDP关系一方社会的就业和民生等诸多问题，很难不被地方政府重视。

（二）营造公平的市场竞争环境

公平的竞争环境是市场发挥配置资源作用的重要基础。首先，政府要扩大企业进入和退出的自由度，让不同所有制、不同规模的企业可以自由公平地进出市场。在准入端要严控企业进入门槛，强化水泥行业的环保、能耗、安全等硬性指标。在退出端要健全市场退出机制。强化破产程序的司法属性，避免地方政府对水泥企业破产程度的直接介入。加强被淘汰企业的职工安置、失业保障和再就业培训等方面的政策支持，降低企业的退出成本。完善企业破产制度，进一步给予符合准入条件的企业以更多的进入机会。尝试和探索建立企业控制权交易市场，实现高效率对低效率的接管。

其次，推进要素市场改革，让市场发挥配置资源的决定性作用。计划经济向市场经济过渡过程中，价格改革是最为重要的一环。特别是由于体制、政策等诸多历史原因，我国的价格长期扭曲，限制了需求定律作用的正常发挥。从中央层面深化土地、矿产、能源的市场改革，完善价格形成机制，杜绝地方政府以过低价格或超低价格来招商引资和变相补贴企业的行为，恢复企业的正常经营成本，实现水泥市场上的优胜劣汰。

最后，要打破地方保护主义。我国的水泥产品具有很高的同质性，同时又有很强的地方垄断性，导致地方保护主义严重。建议中央政府敦促地方政府取消各种显性和隐性的保护本地水泥企业的政策举措，改善国内市场流通环境，打通地区壁垒实现自由贸易，严格禁止地方政府为保护本地企业所制定的针对原料和产品的政策，保证国内水泥市场充分自由竞争。

（三）建立和完善环保标准

以环保标准来淘汰落后产能是政府更好发挥作用的重要体现。严格执行环保标准，防止地方政府以降低环境成本来吸引外资流入，对于严控落后产能直接有效。要结合产业发展实际和环境质量，进一步提高环保、能耗、安全、质量等各方面的标准，根据区域功能定位制定不同标准。严格环保执法，提高违法处罚力度，加大水泥行业的环保压力，倒逼产业转型升级。建立区域环境容量评价体系，对水泥企业污染进行总量控制，促使产能向产品档次高、质量好、经济效益好的企业转移，将落后和效益差的产能挤出市场。

（四）从政策和资金支持上鼓励企业创新

减少政府干预并不意味着政府完全不管，而是要制定更加合理、更加有效的产业支持政策。政府应摆脱如严控规模和直接补贴等惯性思维，要更加注重对企业研发与创新行为、加强创新人才培养提供政策和资金支持。鼓励企业经营模式创新，延伸产业链。延伸产业链是水泥企业战略转型和提高市场竞争力的重要方式。通过兼并重组上下游关联企业，做产品精深加工，提高产品的技术含量，同时通过与其他关联产业的融合与联动，整合资源实现技术运营服务一体化发展，可以快速提高企业的创新能力和市场竞争能力。支持企业研发创新，提高企业的自主创新能力。通过产业基金、税收优惠和财政补贴等方式对企业的重大技术和前瞻性技术研发提供资金支持，特别是对于可能产生重大技术突破，但风险又比较高的研发项目可由政府兜底。地方政府可以参与创新支持，但是必须由中央政府监督实施。

（五）加强公共信息服务，完善水泥行业信息发布系统

目前我国水泥协会会定期发布水泥行业的部分信息，但是依然缺少科学的、权威的公共信息服务平台。要建立生产企业产能实际利用率统计和公布系统，实时地向社会发布包括产能利用率等行业运行数据，为企业投资提供充足的信息和判断依据。如美国在 20 世纪 70 年代就开始统计检测和发布工业行业产能信息，并且将产能利用率作为产能监测的核心指标，在每月 15 日前后公布上月的数据。如果我国政府有关部门在信息披露方面做得更好，将更加有助于产能过剩问题的解决。

（六）鼓励扩大开放，为企业“走出去”创造条件

产能过剩是因为供给大于需求，除了限制供给，扩大需求也可以化解产能过剩矛盾。目前我国正在积极走向国际市场，“一带一路”、

亚投行等重大战略为我国企业“走出去”提供了重大契机。特别是在东南亚和拉美地区，这些地区的水泥工业发展较为落后，其未来的基础设施建设也将大幅度增加水泥需求量。因此，我们可以充分利用国外的资源和市场，积极促进我国企业“走出去”。同时，我们也要利用目前发达国家经济环境紧缩的时机，鼓励有条件的企业参与发达国家水泥行业的重组和兼并，吸收国外先进的技术、管理和研发等，提高我国水泥行业在国际市场上的参与程度和竞争力，实现我国水泥行业的转型升级。

第五章　中国产能过剩形成的原因分析

对“中国式产能过剩”形成机制的考察，是有效治理产能过剩、合理制定产业政策的重要依据。本章首先从理论上回顾产能过剩的成因，总结前述关于我国产能过剩总体状况和重点行业产能过剩形成的逻辑，提出我国产能过剩根源在于不适宜的政策对微观企业行为的激励扭曲，化解产能重点在于对微观企业行为“纠偏”，政策重心应聚焦改革产能形成的“游戏规则”。

第一节　产能过剩形成机制：经典理论探究

虽然并没有直接关于产能过剩的经济理论或以产能为主要研究对象的经济学分支来讨论其成因，但以微观经济运行为主要分析对象的古典经济学、以产业内企业间竞合关系为主要研究对象的产业组织学，以及以垄断行业管制为主要研究对象的管制经济学，都提供了产能过剩形成机制的理论基础。即便是在同一经济理论指导下，有关产能过剩的理论和实证文献，也没有一致的研究结论。为什么会出现产能过剩？产能过剩问题是否可以由市场自动矫正？政府管制能否有效缓解产能过剩问题？对这些问题的回答，不同的经济理论给出了不同的解读。

一　古典经济理论下的产能过剩

（一）古典主义与产能过剩

古典经济学框架下的企业特征。在完全竞争市场中的企业被假定为有以下几方面特征：第一，市场中有大量的买方和卖方，因而厂商是价格的接受者（Price Taker）；第二，企业和消费者之间信息完全对称；第三，产品是同质的，不具有差异性[①]；第四，资源自由流动，企业进入和退出市场不存在任何障碍。

在这样完美定义的市场中，产能过剩只是偶然现象。

首先，厂商是价格的接受者，并根据价格进行生产决策，单一企业的任何决策都影响不了市场的整体状况。他们要想使自己的利润最大化，就必须以最低的成本进行生产，必须按照其产品平均成本处于最低点时的产量进行生产。既然厂商是理性的，知道在竞争市场中自己是价格接受者，也进而能推算出最优生产规模，那么厂商在确定产能的时候必然会将产能确定在最优产能之上。对于任何一个厂商的产能规模设计来说，都存在一个基本规模单位，即能够最充分发挥所有生产要素、技术经济功能的最小生产单位，其大小由各生产要素技术功能的最小公倍数关系决定。此时，厂商调整规模时会按照基本规模单位的倍数进行调整，从而保证在最小生产成本产量处生产。因而，只可能在信息不完全的情况下才能暂时存在个别企业的产能利用不充分，大规模的企业决策失误导致行业出现产能过剩的情形是不可能在完全市场中出现的。其次，供求双方信息对称能够动态消除产能利用不足，对于企业来说，他们能够了解消费者的支付意愿、了解消费者的收入分布状况、了解未来市场波动的准确趋势、了解竞争对手的行为策略，于是厂商的产能如同为消费者量身定做一样，能精准捕捉市场各种信息。企业能够迅速发现市场供求关系的调整状况并据此调整自己的产量，过剩的情形不会出现。再次，完全竞争市场上产品是同质的，厂商在市场竞争中既不能以产品质量作为竞争砝码，又不能以价格进行竞争，唯一能够控制的变量就是成本（产能），在这样的情况下，任何一个厂商都有动机保持产能的最大利用。最后，市场没有

① 关于产品差异性的争论也一直存在，一般情况下是指企业生产的产品是完全相同的，而不少学者主张只要消费者对产品感知无差异，产品就是同质的，也就是说，虽然产品可能是不完全相同，但是只要消费者感觉不到差异，两个产品就可以认为是同质的。Carlton 和 Perloff（1988）就认为产品存在的差别是由于消费者认为它们不同。

进入退出壁垒。在价格接受者假设下，厂商只能赚取平均利润率，产能利用率低意味着成本控制效率差，其利润率也就低于平均利润率，在没有市场退出壁垒的情况下，产能利用率低的厂商就会因为竞争而被排挤出市场，因而过剩产能不可能出现在完全竞争市场中。

（二）新古典主义与产能过剩

新古典经济学关于市场出清和理性预期的假说，也从理论基础上瓦解了持续性、大规模产能过剩现象的出现。

价格和工资是新古典主义两个重要的变量，被假定为具有完全伸缩性。对于厂商来说，所使用的各种要素投入都能够及时调整，市场会形成一般性均衡。此时，工资的自由浮动使得劳动力市场可以达到均衡，商品价格的自由浮动使得商品市场达到均衡，这时各个市场都自动达到出清状态，理论上也不会出现产能过剩。因此，在新古典经济理论下，政府唯一要做的事就是去除一切不必要的干预、打破行政垄断、开放国内市场等，让生产要素自由流动，市场力量自然会达到最有效率的运作。

实际周期理论（Real Business Cycles）是新古典宏观经济学的代表性理论之一。新古典宏观经济学家依据在经济周期理论方面的不同看法分为两派：货币经济周期理论和实际经济周期理论。以实际因素解释经济波动的理论称为实际经济周期理论，这些理论认为经济波动之源是技术冲击。实际经济周期理论认为，引起经济波动的实际因素很多，其中技术是一个重要的因素。技术变动能够引起产出、消费、投资及就业等实际变量的波动，而各种实际因素对经济的冲击可分为暂时冲击和持久冲击。由于技术冲击对经济产生的效用最持久，因此技术变动是经济周期性变动的基础。新古典宏观经济学认为，技术变动主要影响供给，所以实际经济周期理论实际上等价于供给周期理论。技术的冲击具有持续的影响，产出的波动是持续的和永久的，而不是如同自然率假设认定的任何产出的波动都是对自然率水平的暂时偏离。工资和价格的弹性不是使经济回到自然率水平，而是使经济回到稳定增长的路径。从这个理论来看，可能出现的产能利用不足，并非过剩产能而是上文分析的闲置产能，并且闲置产能的存在也是暂时的。

实证层面也的确提供了经济周期会系统性影响产能利用率的证据。Perelman（1989）在 *Keynes, Investment Theory and the Economic Slowdown* 一书中就介绍道：在20世纪80年代以前，美国的工厂都喜欢保留过剩的产能，以至于在当时80%的产能利用率就意味着快接近产能约束状态了，而80年代之后企业普遍经历了去产能过程。根据作者的估算，如今77%的产能利用率大致等同于之前70%的产能利用率水平。

运用古典和新古典经济理论来解释对经济发展有害的产能过剩是比较困难的，其困难之处就在于这些理论的假设已经将产能过剩置于真空之地。正如周枝田和夏洪胜（2006）提出的：新古典经济学对完全竞争市场的两项不合理假设暴露出在产能过剩问题上分析不足，一是新古典经济学根据边际成本递增法则认为，单位生产成本会随着产量的增加而迅速上升，而实证研究表明，资本密集型核心产业的边际成本在产量接近全产能之前是不会上升的，产能利用率上升时，边际生产成本通常只是维持固定不变甚至下降；二是假设低利润企业退出市场不存在成本或退出成本很低，显然这个假设与现实不符，尤其是在重化工业中，大部分具有生产力的资产都具有不可移动性及不可还原性。虽然存在上述违背事实的假设缺陷，我们也不得不承认，古典和新古典经济理论为解决当前我国产能过剩还是提供了有益的探索。比如在降低市场进入和退出门槛方面、在要素自由流动方面等，都是我们政策努力的方向。

综上所述，古典主义和新古典主义经济学理论认为，产能过剩并不是一个值得关注的现象，即便是存在产能富余也是闲置产能而不是过剩产能，因而也不需要政府进行管制。与市场相比，政府不可能在产能过剩问题的处理上更胜一筹，市场能够自动对其进行调整。所以，按照这一理论逻辑，产能过剩可能存在于一个阻碍市场配置资源功能发挥的管制经济环境下。

二　产业组织理论下的产能过剩

完全竞争市场是市场结构对比的标准情形，犹如物理学中的无摩擦力假设，现实中的市场都是非完全竞争市场，而产业组织理论就是研究非完全竞争市场下企业行为策略的有效工具。为什么企业会选择保留过剩的产能？保留过剩的产能能为企业带来什么好处？这是产业组织理论可以回答的问题。

（一）垄断竞争情形下企业产量决策

长期内企业可以扩大或缩小规模进行产能决策和产能调整，当然也可以决定是否继续在行业内经营。垄断竞争企业的长期均衡及其形成过程，可以很好地推导出在垄断情形下生产能力过剩问题。

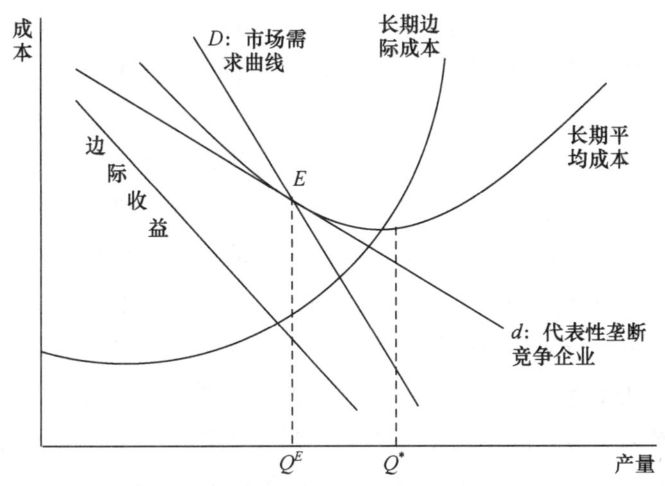

图 5－1　垄断竞争企业长期均衡与产能利用

在现有的生产条件下，当企业获得经济利润时，就会吸引其他企业（产能）进入该行业。此时，新产能进入不会使代表性垄断竞争企业的需求曲线（d）发生调整，但是会影响市场需求曲线[①]（D），使得该竞争企业的相对垄断地位下降，从而该代表性企业不得不下调价

① 代表性垄断竞争企业的需求曲线（d）也即自需求曲线（Own Demand Curve），又称为主观需求曲线（Subjective Demand Curve）；市场需求曲线（D）即比例需求曲线（Proportional Demand Curve），又称为客观需求曲线（Objective Demand Curve）。

格，直到经济利润为零时达到新均衡状态。当企业获得负经济利润时，非代表性垄断竞争企业的部分产能将退出市场，使得该竞争企业的相对垄断地位增强，从而使该代表性企业可以顺势上调价格增加生产来抵消负经济利润，直到经济利润为零时达到新均衡状态。

图5-1中的 E 点便为垄断竞争企业的长期均衡点。在该点上，下降段的长期平均成本曲线与代表性垄断竞争企业的需求曲线 d 相切，而 d 需求曲线和 D 需求曲线相交意味着垄断竞争市场的供求相等状态。此时边际收益等于边际成本，垄断竞争企业达到利润最大化，但其长期经济利润为零，该厂商的产出水平为 Q^E，但是同长期平均成本最低点的生产规模相比，此时已经出现了 $Q^E < Q^*$，即生产能力过剩的问题。只要企业在市场中具有一定的垄断势力，生产能力就一定存在过剩，从这个意义上来讲，过剩的生产能力是为了维持垄断地位和垄断能力，属于垄断企业的策略性选择。在经典的产业组织理论中，过剩产能通常被解读为寡头垄断厂商实施垄断势力的策略性行为之一，因此，一定程度的产能过剩事实上是可以容忍的。

当然，为维护垄断地位而出现的产能过剩，是否可以被我们容忍，取决于垄断地位是如何形成的。从现有文献来看，如果从竞争过程中因为技术优势或专利保护而获得的相对垄断地位通常不会有损竞争，反而相对垄断的市场格局有利于激发创新。“寡占市场结构”是现实中有效率的市场这一观点为政治精英阶层所认同（余晖、周耀东，2013）。但如果垄断地位是靠排他性的行政许可获得的，这样导致的产能利用不足就难以被公众接受。因此，垄断行业先天性的产能过剩究竟如何处理，取决于垄断的性质。

（二）资产专用性与产能过剩

资产专用性作为交易成本经济学的一个重要内容，最早是由美国经济学家奥利弗·E. 威廉姆森提出来的。他认为，资源在用于特定用途后，如果转作其他用途则其价值会降低。资产专用性的概念，涉及产业组织理论一个非常重要的问题——市场进入、退出壁垒：资产专用性越强，沉没成本越大，市场的进入和退出壁垒也就越高；资产专用性越弱，沉没成本越小，市场的进入和退出壁垒也就越低。进入壁垒高，新的产能就难以进入市场与在位企业（产能）进行竞争，而退出壁垒高就意味着低效率产能难以退出市场，从而阻碍良性竞争。从钢铁、水泥、电解铝、平板玻璃、造船、光伏等被我国政府管理层面界定为产能过剩的行业来看，这些行业共同的重要特征就是资产的专用性相对较高，企业经营不下去后转产的难度普遍较大，很多企业虽然在市场中并不盈利，但是仍不得不继续经营以补贴“沉没”的固定成本。

如果资产的专用属性无法改变，恐怕因此导致的产能过剩问题就难以解决。事实上，资产的专用性水平也并非一成不变，尤其是在信息技术和电子控制元件发达的现代工业社会，资产的专用性程度降低，更加趋于通用化。从企业的生产组织及管理方式上我们能观察到这些积极变化。比如，柔性生产和敏捷制造，大规模的定制生产，同一条生产线上可以大规模生产不同类型的产品，这些都使得传统的专用资产变得更加模块化和通用化。技术的变革会改变资产专用性，因此，产能过剩现象会随技术水平的提升得到一定程度的缓解。上述推论暗含着一个产业组织理论研究企业行为时经常做的一个重要假定，即企业是多产品生产而不是单一产品生产。[①] 若企业从事单一产品生产，则对需求波动的反应会比较迟钝，难以满足消费者多样性偏好，从而更容易出现产能过剩。

（三）作为博弈策略的过剩产能

如前所述，垄断竞争条件下的企业均衡产量小于最优产量，然而这个结论并没有考虑竞争对手的状况。在考虑竞争对手的策略选择时，企业保留过剩产能是不是理性的呢？产业组织理论相关文献提供了充分的证据。

首先，过剩产能是一种进入威胁。过剩产能作为进入抵制的威胁，一直是西方主流文献研究产能过剩的主要内容。Dixit（1979，

---

① 为简化分析，本书并未重点讨论单一产品企业产能过剩和多产品企业产能过剩问题。国内关于两类过剩的文献至今仍未见，关于两种情形下产能利用率的测定方法，详见 Segerson 和 Squires（1990）对单一产品产能利用率测度方法的拓展，他们提出了三种不同的多产品企业产能利用率计算方式。

1980)、Salop (1979)、Spence (1977, 1979)、Bulow (1985) 等的早期研究主要强调了这个观点。如 Spence (1977) 将过剩产能和过剩投资与寡头定价行为进行考察，认为过剩产能是阻止企业进入的一种策略。在位企业通过向潜在进入企业释放过剩产能的信号，来劝阻潜在进入者，一旦真实的进入行为发生，新进入企业将是无利可图的。这种威胁信号是否真的可信? Spence (1977) 进一步回答了这个问题，产能投资是有效的信号，这是因为对产能的投资是不可逆的行为，构成了可置信威胁。Caves 和 Porter (1977)、Ma (2005) 进一步给出了理论和经验证据。Conrad 和 Veall (1991) 从观测到的现实产出出发推导出在最低成本条件下实现这样的产出需要的资本投入，进而比较其真实的资本投入与理论上需要的资本投入差别，从而推断出企业保留过剩产能的一大动机就是作为一种进入威胁，并且这种威胁作用在样本考察期间非常显著。

Lieberman (1987) 则对这种假设进行了实证检验，虽然理论上这种威胁策略是大量存在的，但是当他使用 38 个化工细分产业数据进行研究时发现：只有 3 个产业的在位企业明确使用过剩产能作为进入威胁，大部分产业的在位企业并没有实际保留过剩产能作为进入障碍的一种策略，企业保留过剩产能的动机主要是为了应对需求本身的波动。当然他也强调，在实证中没有发现企业运用该策略并不表明保留过剩产能不能阻止市场进入，只是现实中运用这种策略相对罕见并且不见得奏效。

其次，产能过剩可能是合谋行为下的策略均衡。Osborne 和 Pitchik (1985) 放松了 Spence (1977) 关于企业在第二阶段进行竞争而非合谋的假设，认为虽然保持过剩产能不是没有成本的，但是如果企业进行产量合谋，那么这种形式会使得共谋行为对其他企业的威胁更加具有杀伤力。Benoit 和 Krishna (1987) 更是指出，在所有合作博弈均衡中，所有企业都会选择过剩产能，这个观点得到了 Davidson 和 Deneckere (1990)、Nishimori 和 Ogawa (2004) 的验证。Davidson 和 Deneckere (1990) 发展了一个基于企业价格合谋的模型来考察价格合谋和过剩产能的关系。他们发现如果资本的使用成本（利息率）提高，那么一旦被竞争对手报复，合谋企业的损失就更大，从而可能阻止企业进行合谋。Ma（2005）回顾了中国台湾地区面粉制造产业20年来产能利用率低于40%的现实，并利用数据验证了企业保留过剩产能就是为了联合抵制其他竞争对手的产出。

最后，产能过剩也可能是企业的一种经营策略。Dearden等（1999）的研究表明，在产品差异不大的行业，企业为满足顾客需求、维持供应商忠诚度，通常会选择保持过剩产能。在此基础上，Steenhuis等（2005）采用全球区域小飞机制造企业数据证实了这一论断。Ishii（2011）认为，企业保留过剩产能的原因非常多，比如预防需求波动、寻求投机行为，也有的企业是为了避免因经济波动而导致的劳动力雇佣和解雇成本，从而一直保留产能及配套的劳动力。同时，他们还利用美国1999—2008年油气勘探行业的数据进行了实证研究，发现不同类型的企业保留过剩产能是出于不同的经营考虑：对普通中小企业来说，保留部分过剩产能主要是出于劳动力窖藏（Labor Hoarding）需求①，避免因经济波动产生额外的雇佣或解雇成本。但是大企业尤其是行业内的领先企业保留过剩产能，却是出于其他考虑——主要是为了防止进入和实施投机行为。

不管保留过剩产能是出于什么考虑，在产业组织理论的逻辑下，产能过剩问题最可能出现在具有垄断特征的市场中。但事实上，在我国产能过剩较为突出的行业中，市场通常不具有垄断特征，企业间的竞争也非常激烈。以钢铁行业为例，陈甬军等（2009）的实证结果表明，钢铁行业依然处于完全竞争状态，且钢铁产业存在规模不经济的特征。这表明，我国产业部门出现的产能过剩问题难以在产业组织理论和垄断竞争的策略性行为框架下寻找答案。

三　管制经济理论下的产能过剩

即便是在市场经济相对完善的西方发达国家，经济也并未自由放任式发展；相反，越是发达国家的市场经济，经济性和社会性的各种管制措施反而越严格。比如企业在市场经营中要满足劳动力保护、产

① 孙巍等（2008）也利用中国数据验证了窖藏效应的存在性。

权保护、环境管制与污染控制，自然垄断行业还要额外受到普遍服务接入等要求。

政府的管制可以分为两类，一类是经济性管制，另一类是社会性管制。经济性管制是指对产量、价格、市场进入和退出条件、特殊行业服务标准的控制。一般来说，是对某一个特定行业、特定产业进行的一种纵向性管制。这些行业往往具有一些特点，如自然垄断行业。而社会性管制主要用来保护环境以及劳工和消费者的健康和安全。无论哪种管制，都会对企业的决策行为产生影响，有的时候甚至扭曲企业的激励。在管制经济背景下，企业的产能决策也将影响产能的利用率水平。

政府施加的经济性管制，尤其是定量的直接产能控制，首先，会直接影响企业的生产决策。比如，对一个多产品生产企业来说，如果管制部门制定某种特定产品的生产限额，那么一方面这个多产品生产企业会改变它的生产组合，多生产其他产品而少生产被管制产品；另一方面，厂商也会改变被限制生产产量的产品种类和质量水平，使新的产品免予受到产量的管制。对特定投入要素的定量限制会改变厂商的生产决策行为和技术性策略（比如多使用非管制要素而少使用管制要素）。经济性管制对产能利用率影响最重大的改变在于：管制使产出（产能）成为内生变量，而许多研究在界定产能的时候视其为外生的（Segerson & Squires，1993），这种情形下传统的产能利用率测度就是不科学的。Segerson 和 Squires（1993）同时发展了一种在要素或产能配给（Rationing）下对产能利用水平进行测度的方法，进而来评估这种经济性管制是如何影响产能利用水平的。其次，对产量的定量控制虽然能够让整个行业的产出水平看起来不增加，但是却也同时阻碍了新增产能的进入，而一般情况下这些新增产能又通常是代表了高效率、低能耗的产能。行业总量的产能调整，也未必能够让企业的产能利用率提升。最后，对价格水平的管制反而可能适得其反，不仅没有从根本上控制住价格，反而限制住了竞争筹码，使得企业无法凭借高质量产品进行价格竞争。任何一个理性的企业，在价格竞争受限的情形下都会选择成本竞争，若监管手段不严，很可能演化为劣质品竞争。而从产能来看，当价格竞争被限制住时，企业通常可能扩大产能以求“薄利多销”，因而当产能过剩出现并且还有产品价格管制的时候，产能过剩通常会更严重。

政府社会性管制也会作为企业的决策变量进入企业的生产函数中。社会性管制被施加后，新增产能通常会面临更加严格的审查，意味着增加单位新产能的成本会高于原有监管体系下的单位新产能成本。企业扩充产能的意愿被打压，而旧产能又可能不符合新的社会性监管标准，于是真实的产能利用率可能发生变动。Morrison（1988）分析了美国和加拿大钢铁产业环境污染管制对产能利用率的影响，发现这些管制措施提高了企业的生产率水平，但是却降低了产能利用率。

第二节　我国产能过剩形成：宏观调控背景

一　国际经济调整与产能过剩形成

从国际大的背景来看，世界的制造业转移带来了产能过剩。世界的制造业转移和要素的重组经历了四个大的过程。

一是世界制造业基地在欧洲，以英国、法国、德国为主要的国家，这些都是近代革命工业化的国家。当时的德国，制造业的产值已经占到了全球的30%，但是，由于德国的生态资源环境、劳动力成本消耗以及部分产能过剩，世界制造业转移到美国。

二是第二次世界大战之后，美国制造业的产值曾经长期占了世界制造业产值的50%，成为第二次世界大战以来第一大制造业国家，这个称号一直保持到2011年，才被中国打破。

三是从美国转移到日本和亚洲“四小龙”，美国在20世纪80年代，也出现了四次严重的产能过剩，通过货币政策、财政政策进行了化解，还通过产业的转移把很多的产业转移到了日本和亚洲“四小龙”。当时，亚洲的制造业产值最高峰的时候占到世界制造业产值的16%。

四是产业转移和要素重组发生在以中国为首的新兴经济体和一批发展中国家，以中国为代表，中国承接国际产业转移，已经成为第一制造业大国，2011年，中国的制造业产值占到了全球的19.8%，超过了美国，美国是19.4%。所以，中国已是世界产业转移的最主要承接国，成为世界上制造业排名第一位的国家。

因此，中国产能的形成、产业的形成、产业体系的形成，是世界制造业产业转移的结果。它是一个渐进的过程，需要一个很长时间的积累。目前，中国的产能过剩，在很大程度上是受到国际金融危机以来，国际供求关系失衡的影响而产生的。席卷全球的金融危机，打破了此前发达国家消费，资源性国家供给原料，新兴发展中国家生产这一供求格局。

二 国内宏观调控与产能过剩形成

（一）产能过剩与国内宏观经济调控密不可分

2011年一项调查显示[①]，31个省、直辖市、自治区在制定的重点新兴产业中，超过90%的地区选择发展新能源、新材料、电子信息和生物医药产业，近80%的地区选择发展节能环保产业，60%的地区选择发展生物育种产业，另有50%以上的地区选择发展新能源汽车。

产能过剩的根源错综复杂，由诸多方面的原因形成，归纳起来有四个层面的因素：第一，制度层面因素。如官员晋升机制（周黎安，2007）、财政分权（王立国等，2010）、预算软约束（曹建海，2002）等。第二，政策层面因素。如招商引资政策、政策性补贴、税收优惠政策等。第三，市场层面因素。如市场进入和退出壁垒、市场秩序问题等。第四，企业层面因素。如企业的市场定位趋同（刘志彪等，2000）、信息不对称、投资的潮涌等。

不难发现，中国式的产能过剩，突出地出现在一些特定行业，并在这些特定行业中反复出现，以至于学界和业界对哪些产业已经或将出现产能过剩的研判出现惊人的一致。上述四个层面的因素部分解释了中国式产能过剩。我们发现，在产能过剩的行业，通常也是受国家政策调控最多的行业。[②] 为什么在一些行业中，产能过剩屡“调”不

① 参见《发展战略性新兴产业：警惕三个“误区”》，光明网，http://economy.gmw.cn/2011-08/16/content_2463405_2.htm，2011-08-16。

② 当然，产能过剩与政策调控的因果关系有待进一步论述。调控政策的密集出现导致了产能过剩还是产能过剩招致调控政策的出现不是本书要讨论的主题。

止，甚至不断出现“产能过剩”反弹？有理由认为，我国产能过剩的形成与国内宏观经济调控存在关系。

（二）宏观调控可能扭曲企业的微观决策行为

任何宏观经济调控，最终调整的都是企业的行为。如图 5-2 所示，在产能治理的现实政策中，我们通常可以看到诸如“提高某产业比重”、“降低某产业比重”等调整产业间结构的语言，实际上这些政策的背后意味着更多的企业要对进入市场和退出市场做出决策和权衡，当政策意在提高某产业比重时，这些产业会吸引更多的企业进入市场，不管这种进入意愿是否由激励政策导致，最终表现出的行为便是市场进入。对于产业内调整的宏观措施，逻辑上也并无二致。促进产业转型意味着企业要优化要素投入结构才能实现，优化产业升级需要企业进行大规模研发（R&D）投入，提升规模经济效率意味着企业之间将进行较大规模重组，而直接对产出进行配额限制将直接影响到企业产出决策。

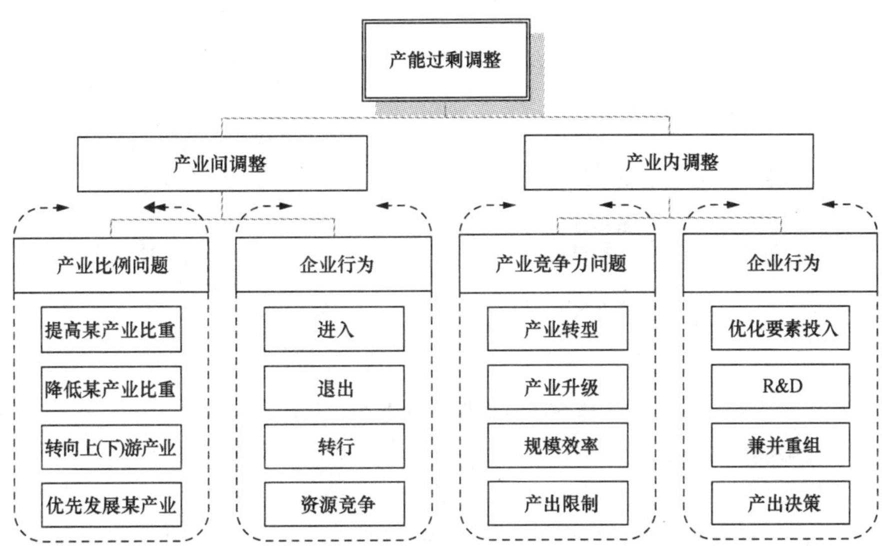

图 5-2　宏观政策最终影响微观企业决策的逻辑推断

资料来源：作者绘制。

给我们的启示是：产业过剩调整的是企业行为，需要宏观目标和企业决策的一致性。产能过剩政策看起来再“天花乱坠”，如果与企业的利润发生冲突，也非常难以执行下去。既然产能决策从根本上来说是企业行为，那么是否就说明治理产能过剩政府不应该干涉企业的任何行为？当然不是，在市场经济中，企业是面临各种约束条件下的最优选择。

如图 5 - 3 所示，从经济政策向企业生产决策的传导机理和路径上，我们可以看到生产决策与经济发展政策、政府管制政策和产业调整政策密不可分。以经济建设为中心时代的经济发展政策，在我国体制下变为地方政府之间竞争性发展政策，地方政府对当地企业又通过各种形式进行干预，如优惠土地、税收等方式。政府管制政策在于改变了企业的内外部生产条件，如环保要求、劳工保障要求、健康安全要求等，这些内外部要求会直接影响企业的生产决策。产业调整政策对涉及的产业内企业影响更为直接，尤其是产业竞争政策，直接改变了企业之间的竞争行为，进而影响企业生产决策。

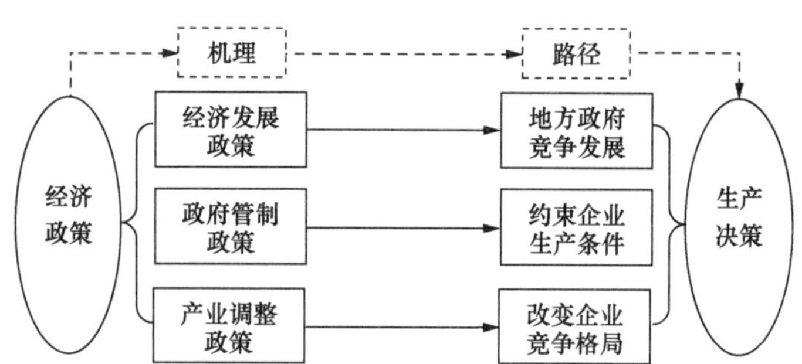

图 5 - 3　经济政策向生产决策的传导机理与路径

资料来源：作者绘制。

综上所述，可以基本判断，产能决策是由企业做出的，但宏观调控必定影响产能决策，产能过剩可能就源于企业行为的激励扭曲。

第三节　我国产能过剩根源：企业激励扭曲

阻碍市场资源配置功能的政府干预，尤其是旨在促进特定产业发展的产业政策，可能是产能过剩出现的重要原因，其作用机制是其扭曲了企业的投资和退出决策，使得企业受到不合意的激励。微观企业行为扭曲的根源有两个方面：一是政府干预方向有偏；二是产业政策执行偏差。

第一，政府干预方向有偏，扭曲企业行为。干预市场配置资源功能的政策会扭曲企业投资决策，在以国有经济为主导的社会主义市场经济体制下，企业的投资行为并不完全以利润为导向，因而在已过剩的领域还可能继续追加投资。地方竞争性引资给出的政策性优惠，扭曲了要素市场价格，使得原本无利可图的投资在低要素成本情形下变得有利可图，支撑了产能过剩行业的利润水平，对企业的过度进入行为提供了一种正向激励。倘若企业能够顺利退出市场，产能过剩问题也不会那么严重。但企业退出市场还带来一些社会问题，如大规模失业带来的社会不稳定等隐患，因此企业退出经营通常受到政府干预和阻挠，中央政府、地方政府对国有企业和地方支柱企业的退市干预一直存在，这些企业通常面临更高的退出壁垒。事实上，完善的产权交易市场可以为拟退出企业提供产权交易场所，相关资产可转让给更有效率的经营者，从而缓解产能过剩问题。但产权交易市场缺失，产能过剩问题难以通过市场交易解决。

第二，产业政策执行偏差，扭曲企业行为。自第二次世界大战后日本因成功的产业政策迅速崛起，产业政策便成了东亚国家普遍效仿的一种制度安排。诚然，产业政策在发展和完善我国产业体系方面功不可没，但也成为“中国式”产能过剩的重要诱因。产业政策执行偏差扭曲了企业的进入行为。一方面，产业政策提供的“政策性优惠预期”导致企业潜在过度进入；另一方面，政策性实际补贴激励，导致企业现实过度进入。产业政策执行偏差也扭曲了企业的退出行为：面对产能过剩，产业政策给出的解决方案通常可以归结为“关停并转”[①] 四个字，无论企业关闭、停办、合并还是转产，在市场经济下都应当是企业在面临现实约束下的自发行为。采用“落后产能”列表制度，在一定程度上扭曲企业努力方向：企业可能与管制者合谋，以使本企业不被列入淘汰名单，最终可能既不公平也没效率，反而保护弱者，不能真正有效地解决产能过剩问题。产业政策的功效在于提供企业兼并与合作的制度环境，而不是代替市场去选择哪些企业应当退出市场。

具体来说，微观企业受到的主要激励扭曲来自以下四个方面。

一 政府干预对企业投资决策的激励扭曲

政府制定的干预市场配置资源功能的政策可能会扭曲企业的投资决策，在以国有经济为主导的社会主义市场经济体制下，国有企业预算软约束进一步恶化了已经扭曲的投资安排，突出表现在以下几方面。

第一，审批机制与寻租行为导致的过度投资。审批机制是政府用来干预自由市场的一个重要工具，属于市场进入壁垒的一种，理论上来说可以从总量上控制企业的市场进入行为。因此，如果政府能够知晓市场合理规模且审批得当，不应出现产能过剩。但政府规划远不如市场精准，因项目审批机制的存在形成的较高市场进入壁垒，会激励市场上的在位企业实施垄断或合谋行为，从而获得垄断经济利润。这时，在完全市场竞争下原本不会进行投资的企业也会因市场进入壁垒保护下的垄断超额利润而考虑进入市场。因此，审批机制等类似的行政性进入壁垒错误地激励了企业的投资行为，高进入壁垒可能保护了低效率企业。审批权力带来的寻租行为更是对市场竞争机制的一种破坏，也是企业过度投资的诱因，不存在寻租行为下，行政性的审批执行可能更严谨，寻租行为的存在使得监管当局对企业进入的审批更加宽松，也会导致企业的过度进入。

---

① “关停并转”是中国优化工业结构、整顿企业的措施，是企业“关闭、停办、合并、转产”的简称。

第二，以地方政府融资平台为代表的政府干预，对企业形成过度投资激励。地方融资平台是政府实现产业调整、解决经济发展难题、推动经济可持续发展的重要举措。在产业政策的指导下，与政府紧密相连的地方融资平台会鼓励当地企业竞相投资符合产业政策要求的产业。由于地方融资平台的重要特征是其部分兼顾了政府绩效提升的职能，那些原本在私营企业决策中不会出现的投资也因能够给政府官员绩效增添色彩而不断出现，而企业投资者通常会认为即便经营不善，地方政府也会成为最终的救市者，这就造成企业经营过程中的道德风险上升，这也是对市场机制的一种扭曲。

第三，非普惠性的政府补贴错误激励了企业的投资决策，也带来了道德风险问题。一是政府补贴下的要素市场价格扭曲对企业投资决策的影响。要素价格是企业投资决策的重要参考标准，市场经济体制下的要素价格能够正确地反映要素的稀缺水平。在政府补贴后的扭曲要素价格下，企业的成本结构和供给曲线也被扭曲，原本无利可图的投资也可能因补贴的存在而出现。二是政府补贴带来的企业套利与骗补行为，使得企业过度进入。政府为了吸引企业到地方投资而竞相对企业进行补贴，地方政府的竞争性引资导致平均的补贴水平升高，有的补贴额度已经非常可观。企业因此存在套取政府补贴的动机，事实上，有不少企业在新开工厂、拿到补贴后，没有继续进行生产活动，形成大量的过剩产能。

二　政府干预对企业退出决策的激励扭曲

政府干预市场配置资源功能的政策也可能会扭曲企业的退出决策，从而加剧产能过剩问题。在市场竞争中处于不利位置的企业，若能从市场中快速退出，产能过剩问题也可以得到缓解。但事实上，部分行业的高退出壁垒使得企业无法退出，只能继续在市场上进行低效率的竞争，而高退出壁垒的存在也与政府的干预相关。更为突出的是，产能过剩问题因国有企业退出市场的艰难而恶化。

第一，政府干预形成的高退出壁垒带来的企业退出障碍，恶化了产能过剩问题。资产专用性①是高退出壁垒的一种形式，《关于抑制部分行业产能过剩和重复建设引导产业健康发展的若干意见》（国发〔2009〕38号）指出的六大产能过剩行业②，其共同特征是固定资产投资较大、资产专用性较强。企业经营出现问题后，其资产难以被用于其他行业，对这些行业来说，退出壁垒较高，是产能过剩形成的经济学属性。但在资本市场不完全的背景下，通过证券流通方式退出市场的渠道受阻，而地方政府为了追求经济增长、保证就业和税收，阻碍企业的退出行为，甚至再次进行补贴，从而形成一个“产能过剩—无法退出市场—政府补贴—产能过剩加剧”的恶性循环。

第二，国有企业退出市场受到严格的政府干预，产权交易市场的缺失加剧了产能过剩问题。在产能过剩的许多行业中，国有企业均占据了较大份额，与私营企业不同，国有企业的退出不仅受到严格的政府管制，也面临着利益群体的博弈。于是，经营困难的国有企业通常会得到政策性补贴，国有企业得以继续在市场上留存。我国产权交易市场的缺失是企业退出市场的另一个障碍，完善的产权交易市场，可以使拟退出企业进行产权交易，从而退出市场或转让给更有效率的经营者。同时，国有企业的属性决定了其肩负更多社会责任，在国有企业退出过程中面临着更高的退出壁垒。

三　产业政策对企业投资决策的激励扭曲

产业政策在扶持弱质产业、优化产业布局、促进产业升级中的作用功不可没，也是近年来我国工业体系快速发展的重要推动力量。但产能过剩也可能是产业政策实施不当的附属品。在产业政策的执行过程中，产业政策可以通过扭曲企业的“政策性优惠”预期及企业投资决策行为使整个产业形成过剩的生产能力。

产业政策的“政策性优惠”预期导致企业潜在的过度进入。在新兴产业刚刚发展的时候，政府通常会制定产业政策来扶持新兴产业发

① 资产专用性是指用于特定用途后被锁定很难再移作他用性质的资产，若改作他用则价值会降低，甚至可能变成毫无价值的资产。

② 六大产能过剩行业分别是钢铁、水泥、平板玻璃、煤化工、多晶硅和风电设备。

展。先验证据表明，近年来政府鼓励发展的产业通常会有政策性的优惠，因此，理性的企业在进行投资决策时往往会偏向于产业政策鼓励的投资方向。但较之市场本身，政府对产业市场容量大小的判断可能更逊一筹，在产业政策制定的初期，通常没有关于产业总体市场容量大小的限制，从而有产业政策鼓励发展的产业容易出现产能过剩的现象。这种现象的背后是企业对产业政策形成的“政策性优惠”预期，只要企业在产业政策鼓励的产业目录中投资，就很有可能享受各种优惠政策。若企业不存在这种预期，在投资该产业时企业家可能会更加谨慎。

产业政策性激励引致企业现实的过度进入。在产业政策执行的过程中，对鼓励发展的产业，政府通常在土地、财政、税收、金融等方面给予实际的、与产业政策相联系的补贴。一方面，由于企业的成本会被补贴抵消，进行投资的企业数目会增多；另一方面，企业的投资额度会高于没有补贴下的企业投资额度，由此造成现实的过度市场进入。

产业政策框架下政府参与的竞争性招商引资也是产能过剩出现的一个重要成因。在产业政策的引导下，各地政府大力宣传，竞争性地招商引资，造成同一产业的投资出现趋同化。地方政府为了发展经济，会鼓励更多企业投资而形成相应的产业集群带动相关产业的发展。但产业政策本身并没有对政府间的竞争性招商引资行为进行协调，即便有监管部门对政府间的竞争性行为进行协调也未必有效。事实上，由哪些地区来发展一些特定的产业只有市场能够衡量。政府驱动的投资模式可能加剧了产能过剩问题。

产业政策对最小生产规模的限定通常是低效率的。在产能过剩的条件下企业仍然继续扩张的主要原因除了市场需求的持续增加激励企业不断扩大规模之外，产业政策对企业最小生产规模的限定起了反向激励作用，使企业规模不断扩张，从而使产能过剩不断加大（何记东、史忠良，2012）。

四 产业政策对企业退出决策的激励扭曲

产业政策还可以通过扭曲企业的退出决策使整个产业形成过剩的

生产能力，主要原因在于：以行政指令为主要内容的产业政策关于企业退出的部分措施可能是反效率的经济行为。

不当的产业政策可能是产能过剩问题反复在特定行业出现的重要原因。关于产能过剩产业中的企业退出，产业政策给出的解决措施通常被归纳为“关停并转”。市场机制下“关停并转”也会自发地出现，产业政策中的“关停并转”是否符合市场机制下的效率原则值得探讨。现有产业政策中关于落后产能的界定可能并不符合经济学逻辑，在一些规模经济性较强的产业，兼并重组确实符合效率原则，问题在于谁兼并谁。现行产业政策的一般逻辑是产能小就是落后，产能大就存在规模经济性。事实上，在中国一些过剩产业中已经出现了规模不经济情形，在这种情况下，兼并实际上是反效率的，反效率兼并不但不能缓解产能过剩问题，可能使产能过剩问题更加严重。在对企业或项目实行关闭时，并没有对企业的创新能力和市场潜力进行评估，且在具体执行过程中，政府代替市场界定了具体企业的落后产能甚至是落后项目，短期内产能过剩问题可能会得到缓解，但长期内产能过剩问题依然会反复出现。

产业政策中关于企业退出形式的不恰当规定和引导也是产能过剩的一个重要成因，尤其是衰退企业的国有化。对生存艰难企业的国有化收购也可能为下一轮产能过剩埋下伏笔。在产能过剩的语境下，生存艰难的大企业退出通常会引发政府的担忧，许多政府参与救市时采取了越俎代庖的国有化措施，新兴产业中的光伏产业就是一个鲜活的例子。[①] 如前所述，政府介入的国有化企业退出是一个更大的难题，国有企业运营亏损由政府补贴扭曲了企业的退出决策，只要一息尚存，国有企业就没有动力退出市场。因此，国有化救市可能是下一轮产能过剩的成因。

---

① 2012 年 10 月 19 日，江西赛维将 19.9% 的股份出售给国资背景企业恒瑞新能源，此后内部董事迎来“大换血”，四名新成员进入董事会，其中三人带有国资背景。另据《纽约时报》报道，2013 年 3 月，作为全世界最大的太阳能电池面板制造商之一，中国尚德电力已经接近耗尽所有现金，将会部分甚至全部由总部所在地无锡的市政府旗下控股公司接管。从这两个案例可以预见，未来光伏产业的竞争可能转变为国有企业间的竞争。

第六章　化解产能过剩思路与对策

中国传统及部分新兴制造业领域的产能过剩①问题已经成为当前和未来中国经济发展的顽疾。大规模、持续性的产能过剩，深刻地影响了中国制造业企业在国内市场和国外市场的竞争方式：在国内市场上，产能严重过剩导致大量同质、低附加值产品开展激烈的价格竞争，产业升级阻力与困难重重；在国外市场上，过剩产能竞争更加激烈，而恶性价格竞争带来大量的反倾销投诉，中国已经连续20多年成为全球遭受反倾销调查最多的国家。从长远来看，过剩产能的治理关乎中国制造业的发展命运、关乎中国经济成功转型的实现及经济发展持续增长新动力的培育。但在中国语境下，产能绝非单纯的经济概念，产能的背后还有就业、税收以及隐含在其后的社会治理②问题，快速的产能调整必然带来大规模失业、地方政府财政收入锐减，由此带来的社会稳定又是政府部门的极大顾虑。因而，产能过剩的治理处在中国经济改革关键的“十字路口”。

第一节　产能过剩治理政策回顾与要点梳理

我国自20世纪90年代后期就基本上由生产不足转入生产过剩状

① 产能过剩与产能闲置是两个不同的概念，详见本书第三章的分析。这里未对哪种程度的产能利用率是产能过剩作严格的数量界定，为方便讨论，此处重点讨论制造业的产能过剩形成机制及其治理问题，这些领域的产能利用率通常长期低于80%的水平。

② 在我国的市场经济体制下，企业组织（尤其是国有企业）承担着许多经济职能之外的社会责任，如人员安置、社会稳定等特殊职能。

态，当时的生产过剩主要体现在家电、纺织等行业。进入21世纪初，随着消费结构不断升级和工业化、城镇化进程加快，带动了钢铁、水泥、电解铝、汽车等行业的快速增长。但由于经济增长方式粗放，体制机制不完善，这些行业在快速发展中出现了盲目投资、低水平扩张等问题。早在2004年，国家就采取了一系列宏观调控措施，初步遏制了部分行业盲目扩张的势头，投资增幅回落，企业兼并重组、关闭破产、淘汰落后生产能力等取得了一定成效。近十年来，仅由国务院发布的产能过剩治理文件就已经非常多了，而且文件发布比较密集，总体沿着“关停并转”的思路，按照“消化一批、转移一批、整合一批、淘汰一批”过剩产能的原则，建立健全防范和化解过剩产能长效机制。

现对过去十年间由国务院及主要部门给产能过剩开出的“药方”进行回顾，借此来窥视我国产能过剩治理思路调整的脉络。

一 以行业结构调整优化产能分布

2006年3月12日，国务院发布《国务院关于加快推进产能过剩行业结构调整的通知》（国发〔2006〕11号），提出了当前产能过剩的紧迫状态：“从总体上看，过度投资导致部分行业产能过剩的问题仍然没有得到根本解决。钢铁、电解铝、电石、铁合金、焦炭、汽车等行业产能已经出现明显过剩；水泥、煤炭、电力、纺织等行业目前虽然产需基本平衡，但在建规模很大，也具有潜在的产能过剩问题。在这种情况下，一些地方和企业仍在这些领域继续上新的项目，生产能力大于需求的矛盾将进一步加剧。”① 并同时提出了产能过剩行业的外在经济表现，“部分行业产能过剩的不良后果已经显现，产品价格下跌，库存上升，企业利润增幅下降，亏损增加”。

该文件在治理产能过剩的原则和政策上的主要特征表现在以下几个方面：第一，对于增量产能严格控制。比如文件提到原则上不批准建设新的钢厂，即便是对个别结合搬迁、淘汰落后生产能力的钢厂项

① 详见《国务院关于加快推进产能过剩行业结构调整的通知》（国发〔2006〕11号）。

目，也要从严审批。这样一来，新增产能几乎没有新的市场空间。第二，对落后产能进行淘汰，但到底什么是落后产能，则由政府来界定。文件中提出，“逐步淘汰立窑等落后的水泥生产能力；关闭淘汰敞开式和生产能力低于1万吨的小电石炉；尽快淘汰5000千伏安以下铁合金矿热炉（特种铁合金除外）、100立方米以下铁合金高炉；淘汰300立方米以下炼铁高炉和20吨以下炼钢转炉、电炉；彻底淘汰土焦和改良焦设施；逐步关停小油机和5万千瓦及以下凝汽式燃煤小机组”。可以看出，管制机构对哪些产能属于落后产能有清晰的、量化的界定，这种界定不是基于企业的运营和管理成本，而是基于行业的技术水平进行的推算和估计。第三，效率提高措施主要靠兼并重组完成，而兼并重组主要从两个方向开展：跨地区、跨行业，主要目标是做“大”以实现规模经济，如文件提出“推动优势大型钢铁企业与区域内其他钢铁企业的联合重组，形成若干年产3000万吨以上的钢铁企业集团”。第四，配套措施相对广泛、严格，主要的政策工具选择了土地、信贷、环保等基于产业政策的决策变量，严格依据国家宏观调控和产业政策的要求，优化信贷①和土地供应结构。由此，一旦行业被界定为产能过剩行业，这些行业的土地使用成本、资本使用成本都会相应提高。

二　以抑制重复建设治理低效产能

2009年国家发展与改革委员会等部门制定了《关于抑制部分行业产能过剩和重复建设引导产业健康发展的若干意见》，9月26日由国务院批转印发。这一时期，不仅钢铁、水泥等产能过剩的传统产业仍在盲目扩张，风电设备、多晶硅等新兴产业也出现了重复建设倾向。文件详细分析了钢铁、水泥、平板玻璃、煤化工、多晶硅和风电设备六个行业的运行趋势，总体认为这六个重点行业处于“明显”过剩的状态，亟须合理引导。同时指出，电解铝、造船、大豆压榨等行业产能过剩矛盾也十分突出。但这时我国又遇到了世界金融危机的冲

---

① 对过剩行业的信贷控制，并非针对行业实行差别信贷政策，后期甚至具体到了企业和项目，而提高落后产能企业和项目的土地使用成本则由国土资源部承担。

击，在这种背景下治理产能过剩面临艰难的两难选择：保增长和调结构存在潜在冲突。但过剩产能如若不治理，市场恶性竞争难以避免，经济效益难以提高，并将导致企业倒闭或开工不足、人员下岗失业、银行不良资产大量增加等一系列问题，不仅严重影响国家扩大内需“一揽子”计划的实施效果和来之不易的企稳向好的形势，而且将错失利用国际金融危机形成的市场形势推动结构调整的历史机遇。

与三年前的产能过剩调控文件相比，该文件呈现出以下几方面特征：第一，增量与存量同时治理，严控增量、优化存量。同时根据不同的产业采用分类指导和有保有压相结合的原则，文件提出“不再核准和支持单纯新建、扩建产能的钢铁项目”，“对钢铁、水泥等高耗能、高污染产业，要坚决控制总量、抑制产能过剩；鼓励发展高技术、高附加值、低消耗、低排放的新工艺和新产品，延长产业链，形成新的增长点。对多晶硅、风电设备等新兴产业，要集中有效资源，支持企业提高关键环节和关键部件自主创新能力，积极开展产业化示范，防止投资过热和重复建设，引导有序发展”。第二，落后产能的确定标准更加细致，各行业均给出了落后产能的具体指标①（如表6－1所示）。我们可以观测到，这些落后（先进）产能的界定标准，有的是从环保角度出发的、能够影响所有企业的标准，有的是从技术角度出发的、对大企业影响较小而对小企业影响更大的标准。第三，该文件从需求侧提出了解决思路，针对多晶硅行业提出“研究扩大光伏市场国内消费的政策，支持用国内多晶硅原料生产的太阳能电池以满足国内需求为主，兼顾国际市场”。应当说，这个文件开启了官方从扩大需求的角度来化解产能过剩的思路。第四，综合配套治理过剩产能的措施更加广泛，不仅从用地和信贷方面进行调控，还从环保、安全、审批等各方面加强管制，同时针对违规项目屡禁不止现象②，提出了问责制度，“对违反国家土地、环保法律法规和信贷政

① 详见《国务院批转发展改革委等部门关于抑制部分行业产能过剩和重复建设引导产业健康发展若干意见的通知》（国发〔2009〕38 号）。

② 仅钢铁行业而言，2009 年上半年全行业完成投资 1405.5 亿元，在建项目粗钢产能 5800 万吨，多数为违规建设。

策、产业政策规定，工作严重失职或失误造成重大损失或恶劣影响的行为要进行问责，严肃处理”。至此，治理产能过剩不仅是经济任务，还涉及官员个人政治前途，中央政府治理产能过剩决心之大可见一斑。

表6－1 不同行业落后（先进）产能的界定标准

产能过剩行业	落后（先进）产能标准
钢铁行业	坚决淘汰400立方米及以下高炉、30吨及以下转炉和电炉，碳钢企业吨钢综合能耗应低于620千克标准煤，吨钢耗用新水量低于5吨，吨钢烟粉尘排放量低于1.0千克，吨钢二氧化硫排放量低于1.8千克
水泥行业	新项目水泥熟料烧成热耗要低于105公斤标准煤/吨熟料，水泥综合电耗小于90千瓦时/吨水泥；石灰石储量服务年限必须满足30年以上；废气粉尘排放浓度小于50毫克/标准立方米
平板玻璃	新项目能源消耗应低于16.5公斤标准煤/重箱；硅质原料的选矿回收率要达到80%以上，二氧化硫排放低于500毫克/标准立方米、氮氧化物排放低于700毫克/标准立方米、颗粒物排放浓度低于50毫克/标准立方米
多晶硅	新建多晶硅项目规模必须大于3000吨/年，占地面积小于6公顷/千吨多晶硅，太阳能级多晶硅还原电耗小于60千瓦时/千克，还原尾气中四氯化硅、氯化氢、氢气回收利用率不低于98.5%、99%、99%。到2011年前，淘汰综合电耗大于200千瓦时/千克的多晶硅产能
风电设备	重点支持自主研发2.5兆瓦及以上风电整机和轴承、控制系统等关键零部件及产业化示范
电解铝	重点骨干电解铝厂吨铝直流电耗要下降到12500千瓦时以下，吨铝外排氟化物量大幅减少

资料来源：作者根据《国务院批转发展改革委等部门关于抑制部分行业产能过剩和重复建设引导产业健康发展若干意见的通知》（国发〔2009〕38号）整理。

三 以落后产能淘汰提升产能质量

产能过剩的淘汰，必然首先淘汰落后产能。为此，2010年国务院进一步细化文件，专门就落后产能淘汰工作进行了部署，下发了《国务院关于进一步加强淘汰落后产能工作的通知》（国发〔2010〕7

号）。该文件出台的背景主要是基于“长期积累的结构性矛盾比较突出，落后产能退出的政策措施不够完善，激励和约束作用不够强，部分地区对淘汰落后产能工作认识存在偏差、责任不够落实，当前我国一些行业落后产能比重大的问题仍然比较严重”等现状。由于是专门针对落后产能淘汰的政策文件，文件中对具体的淘汰任务进行了详细的界定，同时限定了此次淘汰落后产能的重点行业为电力、煤炭、钢铁、水泥、有色金属、焦炭、造纸、制革、印染等。

该文件同前述所有文件相比，是一份相对细化的文件，在这份文件中我们发现了一些政府在化解产能过剩政策上的积极变化，其主要特点如下：

第一，新增产能有了进入市场和现有产能进行竞争的可能性。文件指出，“对产能过剩行业坚持新增产能与淘汰产能‘等量置换’或‘减量置换’的原则”。在这之前，无论新增产能的环保措施多么有效率、无论新增产能的能源使用多么有效率，均没有正常渠道进入已经被政府认定为“过剩”的市场。而现在新增产能至少可以通过置换①的方式进入市场进行竞争，我们认为这是一个积极的政策转向，治理产能过剩已经开始逐步从以行政命令为主向市场调节为主的路径上进行转换。

第二，纵横联合，实施严格的目标任务制度。这个目标任务体系一方面对重点行业限定时间、限定任务进行落后产能淘汰（如表6－2所示）。横向上，要求工业和信息化部协商有关部门提出分行业的淘汰落后产能年度目标任务和实施方案。纵向上，要求各省、自治区、直辖市人民政府根据工业和信息化部、能源局下达的淘汰落后产能目标任务制订实施方案，将目标任务分解到市、县，落实到具体企业，及时将计划淘汰落后产能企业名单报工业和信息化部、能源局。另一方面还确定了一个部际协调小组来统筹协调淘汰落后产能工作，这个协调小组由工业和信息化部牵头，发展改革委、监察部、财政部、人力资源社会保障部、国土资源部、环境保护部、农业部、商务

① 不过关于产能置换的一些实施细则，2014年才有了具体办法。详见《关于做好部分产能严重过剩行业产能置换工作的通知》（工信部产业〔2014〕296号）。

部、人民银行、国资委、税务总局、工商总局、质检总局、安全监管总局、银监会、电监会、能源局等部门参加，并对每个负责单位的具体工作任务进行了分解（见附录1）。

第三，处罚力度空前加强。文件指出：“对未按期完成淘汰落后产能任务的地区，严格控制国家安排的投资项目，实行项目‘区域限批’，暂停对该地区项目的环评、核准和审批。对未按规定期限淘汰落后产能的企业吊销排污许可证，银行业金融机构不得提供任何形式的新增授信支持，投资管理部门不予审批和核准新的投资项目，国土资源管理部门不予批准新增用地，相关管理部门不予办理生产许可，已颁发生产许可证、安全生产许可证的要依法撤回。对未按规定淘汰落后产能、被地方政府责令关闭或撤销的企业，限期办理工商注销登记，或者依法吊销工商营业执照。必要时，政府相关部门可要求电力供应企业依法对落后产能企业停止供电。”

表6－2　重点行业落后产能淘汰时限及具体任务目标

行业名称	时间限定	淘汰具体目标
电力	2010年年底前	淘汰小火电机组5000万千瓦以上
煤炭	2010年年底前	关闭不具备安全生产条件、不符合产业政策、浪费资源、污染环境的小煤矿8000处，淘汰产能2亿吨
焦炭	2010年年底前	淘汰炭化室高度4.3米以下的小机焦（3.2米及以上捣固焦炉除外）
铁合金	2010年年底前	淘汰6300千伏安以下矿热炉
电石	2010年年底前	淘汰6300千伏安以下矿热炉
钢铁	2011年年底前	淘汰400立方米及以下炼铁高炉，淘汰30吨及以下炼钢转炉、电炉
有色金属	2011年年底前	淘汰100千安及以下电解铝小预焙槽；淘汰密闭鼓风炉、电炉、反射炉炼铜工艺及设备；淘汰采用烧结锅、烧结盘、简易高炉等落后方式炼铅工艺及设备，淘汰未配套建设制酸及尾气吸收系统的烧结机炼铅工艺；淘汰采用马弗炉、马槽炉、横罐、小竖罐（单日单罐产量8吨以下）等进行焙烧、采用简易冷凝设施进行收尘等落后方式炼锌或生产氧化锌制品的生产工艺及设备

续表

行业名称	时间限定	淘汰具体目标
水泥	2012 年年底前	淘汰窑径 3.0 米以下水泥机械化立窑生产线、窑径 2.5 米以下水泥干法中空窑（生产高铝水泥的除外）、水泥湿法窑生产线（主要用于处理污泥、电石渣等的除外）、直径 3.0 米以下的水泥磨机（生产特种水泥的除外）以及水泥土（蛋）窑、普通立窑等落后水泥产能
平板玻璃	2012 年年底前	淘汰平拉工艺平板玻璃生产线（含格法）等落后平板玻璃产能
轻工业	2011 年年底前	淘汰年产 3.4 万吨以下草浆生产装置、年产 1.7 万吨以下化学制浆生产线，淘汰以废纸为原料、年产 1 万吨以下的造纸生产线；淘汰落后酒精生产工艺及年产 3 万吨以下的酒精生产企业（废糖蜜制酒精除外）；淘汰年产 3 万吨以下味精生产装置；淘汰环保不达标的柠檬酸生产装置；淘汰年加工 3 万标张以下的制革生产线
纺织行业	2011 年年底前	淘汰 74 型染整生产线、使用年限超过 15 年的前处理设备、浴比大于 1∶10 的间歇式染色设备，淘汰落后型号的印花机、热熔染色机、热风布铗拉幅机、定形机，淘汰高能耗、高水耗的落后生产工艺设备；淘汰 R531 型酸性老式粘胶纺丝机、年产 2 万吨以下粘胶生产线、湿法及 DMF 溶剂法氨纶生产工艺、DMF 溶剂法腈纶生产工艺、涤纶长丝锭轴长 900 毫米以下的半自动卷绕设备、间歇法聚酯设备等落后化纤产能

资料来源：《国务院关于进一步加强淘汰落后产能工作的通知》（国发〔2010〕7 号）。

四　以产能严重过剩行业试点突破

在我国的产能过剩治理政策文件话语体系中，官方首次将行业定义为“严重过剩”状态，出现在 2013 年 5 月 10 日由国家发展和改革委员会以及工业和信息化部《关于坚决遏制产能严重过剩行业盲目扩展的通知》（发改产业〔2013〕892 号）的联合发文中。而被定义为产能严重过剩的行业，主要是钢铁、水泥、电解铝、平板玻璃、船舶等行业。对这些严重过剩的行业，治理措施可谓重拳出击：严禁核准产能严重过剩行业新增产能项目，不得以任何名义核准、备案产能严重过剩行业新增产能项目，国土、环保等部门不得办理土地供应、环评审批等相关业务，金融机构不得提供任何形式的新增授信支持。同时，对违规在建项目坚决停止建设。

恰恰在此时，这些产能严重过剩行业仍有一批在建、拟建项目，产能过剩呈加剧之势。由此，2013 年 10 月 6 日，国务院又发布《国务院关于化解产能严重过剩矛盾的指导意见》（国发〔2013〕41 号）。与之前诸多政策文件不同，该文件系统地讨论了我国出现产能严重过剩的原因，认为我国出现产能严重过剩主要受发展阶段、发展理念和体制机制等多种因素的影响。主要源于企业对市场需求盲目乐观、不合理的产业发展格局导致重复建设、地方片面追求发展以低价要素助推产能扩张、生产要素价格扭曲、落后产能退出渠道不畅等原因。此次淘汰落后产能的任务非常明确，就是针对这几个产能严重过剩的行业，确定了淘汰目标：2015 年年底前再淘汰炼铁 1500 万吨、炼钢 1500 万吨、水泥（熟料及粉磨能力）1 亿吨、平板玻璃 2000 万重量箱。

但从治理的思路上，我们观察到官方政策正在进行全方位的转型，主要表现在：第一，由内部市场转向外部市场，寻求产能利用的广阔空间。内需仍至关重要，文件提出要“挖掘国内市场潜力，消化部分过剩产能。推广钢结构在建设领域的应用，提高公共建筑和政府投资建设领域钢结构使用比例，在地震等自然灾害高发地区推广轻钢结构集成房屋等抗震型建筑；推动建材下乡，稳步扩大钢材、水泥、铝型材、平板玻璃等市场需求。优化航运运力结构，加快淘汰更新老旧运输船舶”。但依靠外需来拉动产能严重过剩行业的消费，却是在官方文件中首次提出的，这也为两年后李克强总理推进国际产能合作的努力埋下了伏笔。[①] 外需来化解产能过剩，主要着力点有两个方面：一是依靠国际大市场进行“扩容”；二是主动出击，积极“走出去”

---

① 2015 年 4 月 3 日，中共中央政治局常委、国务院总理李克强主持召开中国装备“走出去”和推进国际产能合作座谈会并作重要讲话。

开展对外投资，优化制造产地分布，消化国内产能。2015 年 5 月 16 日，国务院又颁布《国务院关于推进国际产能和装备制造合作的指导意见》（国发〔2015〕30 号），提出了总任务：将与我国装备和产能契合度高、合作愿望强烈、合作条件和基础好的发展中国家作为重点国别，并积极开拓发达国家市场，以点带面，逐步扩展。将钢铁、有色、建材、铁路、电力、化工、轻纺、汽车、通信、工程机械、航空航天、船舶和海洋工程等作为重点行业，分类实施，有序推进。第二，积极采用市场方式探索和鼓励新增产能指标交易。[①] 鼓励各地积极探索政府引导、企业自愿、市场化运作的产能置换指标交易，形成淘汰落后与发展先进的良性互动机制。这是由行政命令向市场淘汰路径转换中的浓重一笔，是开启市场化解决产能过剩的“神来之笔”。

9 个月后，由工业和信息化部制定的产能指标交易细则出台。2014 年 7 月 11 日，工业和信息化部的《关于做好部分产能严重过剩行业产能置换工作的通知》（工信部产业〔2014〕296 号）正式发文，标志着由市场化解产能过剩有了现实的市场载体。文件明确说明，“实施产能等量或减量置换，是加快淘汰落后产能、化解产能过剩矛盾、促进产业升级和布局优化、改善环境质量的重要措施”。不过，由于是首次就产能置换方案进行细化，谨慎起见，文件对产能指标交易做了一些交易限定。随文下发的还有《部分产能严重过剩行业产能置换实施办法》[②]，其中，明确了交易载体——“工业和信息化部搭建全国产能置换指标供需信息平台，为产能置换提供信息服务。探索建立全国产能置换指标交易平台”；明确了交易形式——等量或减量置换[③]；明确了交易规则——政府引导、企业自愿、市场化运作；明确了主管机构——“产能置换指标交易由各省（区、市）工业和信息化主管部门进行组织协调，制定具体交易实施办法，报省级人民政府同意后执行”。从这点来看，产能指标交易市场不同于一般的市场交

① 虽然当前产能指标交易还存在很多限制，但这至少明确了一个方向，释放了一个由市场来化解产能过剩的信号。

② 有关产能置换具体实施细则，请见本书附录 2。

③ 在京津冀、长三角、珠三角等环境敏感区域，实施减量置换。

易，而是在限定范围、一定程度上限定区域约束下的交易。

五 以约束条件转换规范产能形成

前述几个文件关于产能过剩治理的基本思路，并没有真正触及产能形成的根源。我们看到了产能过剩出现，就沿用了数量型的调控方式对新增产能进行“围追堵截”、对过剩（落后）产能进行“坚决摒弃”，认为产能出现过剩的过错方就在企业自身，这一治理思路忽略了过剩产能形成的体制根源，尤其是地方政府间的竞争体制。

虽然《国务院关于化解产能严重过剩矛盾的指导意见》（国发〔2013〕41 号）提到了产能过剩的根源之一在于地方政府片面追求发展而以低价要素助推产能扩张，但并没有给出优化地方政府之间竞争的策略。地方政府仍可以利用税收优惠来吸引企业投资。2014 年 11 月 27 日，国务院颁布《国务院关于清理规范税收等优惠政策的通知》（国发〔2014〕62 号），这个文件虽然并没有专门针对过剩行业产能治理，但无疑对治理产能过剩尤其是抑制过剩产能的形成，具有重要的意义。

该文件的核心要义可以归结如下：

第一，重心在于用文件的形式规范了地方政府之间在招商引资过程中的税收优惠行为，从而规范市场秩序。近年来，为推动区域经济发展，一些地区和部门对特定企业及其投资者（或管理者）等，在税收、非税等收入和财政支出等方面实施了优惠政策（以下统称税收等优惠政策），一定程度上促进了投资增长和产业集聚，从而可能影响产能过剩的治理。

第二，规范税收管理权限。统一税收政策制定权限、按照文件规定，各地区一律不得自行制定税收优惠政策[①]；未经国务院批准，各部门起草其他法律、法规、规章、发展规划和区域政策都不得规定具体税收优惠政策。

第三，规范非税收入管理。严禁对企业违规减免或缓征行政事业

① 依据专门税收法律法规和《中华人民共和国民族区域自治法》规定的税政管理权限除外。

性收费和政府性基金、以优惠价格或零地价出让土地[①]；严禁低价转让国有资产、国有企业股权以及矿产等国有资源；严禁违反法律法规和国务院规定减免或缓征企业应当承担的社会保险缴费，未经国务院批准不得允许企业低于统一规定费率缴费。

第四，严格财政支出管理。对违法违规制定与企业及其投资者（或管理者）缴纳税收或非税收入挂钩的财政支出优惠政策[②]，包括先征后返、列收列支、财政奖励或补贴，以代缴或给予补贴等形式减免土地出让收入等，坚决予以取消。

这几方面的改革，都在致力于维护公平竞争环境、形成统一有序的市场。但随着经济增速回落，该文对优惠政策的专项清理在国务院发布的国发〔2015〕25号文中被暂停。[③] 这一政策的调整给了地方招商引资政策的调整缓冲期，但是从长远来看，取消不合理的优惠政策仍是大势所趋。

六　分类施策以帮助行业脱困发展

随着世界经济深度调整，外需仍疲弱不稳、内部结构性调整对传统产业发展带来不小压力。整个制造业面临金融危机后最艰难的处境，几大重点产能过剩行业更是雪上加霜。经济下行筑底周期内，过剩产能调整带来的失业压力更是无处释放。这时即便是企业利用市场来淘汰产能，社会成本也会因失业的增加和税收的减少而与成本分离，这时政府这只“有形之手”的作用亟待发挥。

为贯彻落实党中央、国务院关于推进结构性改革、抓好去产能任务的决策部署，《国务院关于钢铁行业化解过剩产能实现脱困发展的意见》（国发〔2016〕6号）和《国务院关于煤炭行业化解过剩产能实现脱困发展的意见》（国发〔2016〕7号）两个专门针对特定行业的文件适时而出。这两个意见出台，标志着钢铁和煤炭行业化解产能

---

① 根据课题组的调研，确实发现部分地方政府为吸引项目，低价甚至零地价出让土地，不仅助长了产能形成，也不利于公平竞争。

② 调研中发现，部分地方政府采取企业所得税“两免三减半”、“三免三减半”、“五免五减半”等多种方式吸引其他企业到本地投资。

③ 详见《国务院关于税收等优惠政策相关事项的通知》（国发〔2015〕25号）。

过剩的路径有章可循，预计接下来还将会有更多关于特定产能严重过剩行业的指导意见出台。

从总量来看，退出的产能主要为无效产能，对企业经营影响不大。从结构上来看，产能退出将以中小型企业为主。文件强调“严格执行环保、能耗、质量、安全、技术等法律法规和产业政策，达不到要求的钢铁产能要依法依规退出”，由于中小型企业在环保、能耗等多方面措施往往较差，或在本轮供给侧改革中首当其冲。从方式上来看，引导主动退出与加强奖补支持，有利于实现软着陆。一方面，有实力的大企业或采取兼并重组等方式主动退出产能；另一方面，设立工业企业结构调整专项奖补资金，按规定统筹对地方化解过剩产能中的人员分流安置给予奖补，引导地方综合运用兼并重组、债务重组和破产清算等方式，加快处置“僵尸企业”，实现市场出清。这可以帮助解决国有企业产能退出中面临的人员安置障碍。

可以观测到，这两个文件关于产能退出的标准选择，更多地采用了非行政化手段。环保、能耗、质量、安全和技术等成为产能退出的红线标准，产能数量分配的做法进一步弱化。除了上述社会性管制标准外，还采用了激励性而非强制性的政策选择：鼓励企业通过主动压减、兼并重组、转型转产、搬迁改造、国际产能合作等途径，退出部分产能。可以看出，这次的产能调整，更多地尊重了企业的自主决策。

去产能与产业升级多措并举，抓住了去产能的核心目的。去产能外在表现为产能数量的减少，背后的逻辑是优化企业之间的竞争关系，使得企业将更多资源转向产品研发和升级上，提高市场竞争力。这就要求去产能和产业升级要逻辑一致，不能为去产能而去产能。此次颁布的两个意见，都对行业升级提出了具体的指导意见：如钢铁行业的推进智能制造、提升品质品牌、研发高端品种、促进绿色发展、扩大市场消费等措施；煤炭行业通过化解过剩产能，促进企业优化组织结构、技术结构、产品结构，创新体制机制，提升综合竞争力，推动煤炭行业转型升级。

第二节 化解产能过剩历史政策解读与评述

中国工业领域的产能过剩并非“近忧”，20 世纪 80 年代中国告别短缺经济后，90 年代中期部分行业就已经出现产能过剩。[①] 20 多年间，产能过剩历经数次严厉的政策干预和宏观调控。仅习近平总书记就曾四次明确批示做好化解产能过剩工作。[②] 在 2010 年中央经济工作会议中，关于产能过剩，在主要任务第三项中涉及“严控投资产能过剩行业，防止新的低水平重复建设”；据潘云良（2014），2011 年中央经济工作会议中，在主要任务第三项中提到“要严格产业政策导向，进一步淘汰落后产能，促进兼并重组，推动产业布局合理化”；2012 年中央经济工作会议则首次提到“经济增长下行压力和产能相对过剩矛盾有所加剧”，并在主要任务第三点强调，要利用国际金融危机形成的倒逼机制，把化解产能过剩矛盾作为工作重点，总的原则是尊重规律、分业施策、多管齐下、标本兼治。要加强对各个产能过剩行业发展趋势的预测，制定有针对性的调整和化解方案。产能过剩影响之广、治理之难、关注之高可见一斑。中国治理产能过剩的努力已经持续了 20 多年却收效甚微。[③] 多年来产能过剩治理也陷入“过剩—调控—再过剩”的怪圈，产能过剩不但没有缓解反而范围越来越广、程度越来越严重。

种种迹象表明，当前中国制造业领域的产能过剩问题仍没有得到有效缓解。总量上看，世界上 500 多种主要工业品生产中，中国有

① 20 世纪 90 年代，我国的家电、纺织行业就已经出现过剩。细心的读者可能会留意到，中国的家电行业去产能过程并非由政府主导的，市场化解产能取得了较好的效果。

② 在我国，被总书记批示是非常重要的政策信号和施政导向，表明中央政府治理社会和经济问题的决心，通常按照这一批示的一些辅助性措施会通过各级政府逐级传递下去，最终影响经济决策。国家最高领导人对同一经济问题多次批示也并不多见。在中央财经领导小组第 19 次会议上，习近平总书记提出 4 个“歼灭战”，其中就包括产能过剩。

③ 钢铁、电解铝、水泥三个行业自 2003 年就被国家列为产能过剩行业而严格控制准入，直到现在，这三个行业依然是产能过剩行业的典型。

220多种工业品世界产量第一，而多数排名第一产量的工业品附加值都比较低；从结构来看，低端产能严重过剩而高端产能又严重不足。以钢铁为例，中国钢铁产量占世界近50%，位居世界第一，但同时也是高端钢材进口大国，而且进出口差价巨大；从价格表现上来看，中国的生产者价格指数PPI已经连续55个月下跌①，其中，产能过剩是非常重要的一个原因。中国的产能过剩治理已经刻不容缓！

一　配额控制中的产能过剩

中国的产能过剩原因非常复杂，许多学者从经济结构失衡、自由市场失灵和政府体制失灵等角度论述了中国的产能过剩成因，至今也未形成一致结论。毫无疑问，近20年来中国对过剩行业的控制是非常严格的，如此严格的政策却没有显著改善这些行业的过剩状态——“严师无高徒”。现在重新反思这些调控政策，或许能发现产能过剩形成的现实逻辑。

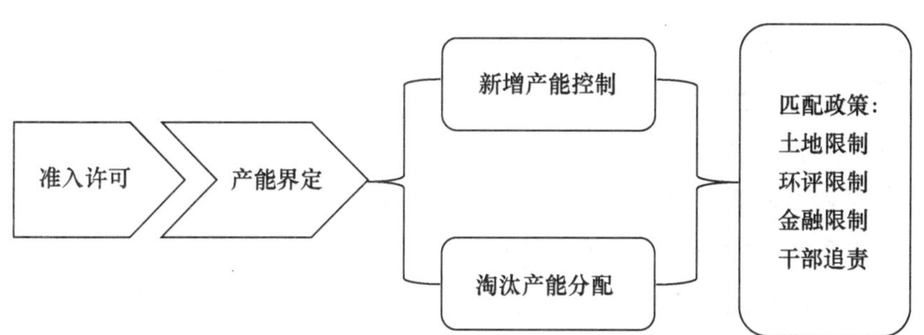

图6-1　政府治理产能过剩政策的基本逻辑

资料来源：作者绘制。

作为从计划经济转型而来的市场经济体系，计划思想在产能过剩治理中仍被遗留下来，近20年来的产能过剩治理政策，实质上是一种运转不畅的产能配额行政控制体系，这种配额行政控制体系背后的运转逻辑与现实冲突，很好地反映了当前中国产能过剩治理存在的困

---

① 数据截至2016年10月。

境、误区及弊病。其运行逻辑如图 6 - 1 所示。

企业正常运行首先要拿到行业准入许可，这种准入限制存在于各行各业，包括环境准入标准、效率准入标准[①]、规模准入标准等各种形式，不同形式的准入审批权归属不同的行政部门。在多数制造业行业，企业生产需要资质许可[②]，通常这种资质许可不涉及产能的控制。但当该产业被国家认定为过剩产业时，企业的生产要附加配额控制或产能审批。在被界定为过剩的行业，管制部门通过总量控制来限制新产能进入市场，从而调节产能过剩，产能的审批权限归属于国家发展和改革委员会。

产能过剩行业的产能控制又分为两类：一类是新增产能的控制。国家调控产能过剩行业文件中，通常严格限制新增产能的审批。新增产能控制是“自下而上”运行的：企业将产能申请上报管制部门，在符合其他准入条件的前提下，新增产能一般遵循“先到先得”标准，但现实中也确实发现管制者被俘获的案例。另一类是淘汰产能指标的分配。管制部门（工信部履行该职能）确定过剩行业淘汰的产能总量，进而将淘汰产量按照行政区划沿着“省级政府—市级政府—县级政府—企业”逐级分配下去，是“自上而下”的行政命令分配的。从分配的结果来看，淘汰产能的分配存在着明显的所有制倾向：被淘汰的产能多数是非国有企业的产能。

无论是新增产能控制，还是淘汰产能指标的分配，都有相关政府部门的通力配合，如国土资源部门严格控制产能过剩行业的用地需求、环保部门加强环境评价审批、金融部门控制过剩行业的信贷需求，同时严格停止未经审批私自开工建设的违规产能，并对地方政府

① 如 2003 年国家发改委、国土资源部、商务部、环保总局、银监会联合发布的《关于制止钢铁行业盲目投资的若干意见》中，对钢铁投资建设项目设定了最低条件，包括能源使用效率标准：吨钢综合能耗低于 0.7 吨标准煤，吨钢耗新水低于 6 吨；还有产能设计标准等，这些限定条件有的是相当具体的，如规定烧结机使用面积达到 180 平方米及以上、焦炉炭化室高度达到 4.3 米及以上，高炉容积达到 1000 立方米及以上、转炉容积达到 100 吨及以上、电炉达到 60 吨及以上。

② 这其中还要审查企业的业务是否符合国家产业政策规定。中国的产业政策对行业准入划分为四个等级：鼓励类、允许类、限制类和禁止类。

责任人进行免职或其他处分。

从上述产能控制和治理产能过剩的逻辑来看，各个环节都有严格的定量标准和定性措施。而且对于淘汰落后产能，政府也有一套相对严格的考核体系，如表 6－3 所示，管制部门对产能过剩治理方面的考评是非常详尽的。

表 6－3　淘汰落后产能工作考核内容及要求

考核内容	考核要求
淘汰落后产能目标任务完成情况	完成淘汰落后产能任务要求：按国家下达的年度重点行业淘汰落后产能目标任务，当年 12 月底前全部落后产能拆除主体设备、生产线，使其不能恢复生产
领导组织协调情况	制定建立健全政府及有关部门协调机制、明确职责分工的文件，加强部门间协调配合、定期召开会议、研究有关工作
分解落实目标任务情况	按规定于 2 月底前报送年度计划任务，4 月底前将目标任务分解到市县、落实到企业，并在省级人民政府门户网站和当地主流媒体向社会公告本地区年度重点行业淘汰落后产能企业名单、落后产能生产线（设备）型号、数量和产能等
严格市场准入情况	本年度淘汰落后产能重点行业新建（扩建）项目立项、节能评估审查、环评、土地审批、安全生产审批等项目审批、核准、备案符合相关政策规定
限制落后产能生产政策措施落实情况	建立环境保护监督性监测制度，开展专项检查、抽查，对有关企业进行抽查核实
	建立能耗限额标准监督检查制度，开展专项检查、抽查，对有关企业执行能耗限额标准进行抽查核实
	制定完善相关地方产品质量标准、安全生产法规规章，开展产品质量、安全生产专项检查
	省级人民政府及有关部门制定完善执行差别电价指导性文件和实施意见，并对相关企业执行差别电价和惩罚性电价
	对未按期淘汰落后产能的企业，执行排污许可、信贷管理、项目审批、土地审批、生产许可、工商登记、电力供应等限制措施

续表

考核内容	考核要求
支持企业淘汰落后产能政策措施情况	按规定安排使用中央财政淘汰落后产能奖励资金，省级财政安排配套资金，制定资金使用管理办法，并对使用情况组织监督检查
	在安排年度技术改造资金、节能减排资金、投资项目核准备案、土地开发利用等方面，支持企业淘汰落后产能
淘汰落后产能企业职工安置情况	落实国家淘汰落后产能企业职工安置政策，完善本地区妥善安置淘汰落后产能企业职工政策措施
检查考核目标任务完成情况	省级人民政府按规定于12月底前组织对企业淘汰落后产能情况进行现场检查验收，出具书面验收意见，在省级人民政府门户网站和当地主流媒体公告已完成本年度淘汰落后产能任务的企业名单。次年1月底前报送本地区淘汰落后产能目标任务完成情况
实施并完成标准更高、范围更宽的淘汰落后产能目标任务情况	针对本地区落后产能比较集中的行业，制定比国家标准更高的淘汰落后产能标准，或将淘汰落后产能行业范围扩大到国家规定的重点行业之外，并将淘汰任务落实到企业、进行公告和检查验收

资料来源：《关于印发淘汰落后产能工作考核实施方案的通知》（工信部联产业〔2011〕46号）。

各地方政府在接到国家下达的淘汰和化解落后产能任务后，需要上报本地在特定时间段之内完成治理情况。由于淘汰落后产能是指标分解任务，上级考核时这些显性指标非常容易进行监督，监督执行成本非常低。在当前的统计体系下，从统计数据来看，地方政府对任务的完成情况相对良好。如表6-4所示的某地在“十二五”期间淘汰和化解落后产能情况的统计，我们发现，大多数地区都能够按照任务要求完成相应的指标。①

① 但调研过程中，地方政府的负责人被问到“这些被淘汰的产能是否就真的是落后产能”时，也有许多人表示部分产能也并非真正意义上的落后产能。

表 6－4　　“十二五”期间某地淘汰和化解落后产能情况

年度	“十二五”国家下达任务及完成情况						
	制革（万标张）		印染（万米）		化纤（万吨）		铅蓄电池（万千伏安时）
	目标值	完成数	目标值	完成数	目标值	完成数	完成数
2011	15	30	2180	2181.3	0.7	0.7	/
2012	60	60	1800	1800	/	/	/
2013	/	/	1400	1400	/	/	46.58

资料来源：作者调研数据整理。

如果各级政府和相关利益部门目标一致、产能治理方式与企业利润相容，那么通过严格的行政命令来化解产能过剩似乎也不是难题，可是这么多年，行政命令化解产能过剩似乎正在逐步失去控制。

二　产能控制实施效率评价

对产能如此严密的行政控制，却在现实中遇到重重障碍，产能配额控制为何失效，这是我们应当重新反思和重点关注的问题。理论上，“产能审核—判定过剩—分配指标—逐级淘汰—过剩缓解”这一链条的逻辑是成立的，但链条上每一个环节的跳跃都异常惊险，要顺利完成每个环节都面临着各种障碍和冲突，可谓“惊险连环跳”。沈坤荣等（2012）提出了中央治理产能过剩政策的局限性及其基本失败的理论猜想，并对中国 35 个工业行业 1998—2008 年产能利用率进行测度从而证实了以上猜想。从现有研究来看，不少研究都承认当前产能过剩治理政策的低效。

（一）产能审批制度在一定程度上为落后产能和技术提供了保护

在市场准入环节，由于行业已经被界定为产能过剩状态，在这个前提下，新产能的审批异常艰难。但从产业发展的历史规律来看，新增的产能在能源效率、环保措施、技术革新等方面都优于原有产能。

如图 6－2 所示，根据世界钢铁协会的统计，在过去的 50 年里，单位钢铁生产的能源消耗下降了 60%。在这种趋势下，未来进入市场的产能可能更先进、能源使用效率可能更高。不难想象，50 年前形成的钢铁产能和当前形成的产能，产能数量无差异但产能的品质是完全不同的，用数量进行产能调控实质上掩盖了产能背后的技术差异，限制新产能保护老产能，就是一个保护落后、淘汰先进、劣币驱逐良币的过程。许多产能就绕过审批在市场中进行竞争，这些产能因为承担了较低的制度成本反而竞争力更强，这对正式经过审批的产能来说，也是不公平的。

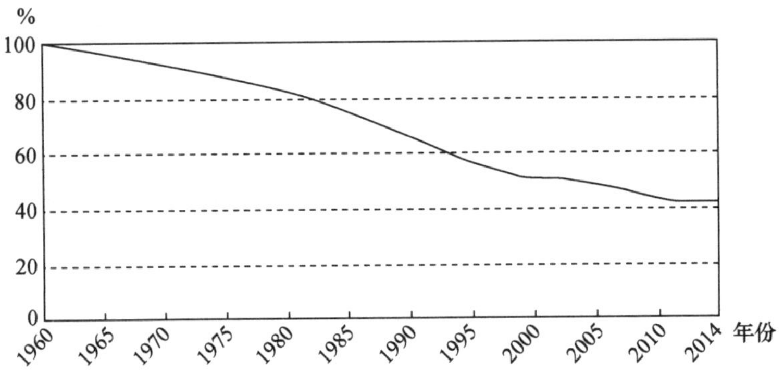

图 6-2　近 50 年世界单位粗钢生产能源消耗趋势

资料来源：世界钢铁协会（Worldsteel）。

（二）政府代替市场界定产能过剩制度成本奇高导致监管低效

在产能界定环节，新的问题产生了：谁来界定过剩产能，市场还是政府？不同的界定方式必然导致不同的治理政策，两种认定“落后产能”的方式也肯定各有利弊。

“落后产能”理应是一个技术性概念，只有企业知道哪些是落后产能。不适应市场的产能就是落后产能，能够适应市场的产能就可以被认为是先进产能，市场优胜劣汰最先应该淘汰的也应该是落后产能。化解产能过剩，并不仅仅在于产能数量的缩减，还在于产能缩减的结构：哪些产能被缩减了。如果被淘汰的产能不是落后的，那么治理产能过剩不仅没有效率，还会发生方向性的错误。那么，“落后产能”应当由谁来界定？市场还是政府？市场经济条件下，只要有利润，企业就能够在市场竞争中存活下来，“落后产能”之所以首先被淘汰就是因为企业在市场上已经没有利润支撑其发展。市场识别“落后产能”的方式就是通过“偷偷观察”企业的生产成本，逐步淘汰成本高的企业。但这里隐含着一个极其重要的问题：哪些成本构成了企业的成本？市场“观察”到的企业成本是企业真实承担，而不是应当承担的成本。比如，企业污染环境应当付费，但现实中有许多企业没有对污染付费，并没有承担环境成本。设想如果在一个行业中，一部分企业承担环境成本，另一部分企业不承担环境成本，若由市场来自发淘汰“落后产能”，承担环境成本的优秀企业将首先被排挤出市场，市场淘汰“落后产能”于是成了一种逆向选择。因此，以市场方式淘汰落后产能，必须由政府部门设计相应制度，让企业真实成本与社会成本一致。行政命令认定落后产能，与市场的识别方式有显著差异，管制机构通常采用的是上述“肯定”列表制度：只要出现在被淘汰产能名单上，就被认定为落后产能。关键问题在于行政命令界定落后产能的标准并不是客观的：管制机构只能根据观测到的如规模、技术等指标来界定，具有一定的主观性，还经常因此滋生腐败。

关于产能过剩的应对政策，在自由市场体系下，产能过剩导致行业利润水平下降，低效率企业会被淘汰出市场，产能过剩治理是水到渠成的事情；如果由政府来界定过剩，则需设计产能过剩标准、制定化解措施等系列程序，其中的信息和制度成本异常高以致误判形势或“矫枉过正”经常发生。

准确判断产能过剩形势至少需要以下几方面的精准信息：未来市场需求及波动情况、当前产能及利用情况、企业合理的产能闲置等。当前中国界定一个产业是否过剩，都是通过中国政府部门（通常由国务院）发布的文件进行界定的①，而落后产能的界定标准主要由工业和信息化部、能源局分别负责②，这些落后产能还有非常清晰的目录，

① 当然，这些文件出台的背后也必然有足够的证据支持，虽然这些证据有时被证实不那么可靠。

② 参见《国务院关于进一步加强淘汰落后产能工作的通知》（国发〔2010〕7号）之附录。

2010 年工业和信息化部发布了《部分工业行业淘汰落后生产工艺装备和产品指导目录（2010 年本)》，48 个建材行业落后生产工艺装备和产品名列其中①，大多数生产工艺都是技术性非常强的。产能治理政策制定的主要参与者则包括国家发改委、工信部、商务部等诸多部门，没有相应的行业协会和重点企业的参与。

从现实情况来看，仅对市场需求波动预测来看，政府并没有比市场做得出色，表 6 –5 显示了政府的预测与现实市场的偏差。

表 6 –5　　产能过剩治理部门预测与市场偏差

预测消息来源	预测内容	实际情况
2002 年 4 月计委、经贸委《关于制止电解铝行业重复建设势头的意见》	2005 年电解铝年需求量为 550 万吨，将过剩 130 万吨	2005 年电解铝产量为 781 万吨，消费量为 774. 85 万吨
2003 年 11 月发改委等五部门《关于制止钢铁行业盲目投资的若干意见》	预计到 2005 年年底将形成 3. 3 亿吨钢铁生产能力，大大超过 2005 年市场预期需求	2005 年钢铁产量 3. 5 亿吨，消费量为 3. 4 亿吨，产能 4. 3 亿吨
2003 年 11 月发改委等七部门《关于制止电解铝行业违规建设盲目投资的若干意见》	2005 年年底电解铝产能将超过 900 万吨，远远超过 2005 年全国电解铝预计消费量 600 万吨水平	2005 年消费量为 775 万吨，产能为 1079 万吨
2005 年 11 月发改委等部门《关于制止铜冶炼行业盲目投资若干意见的通知》	目前在建、拟建铜冶炼项目总能力 205 万吨，预计 2007 年年底将形成 370 万吨铜冶炼能力	2007 年消费量为 399 万吨

资料来源：根据政府公开文件整理。

（三）地方政府间竞争与产能过剩治理目标并不兼容

中央政府在治理产能过剩这个问题上不遗余力，为鼓励地方淘汰落后产能速度，中央政府还专门拿出一部分财政资金奖励特定行业的产能。2011 年 4 月 20 日，财政部、工业和信息化部、国家能源局联合印发了《淘汰落后产能中央财政奖励资金管理办法》②，明确了哪

---

① 详见本书附录 3。

② 详见本书附录 4。

些行业可以从中央财政拿到产能淘汰奖励资金，同时针对不同行业制定了门槛（如表6－6所示）。不难发现，中央对于财政奖励淘汰落后和过剩产能的范围确定和门槛条件，标准在逐年提升。

表6－6　淘汰落后和过剩产能中央财政奖励范围和门槛（2011—2014年）

行业	2011年	2012年	2013年	2014年
电力			装机容量5万千瓦以上的火电机组	
炼铁	200立方米及以上高炉	300立方米及以上高炉	400立方米及以上高炉	400立方米及以上高炉
炼钢	20吨及以上转炉、电炉	30吨及以上转炉、电炉	30吨及以上转炉、电炉	30吨及以上转炉、电炉
焦炭	炭化室2.5米及以上小机焦炉	炭化室3.2米及以上小机焦炉	炭化室4.3米（捣固焦炉3.8米）及以上机焦炉	炭化室4.3米（捣固焦炉3.8米）及以上常规焦炉
	单炉产能5万吨/年及以上炭化炉（兰炭）	单炉产能7.5万吨/年及以上炭化炉（兰炭）	单炉产能7.5万吨/年及以上炭化炉（兰炭）	单炉产能7.5万吨/年及以上炭化炉（兰炭）
	未达到准入条件的热回收焦炉	未达到准入条件的热回收焦炉	产能40万吨及以上的热回收焦炉	产能40万吨及以上的热回收焦炉
铁合金	5000千伏安及以上铁合金矿热电炉	6300千伏安及以上铁合金矿热电炉	6300千伏安及以上铁合金矿热电炉	6300千伏安及以上铁合金矿热电炉
	1500千伏安以下铁合金硅钙合金电炉和硅钙钡铝合金电炉	1500千伏安及以上铁合金硅钙合金电炉和硅钙钡铝合金电炉	1500千伏安及以上铁合金硅钙合金电炉和硅钙钡铝合金电炉	1500千伏安及以上铁合金硅钙合金电炉和硅钙钡铝合金电炉
	电解金属锰5000千伏安及以下的整流变压器生产线	电解金属锰5000千伏安以上的整流变压器生产线	电解金属锰5000千伏安以上的整流变压器生产线	电解金属锰5000千伏安以上的整流变压器生产线

续表

行业	2011 年	2012 年	2013 年	2014 年
电石	单台变压器容量6300 千伏安及以上电石炉	单台变压器容量12500 千伏安及以上电石炉	单台变压器容量12500 千伏安及以上电石炉	单台变压器容量12500 千伏安及以上电石炉
造纸	单条年生产能力5000 吨及以上的非木浆生产线	单条年生产能力3.4 万吨及以上的非木浆生产线	单条年生产能力3.4 万吨及以上的非木浆生产线	单条年生产能力3.4 万吨及以上的非木浆生产线
	年生产能力 5000 吨及以上的化学木浆生产线	年生产能力 1.7 万吨及以上的化学木浆生产线	年生产能力 1.7 万吨及以上的化学木浆生产线	单条年生产能力1.7 万吨及以上的化学木浆生产线
	单条年生产能力5000 吨及以上以废纸为原料的制浆生产线	单条年生产能力 1 万吨及以上以废纸为原料的制浆生产线	单条年生产能力 1 万吨及以上以废纸为原料的制浆生产线	单条年生产能力1 万吨及以上以废纸为原料的制浆生产线
水泥	窑径 2.2 米及以上的机械化立窑生产线、窑径 2.5 米及以上的干法中空窑生产线、1000 吨/日以下的干法旋窑	窑径 2.8 米及以上的机械化立窑生产线、窑径 2.5 米及以上的干法中空窑生产线、1000 吨/日以下的干法旋窑	窑径 3 米及以上的机械化立窑生产线、窑径 2.5 米及以上的干法中空窑生产线、1000 吨/日以下的干法旋窑	窑径 3 米及以上的机械化立窑熟料生产线、窑径2.5 米及以上的干法中空窑熟料生产线、干法旋窑熟料生产线
玻璃	30 万重量箱及以上平拉（含格法）生产线	60 万重量箱及以上平拉（含格法）生产线	60 万重量箱及以上平拉（含格法）生产线	60 万重量箱及以上平拉（含格法）生产线
电解铝	80 千安及以上预焙槽	100 千安及以上预焙槽	100 千安及以上预焙槽	100 千安及以上预焙槽
酒精		年产 3 万吨及以上的酒精生产企业	年产 3 万吨及以上的酒精生产企业	
味精		年产 3 万吨及以上的味精生产企业	年产 3 万吨及以上的味精生产企业	

续表

行业	2011 年	2012 年	2013 年	2014 年
柠檬酸	环保不达标的生产企业	年产 2 万吨及以上的柠檬酸生产企业	年产 2 万吨及以上的柠檬酸生产企业	
铜冶炼	密闭鼓风炉、反射炉、电炉炼铜工艺及设备	密闭鼓风炉、反射炉、电炉炼铜工艺及设备	密闭鼓风炉、反射炉、电炉炼铜工艺及设备	密闭鼓风炉、反射炉、电炉炼铜工艺及设备
铅冶炼	烧结机炼铅工艺及设备	已配套建设制酸及尾气吸收系统的烧结机炼铅工艺及设备	已配套建设制酸及尾气吸收系统的烧结机炼铅工艺及设备	已配套建设制酸及尾气吸收系统的烧结机炼铅工艺及设备
锌冶炼	单日单罐产量 8 吨及以下竖罐炼锌工艺及设备	单日单罐产量 8 吨以上竖罐炼锌工艺及设备	单日单罐产量 8 吨以上竖罐炼锌工艺及设备	
印染	74 型生产线（包括前处理、染色或印花、后整理）	74 型生产线（包括前处理、染色或印花、后整理）		
	使用年限超过 15 年的前处理生产线	使用年限超过 15 年的前处理生产线	使用年限超过 15 年的前处理生产线	前处理生产线
	使用年限超过 15 年的后整理生产线（包括拉幅、定形设备）	使用年限超过 15 年的后整理生产线（包括拉幅、定形设备）	使用年限超过 15 年的后整理生产线（包括拉幅、定形设备）	后整理生产线（包括拉幅、定形设备）
	使用年限超过 15 年的印花生产线（包括圆网或平网印花机）	使用年限超过 15 年的印花生产线（包括圆网或平网印花机）	使用年限超过 15 年的印花生产线（包括圆网或平网印花机）	印花生产线（包括圆网或平网印花机）
	使用年限超过 15 年的连续染色生产线	使用年限超过 15 年的连续染色生产线	使用年限超过 15 年的连续染色生产线	连续染色生产线
	浴比超过 1∶10 的间歇式染色机	浴比超过 1∶10 的间歇式染色机	浴比超过 1∶10 的间歇式染色机	间歇式染色机

续表

行业	2011 年	2012 年	2013 年	2014 年
化纤	5000 吨/年及以上粘胶短纤生产线	5000 吨/年及以上粘胶短纤生产线	1 万吨/年及以上粘胶短纤生产线	1 万吨/年及以上粘胶短纤生产线
	DMF 溶剂法氨纶生产线	DMF 溶剂法氨纶生产线		
	DMF 溶剂法腈纶生产线	DMF 溶剂法腈纶生产线	DMF 溶剂法腈纶生产线	DMF 溶剂法腈纶生产线
	采用锭轴长 900 毫米以下半自动卷绕设备的涤纶长丝生产线	采用锭轴长 900 毫米以下半自动卷绕设备的涤纶长丝生产线	采用锭轴长 900 毫米以下半自动卷绕设备的涤纶长丝生产线	采用锭轴长 900 毫米以下半自动卷绕设备的涤纶长丝生产线
	1 万吨/年及以上间歇法聚酯聚合生产线	2 万吨/年及以上间歇法聚酯聚合生产线	3 万吨/年及以上间歇法聚酯聚合生产线	3 万吨/年及以上间歇法聚酯聚合生产线
制革	年加工生皮能力 1.5 万标张牛皮及以上的生产线	年加工生皮能力 3 万标张牛皮及以上的生产线	年加工生皮能力 3 万标张牛皮及以上的生产线	年加工生皮能力 3 万标张牛皮及以上的生产线
	年加工蓝湿皮能力 1.5 万标张牛皮及以上的生产线	年加工蓝湿皮能力 1.5 万标张牛皮及以上的生产线	年加工蓝湿皮能力 3 万标张牛皮及以上的生产线	年加工蓝湿皮能力 3 万标张牛皮及以上的生产线
铅蓄电池				所有铅蓄电池生产线

资料来源：2011—2013 年标准来自财政部、工业和信息化部、国家能源局《淘汰落后产能中央财政奖励资金管理办法》（财建〔2011〕180 号）；2014 年标准来自工业和信息化部办公厅、财政部办公厅《关于报送 2014 年工业行业淘汰落后和过剩产能目标计划及申报中央财政奖励资金有关工作的通知》（工信厅联产业〔2014〕14 号）。

中央政府的不遗余力并不意味着地方政府也会齐心协力。中国经济发展模式显示，地方政府间的竞争是经济增长重要的推动因素。这些传统的过剩行业，通常是固定资产投资较大、提供就业岗位较多、创造税收收入较大的行业，也是地方政府竞争性招商引资[①]重点关注的行业。地方政府吸引这些行业，“醉翁之意不在酒，而在税收”（王东京，2015）。当淘汰产能总量指标以行政命令的形式由上级政府传达下来时，中央政府和地方政府的目标取向就发生了冲突：从中央政府角度来看，产能过剩事关国家产业竞争力的提升因而必须治理，而淘汰产能对地方政府来说意味着减少税收、增加失业，两者的目标发生冲突，地方政府化解产能过剩的动机减弱。根据河北省地方政府对于钢铁行业的测算，在现有的压减目标下，2014—2017 年均需压减产能 2150 万吨，每年影响工业增加值 94.31 亿元、影响税收 15.92 亿元。[②]

沈坤荣等（2012）着重分析了分权体制下政府（特别是地方政府）在产能过剩问题中所产生的影响。他们认为，在现有政绩考核制度下，由于各方利益关系难以理顺，中央政府治理措施在地方往往被束之高阁，产能过剩问题因此愈演愈烈。即便是企业在竞争中失败，甚至连年出现亏损，地方政府为了保护就业也通常会补贴企业的亏损，企业退出市场存在行政障碍。这也是产能过剩一直难以解决的重要原因。

（四）不同所有制企业间竞争加剧了产能过剩

在同一过剩行业中，不同所有制企业的市场绩效差异巨大[③]，这种差异很可能来自所有制差异，尤其是国有和民营企业的差异。国有企业与民营企业在土地成本[④]、资本成本、环保成本、管理成本[⑤]方面是完全不同的，两类企业的成本结构是完全不同的。如图 6－3 所

① 为吸引企业在当地开办工厂，地方政府还经常通过土地价格优惠、税收减免等方式给予企业扶持。

② 赵幼力：《解决产能过剩的几个办法》，经济观察网，http：//www.eeo.com.cn/2014/0426/259691.shtml，2014 年 4 月 26 日。

③ 铝行业作为国家认定的严重产能过剩行业，国有企业中国铝业 2014 年亏损 163 亿元，而在同一行业的一家民营企业利润则高达上百亿元。

④ 许多国有企业的土地是由政府无偿划拨的，当然有些地方政府为吸引民营企业入驻，民营企业零地价的情况也存在。

⑤ 根据作者调研，在相同规模工厂中，部分国有企业的管理人员数量甚至多于民营企业的职工总数。

示，当面临经济外生冲击，尤其是经济在下滑的区间内时（如2008年金融危机后），国有企业和民营企业的资产负债率水平呈现出明显的分化状态。在金融危机以前，中国经济处于一个上升周期，在上升周期内，民营企业的发展使其负债能力较强，金融体系能够提供给民营企业资本支持。但是当经济处在下行区域，国有企业和民营企业的借贷能力就有所差异。数据显示，当此轮世界金融危机发生后，国有企业的资产负债比稳稳超过民营企业，大量的资本流向国有企业，表明当前的资本市场还是倾向于国有企业的。

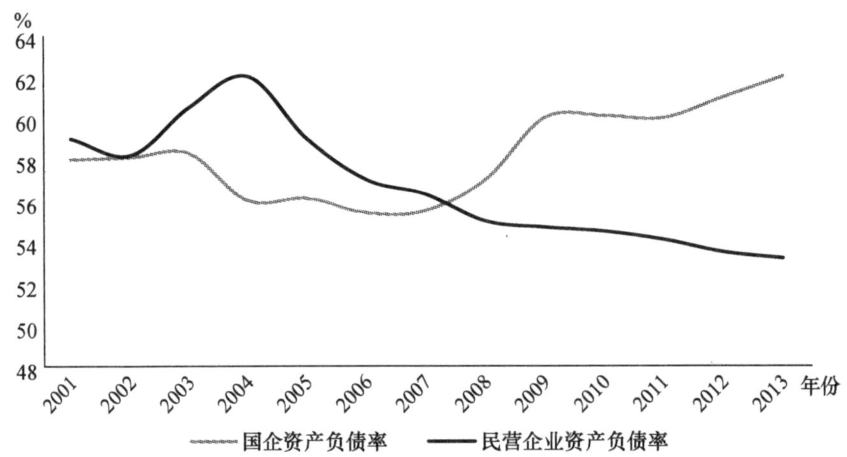

图6-3 国有企业与民营企业资产负债率（2001—2013年）

资料来源：香港金融研究中心（Hong Kong Institute for Monetary Research）。

在成本结构非对称的前提下，以市场竞争来淘汰产能容易产生逆向淘汰：不妨假设若国有企业环保成本高于民营企业[①]，以利润作为竞争准绳可以推得市场竞争会将承担更多环保责任的国有企业排挤出市场。若以行政指令来淘汰产能，国有企业的行政地位又享有天然优势，即便国有企业运行成本相对较高，在市场上竞争不过民营企业，

① 中小规模民营企业逃避环保和安全检查的例子比比皆是。

其退出市场的成本也更高。企业所有制身份差异是产能过剩成因及其化解之难的重要因素。

三　产能指标置换交易市场

传统的产能总量控制严格限制了新产能的进入，为了避免“劣币驱逐良币”、让更符合经济效率的先进产能进入市场，政府构造了产能指标置换交易市场，为潜在高效率进入者提供了一个渠道。产能指标交易的基本逻辑如图 6 -4 所示。

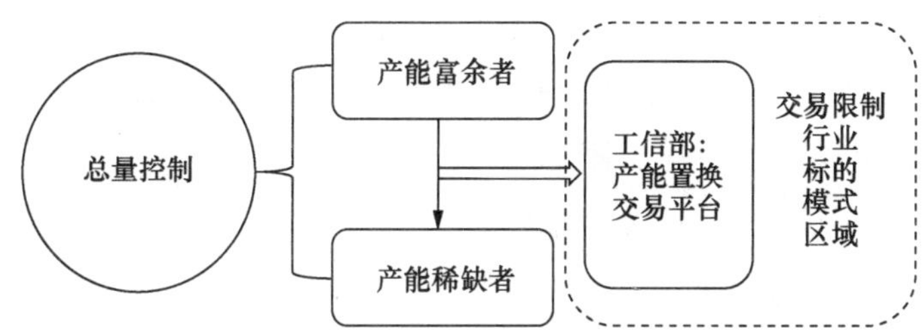

图 6 -4　产能指标置换交易市场的运行框架

资料来源：作者绘制。

政府确定总量控制目标，在产能总量不变的情况下，市场竞争必然导致部分企业扩张而部分企业缩减规模，也会有新的企业进入和退出市场，于是就产生了产能指标的富余者和稀缺者。两者可以在工信部提供的产能指标置换交易平台上发布信息并进行交易，产能总量不变但整体的生产效率得到提升。由于这种交易是市场导向的，高效率产能总是能够在竞争中胜出，因此相比传统的总量控制方法，对产能指标进行市场化交易可谓迈进了一大步。

但这种交易被附加了诸多限制：交易的行业限于钢铁（炼钢、炼铁）、电解铝、水泥（熟料）、平板玻璃四个行业；而交易的指标限于 2013 年度及以后列入工业和信息化部公告的企业淘汰落后和过剩产能，企业不能私自拿出指标来进行市场交易；交易模式为等量或减量置换；交易原则上不限区域，但事实上要得到省级政府的认可。

遗憾的是，该体系并没有清晰界定产能指标市场交易最重要的基础——价格形成机制。指标价格如何确定直接影响到市场交易的效率，价格过低，卖出指标收益就低，企业便没有动力淘汰落后产能。在什么情况下，企业会选择出售或购买指标？这实际上是有约束条件的，对于产能指标的富余者来说，企业可以选择将指标卖掉，也可以选择用这些指标置换新的产能自己生产。现假设：第一，企业 i 可以等量置换落后产能，企业原有产能为 Q_i，落后淘汰产能为 q_i，淘汰的落后产能可以等量置换为新的先进产能；第二，单位产能置换价格为 p_i，价格可以由指标的供需方协商确定；第三，企业置换产能后，可能会选择技术升级，原有的产能也采用新的生产方式或新的生产函数 $f_i'(Q)$，也可能只对新置换产能选择新的生产方式。那么是否卖掉指标，取决于以下条件是否满足：

$$\begin{cases} f_i(Q_i - q_i) + p_i q_i \geqslant f_i'(Q_i) & (6-1) \\ p_i q_i \geqslant f_i'(q_i) & (6-2) \end{cases}$$

其中，式（6－1）为全部产能更新生产方式下的指标卖出条件，原有产能剔除落后产能之后、在旧生产方式条件下的生产收益与指标出售收益之和，应不低于企业选择自己置换产能并在新生产方式条件下的生产收益，只有这样企业才会选择交易产能指标；式（6－2）为新置换产能在新生产方式下生产、旧产能继续沿用旧的生产方式下的指标卖出条件，只有指标出售收益大于新置换产能在新生产方式下带来的生产收益时，企业才会选择交易。由此看来，有了有形的交易平台，只要不符合企业的交易条件，企业也未必愿意进行产能指标的交易。

现考虑企业所在区域的地方政府介入行为，由于在现行规则下，企业跨区域的指标交易是需要报批地方政府同意或备案的。而对地方政府来说，产能不仅仅是经济收益，还有社会利益。地方政府的目标函数不同于企业，假定地方政府 A 在 Q_i 产量之下的社会收益[①]为 $F_A(Q_i)$[②]，则这部分产能带来的员工安置等系列社会成本为 $C_A(Q_i)$。

① 这里的社会收益是多方面的，包括社会稳定、财政收入等。

② 对于产能转出地政府来说，多数情况下，保留这部分产能已经使得规模收益开始递减，由此 $F_A(Q_i)$ 在这种规模下已经变为 Q_i 的减函数。故压缩产能前收益小于压缩产能后的收益，即 $F_A(Q_i) < F_A(Q_i - q_i)$。

若 A 为产能指标转出地，那么产能指标成功转出且能获得地方政府批准交易，需要同时满足下面三个条件：

$$\begin{cases} f_i(Q_i - q_i) + p_i q_i \geqslant f_i'(Q_i) & (6-3) \\ p_i q_i \geqslant f_i'(q_i) & (6-4) \\ F_A(Q_i) < F_A(Q_i - q_i) - C_A(Q_i) & (6-5) \end{cases}$$

上述交易条件显然要比只考虑企业利益时的条件更为严格。然而，交易并不是只有一方参与，有指标的卖方交易条件，必定还要有指标买方的交易条件。对买方企业 j 和地方政府 B 来说，必须满足如下条件，企业才愿意购买产能指标、地方政府才愿意通过批准：

$$\begin{cases} f_j(q_i) \geqslant f_i(q_i) & (6-6) \\ f_j(Q_j + q_i) \geqslant f_j(q_i) & (6-7) \\ F_B(Q_j + q_i) \geqslant C_B(Q_j + q_i) & (6-8) \end{cases}$$

其中，式（6－6）为交易的方向约束：i 企业是交易的卖方，j 企业是交易的买方，买方利用产能指标的收益要高于卖方生产同样产能带来的收益；式（6－7）为 j 企业的规模收益状态，当企业已经规模不经济的时候，显然不会扩大产能，只有当企业的规模收益处于递增状态时，才有购买产能指标的意愿；式（6－8）为地方政府 B 的社会净收益条件。引入产能会带来诸如税收、就业等好处，但同样会带来社会管理、提供公共服务等导致政府支出增加的方面。由此，当扩大后的产能给当地政府带来的收益大于因管理这些产能带来的成本时，引入地政府才有动力吸收产能转移。在当前语境下，引入地政府也会有动机与转出地政府就产能转移开展商讨和协调。

综上分析，跨区域的产能指标交易如能达成，需要同时满足上述 8 个条件，还要在产能转移交易成本（诸如地方政府间协调达成交易的成本）比较低的前提下才容易实施。由于这些限制，市场这只“无形的手”已经被捆绑住，跨区域的产能指标置换交易至今仍未出现。

第三节 当前产能过剩治理思路的良性转变

近十年的产能过剩治理政策文件，既有专门针对特定行业的，也有规范行业市场秩序的，系统追踪这些年的产能过剩治理思路，我们发现政府治理产能过剩的逻辑正在悄然发生良性改变，这些转变正逐步矫正当前政府管制和不合理的产业政策对企业激励的扭曲，必将奠定产能过剩化解政策体系的基础。我们对此梳理如表 6－7 所示。

表 6－7 近十年我国治理产能过剩思路的转变

治理思路转变方式	转变前	转变后
从“一刀切”走向分类管制	严格禁止新增产能	新增产能预留开口
从行政命令走向市场决定	指标行政审批	指标市场交易
从经济性管制走向社会性管制	干预企业决策	提升市场标准
从封闭市场走向开放市场	依靠内部市场	抓住外部市场

资料来源：作者整理。

一 从“一刀切”走向分类管制

早期治理产能过剩的政策取向具有鲜明计划性质的平均主义色彩：“一刀切”的政策设计，而当这种没有兼顾地区差异、行业差异的管制政策实施下去，带有异质性特征的产业呈现出不同的治理绩效。最终，因没有考虑产业本身的运行规律，许多产业的过剩非但没有缓解反而愈加严重，“一刀切”的政策执行成本如此之高以至于执行困难，分类管制势在必行。

产能过剩治理“一刀切”的政策表现在多个方面。

第一，一旦行业被官方定义为“过剩”或“严重过剩”行业特征后，新增的产能即使效率再先进也没有进入市场进行博弈的机会。后期我们观察到了这种思路的良性转变，政府通过构造一个产能指标置换交易市场，使得新增产能有了入市渠道。同时采取“因业施策”，不同行业的产能过剩治理也遵循不同的思路。第四章中我们系统分析了传统行业、新兴行业和区域性行业的过剩问题，发现在治理不同行业时，治理权限存在不同程度的下放，尤其是对于区域性行业（如水泥），产能审批的权限已经开始下放，不再由全国统一进行审批。在产能置换的方案管理上也采取了分类管制措施，水泥、平板玻璃行业产能置换方案由地方确认，而钢铁、电解铝行业产能置换方案由工业和信息化部确认。

第二，不同的区域天然存在不同的资源禀赋，按照比较优势构建的产业结构理应不同，但在执行落后产能指标分配的时候，并没有兼顾地方资源禀赋和产业结构特征。在这种情况下，行政命令对产能的淘汰也容易出现反效率情形，我们在两个省份的调研充分说明了这个问题。H 省是钢铁大省，也是铁矿石储量大省；F 省是非铁矿石产出省，但因发展需要拟筹建钢铁厂。H 省因钢铁产能过多被分配了产能淘汰指标任务，F 省则向国家发展和改革委员会提交了新增钢铁厂的申请。H 省因钢铁产业集聚，掌握了钢铁行业的主要核心技术，其技术效率相对较高，该省钢铁被动淘汰的锅炉技术效率已经高于 F 省新增产能的技术效率。这样来看，具有平均主义色彩的“一刀切”管制，因没有考虑区域差异出现了反市场效率的“人工淘汰”：新技术被淘汰、落后产能被保留。

二　从行政命令走向市场决定

在市场体系没有建立之前，政府依靠计划手段推行的产业政策有效帮助中国产业实现从无到有、从小到大发展，中国经济的快速发展得益于此。利用行政审批来管理产业的思想，是计划经济的思想遗留。尽管在学术界和政府界，对哪些是落后产能、限制产能和过剩产能的争论喋喋不休，但要寻找一个合理的边界对三种产能进行清晰的界定，信息成本将非常大。市场在处理信息方面虽不完美，但同政府的界定相比，市场的运行成本则可能更低。

由市场来界定落后产能，政府则应警示过剩产能。过剩是行业整体概念，过剩产能并不一定是落后产能，这个边界需要厘清。但过剩产能若被淘汰，由市场优胜劣汰机制去筛选，必定会首先淘汰那些落后产能，即便市场主体不会完全了解企业的成本结构和成本信息，这个优势是政府不可替代的。

市场淘汰落后产能，需要部分闲置产能。行政命令淘汰过剩产能，还存在一个尺度把握的问题：淘汰多少符合市场运行规律？这个信息并不能直接从先验证据中提取，每个国家的产业链构成不同、每个地区的产业结构也不同，即便是同一行业，国内外的企业所有制结构也存在较大差异，国外同行业的产能利用率也是“空中楼阁”，不能直接“洋为中用”。一个重要的原因在于，不同的市场机制下，容许的企业竞争程度存在差异，在竞争受保护或受限制的社会主义市场经济初期，企业并不需要预留太多的闲置产能应对潜在竞争者。那么，闲置产能到底多少是合理的？恐怕只有市场知道。

当然，市场决定资源配置亦离不开更好的“政府作用”。从2014年治理产能过剩的基本思路可以看出，政府一方面通过搭建平台构建产能指标交易市场（2014年7月，工信部产业〔2014〕296号文《关于做好部分产能严重过剩行业产能置换工作的通知》构建了一个产能置换平台），允许高效率产能通过赎买的形式替代低效率产能；另一方面规范竞争，将原有的地方政府竞争性招商引资导致的要素投入扭曲予以矫正。2014年11月的国发〔2014〕62号文《国务院关于清理规范税收等优惠政策的通知》进一步限制和约束了地方政府制定税收优惠政策的权力。这个转向解决了产能过剩由谁界定、谁治理的问题，更好地厘清了政府和市场的边界。在这种思路的转变下，行政审批的产能将会越来越少，产能过剩治理将逐步让位于市场机制的基本逻辑。

三　从经济性管制走向社会性管制①

早期的治理措施可以用“关停并转”② 四个字来描述，关闭和停办企业涉及关闭企业的标准问题，仅仅因为行业生产能力过剩就关闭企业运行，违反市场经济的逻辑；兼并是企业间共享资源、互通有

---

① 社会性管制主要涉及保护环境以及劳工和消费者的健康和安全等方面。

② 这里指的是“关闭、停办、合并、转产”的简称。

无、共筑竞争优势的选择，而转产则涉及企业的资产是否专用以及转产成本等诸多问题。

无论哪种措施都涉及管制机构对企业经济决策的直接干预。针对竞争的无序，政府希望通过培植大企业进而影响市场竞争格局的方式改善行业发展状态，但事实证明，许多由政府“拉郎配”的企业兼并实际上并不符合经济发展规律，很多兼并不是企业发展内生要求，而是反效率的兼并行为。政府通过财政支持方式引导企业“关停并转”，扭曲了市场竞争对企业行为的激励，而不公平竞争和行政垄断也带来较大的福利损失。

近几年的产能过剩治理措施中，人为干涉企业经营决策的措施越来越少，更多地转向“规范竞争”这个方向，主要聚焦的管制措施则是社会性管制。比如，提高过剩行业的环保标准、能耗标准、安全生产标准等。在这种标准下，产能过剩的治理便具有了法律合规性。

四　从封闭市场走向开放市场

从政策的沿革来看，行业出现产能过剩，政策指向首先从拉动内需的角度去化解。许多基础设施比较薄弱的新兴市场经济国家，对传统产业产能需求还非常多，这给我国化解产能过剩提供了一个巨大的机遇。从现实的经济运行来看，数据显示：2014 年前 7 个月全国钢材累计出口总量为 4907 吨，同比增长 37%。从全年各月出口情况来看，钢材出口增速基本呈现逐月攀升态势，而其他过剩行业的出口也表现出类似的特征。表明外部市场正在解决内部需求不足问题，国务院审时度势，依托“一带一路”、金砖银行、亚投行的筹备，让国内产能“走出去”，主动出击推动国际产能合作。

但正如前文所述，我国的产能过剩源于激励扭曲以及地方政府非合意的政策激励，长远来看依靠市场扩容可能会进一步引发地方政府的无序竞争，这个陷阱需要避免。投资机制出了问题，长期还要靠市场来化解产能过剩。毫无疑问，外部市场扩容给化解产能过剩留足了制度转换的空间，把握住这个重要的窗口期至关重要。

第四节 化解产能过剩基本思路与政策体系

一 化解产能过剩思路的“三维”架构

经济结构失衡、市场失灵和体制失灵并没有很好地解释中国产能过剩问题，恰恰相反，我国产能过剩问题内生于阻碍市场配置资源功能发挥的经济管制环境中，对市场机制的干预和产业政策对企业投资和退出决策的扭曲激励才是当前产能过剩的主要原因。总体来看，产能过剩问题可能因制度层面因素、政策层面因素、市场层面因素和企业层面因素而产生，更为重要的是，中国式的产能过剩与政府干预和产业政策密切相关。产能过剩问题不是来自市场无效，而是来自政府管制有偏，这与江飞涛等（2007）① 的结论具有一致性。在执行产业政策时，地方政府前期通过扭曲激励导致产业内企业的过度投资，后期又通过各种措施阻挠企业的退出，无监管的地方政府竞争性投资鼓励下产能过剩必然出现。因此，治理产能过剩的思路在于：充分发挥市场机制配置资源的作用，并合理设计产业政策的激励机制，完善市场机制的灵活性和产业政策的有效性。

构建“三维”政策架构——依托政府干预来优化制度环境、依靠产业政策来搭建竞合平台、利用市场机制来淘汰落后产能，将是解决“中国式”产能过剩的综合解决方案（如图 6－5 所示）。

（一）市场机制是识别与治理产能过剩的核心

如前文所述，几十年来以行政命令为主来确定过剩状态并调节产能过剩的机制基本宣告失效。这一套产能调控体系之所以效率不高，关键在于制度运行成本居高不下。当一项制度运行成本过高时，对制度的抵抗就显得有利可图，长期下去行政控制体系就难以真正落实下去。市场作为政府控制产能的备选制度，优点就在于制度运行成本低。

---

① 江飞涛、陈伟刚、黄健柏、焦国华：《投资规制政策的缺陷与不良效应——基于中国钢铁工业的考察》，《中国工业经济》2007 年第 6 期。

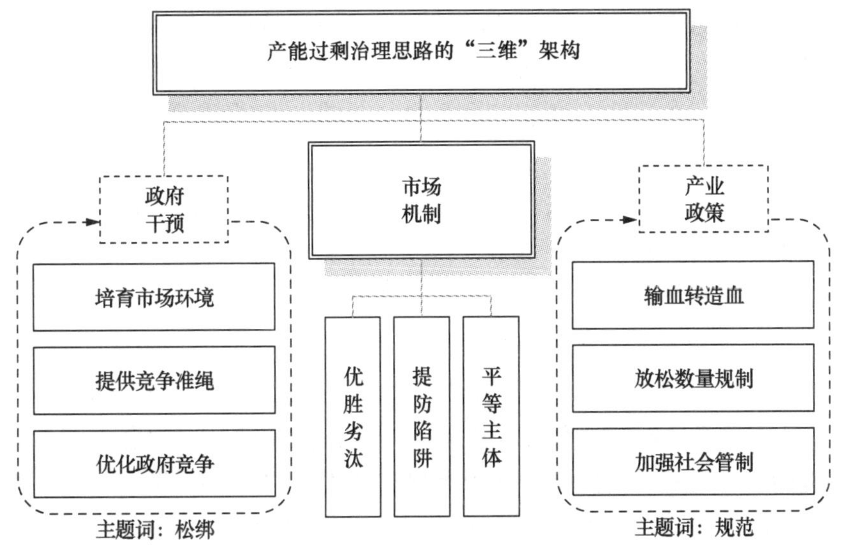

图 6－5　产能过剩治理思路的“三维”架构

资料来源：作者绘制。

由市场识别过剩标准，成本低于行政体制识别过剩。理论上来说，如果信息完全，由行政命令认定过剩产能并非不可能，但无疑是一项系统性综合工程。信息不完全导致识别成本大增，政府要确定未来市场需求总量及需求结构，在瞬息万变的市场经济中，仅这一项精确数据就基本无法获取。问题还在于，政府对需求信息判断失误后，并不承担因管制而对企业造成的损失。而市场机制，不需要由一个特定的主体对市场未来的前景做出精准判断并广而告之，市场中的竞争主体会在各自的约束下对产能投资做出判断。诚然，企业也存在判断失误的情形，但企业一旦判断失误，还会面临市场的惩罚，这种惩罚直接显示在企业的利润表上，而不需要像政府那样设定一套制度体系和行政架构对过剩产能识别并惩罚。

由市场倒逼化解过剩，成本低于行政体制化解过剩。由行政命令分派的指标淘汰来化解过剩，带有明显的强制性。现行指标分配很难兼顾地方经济产业结构现实，有的地方以国家确定的产能过剩行业为主导和支柱行业，按照指标进行淘汰可能对地方经济发展十分不利。

但化解产能过剩作为一项涉及官员升迁或调整的重要政治任务，又必须设法完成，由此政府必须在一定程度上“购买”企业的过剩产能来完成上级交代的各种任务。这种购买，并非一定采取现金交易方式，有的地方政府通过承诺在未来给企业某种形式的优惠来实现，但前提是企业要首先按照国家既定的方案对产能进行适度淘汰，否则政府也不会提供此类优惠。

市场化解产能过剩，通过淘汰低效率企业、加速企业破产重组等形式实现，逻辑上来看由市场倒逼淘汰产能过剩是水到渠成的事情。但市场提供的“破坏性”解决方式，在中国制度环境下遇到障碍：第一，大量失业人员何去何从？就业作为工人与企业的一种合约，是一种契约制度安排，这种契约并没有保证工人不失业，企业解雇工人的弹性受制于工会（当然有的企业也没有工会组织）。终止合约通常是企业和雇员双方的选择，而且西方国家失业人员保障相对较高，即便失业也不会主动给政府运转带来巨大压力。中国则不同，几十年的计划经济体制下，工作单位包揽一切的思想仍深入一部分人的思维当中，失业后向政府施压的现象比比皆是。而且在劳动力流动不充分、区域分割的户籍制度下，失业人员没有良好的流动性，再就业相对困难。许多失业人员又不具有专业技能，工作转换成本较高。总之，失业的社会成本如此之高，以至于许多地方政府补贴亏损企业来购买“不失业”这一社会产品。第二，僵尸企业倒闭后的呆坏账怎么处理？理论上来说，给企业授信后的风险是一直存在的，银行也为此计提了呆坏账准备金。在市场经济中，企业的兴衰是正常的现象，这里的企业也包括银行。但在中国语境下，我国的银行体系是以国有银行为主，工业贷款又大部分流向国有企业，在这种银行结构和信贷结构下，市场倒逼企业破产就不是那么容易。当企业遇到经济困境难以运转时，银行应更关注风险并减少对企业的信贷，现实中我们调研发现，很多银行为了避免企业倒闭带来的坏账风险，进一步对过剩行业增加授信以此帮助企业渡过难关。而之所以能够进一步增加授信，源于国有企业资产性质：国企贷款的政府财政背书。因而，国有企业市场化程度越弱，这种循环就越容易出现，产能过剩治理就更难。

市场发挥决定性作用依靠优胜劣汰，但必须优化市场经济体制运行的制度环境，促进公平、有效竞争。市场的优胜劣汰过程是提高效率的过程，要防止“劣胜优汰”的逆向选择等现象出现，需要优化市场经济体制运行的制度环境。应依靠制度保障市场主体的平等地位，避免企业因“所有制”身份不同享受巨大政策差异。否则，不同市场主体的成本结构将有显著差别，竞争过程中“所有制”身份可能成为一种竞争优势，市场“逆向选择”的可能性则大大增加。促进公平、有效竞争的制度环境，是利用市场机制淘汰过剩产能的重要保障。

（二）政府管制是提供与优化市场环境的基础

在产能过剩治理中，政府要用好“两只手”，一只手给企业松绑，减少对企业经营过程的直接干预，将核心任务转为优化市场运行环境。另一只手对企业重新捆绑，以更严格的社会性标准管制企业，捆绑住企业违规之手；鼓励企业按照市场化原则进行兼并重组，对优势资产和核心能力进行捆绑。

1. 政府管制内容转型服务市场机制运转

政府干预是市场有序运行的前提和根本，但政府干预的方向应调整，预防管制过度、避免管制不足。如前所述，在企业真实成本与社会成本完全一致的情况下，市场淘汰落后产能是有效率的，也是对经营低效率的一种惩罚机制。但市场淘汰落后，如果没有政府制定并监督实施统一的市场标准，市场机制就会出现逆向选择问题。首先，政府应当减少对要素市场的价格干预，让要素价格真实反映资源稀缺、环境污染等成本。这样市场淘汰过剩产能将会真正淘汰那些运行成本高的企业，否则会出现有的企业享受制度性低价要素投入品而免予市场淘汰，这样反而不公平。市场机制淘汰产能过剩的前提就是严格的政府管制。其次，政府应当逐步放松市场进入和市场退出的管制政策，让企业面临潜在进入的竞争压力、享有退出经营的自由，让市场机制有效发挥作用检验产能落后还是先进。一般来说，后进入行业的产能技术含量通常更高，在准入审批制度下，产能过剩的行业就会抑制“高技术”含量产能的进入数量和速度。政府对退出的严格管制，实际上限制了“低技术”含量产能的退出。由此，准入管制应逐步放开，退出限制也应逐步减弱，与此同时，政府应当加强在技术标准、安全标准、健康标准、环保标准等方面的社会性管制，通过社会性管制筛选出有利于社会发展的产能，加大对企业违法行为的惩罚力度，营造一个公平竞争的环境。

2. 政府发布信息设定预警辅助市场决策

市场之所以会看起来盲目，很大原因在于信息不对称或信息获取成本高，有偏的信息导致企业决策偏离最优路径。市场上的产能总量和结构，也是企业进行决策的重要信息，这个信息的获取在一定程度上也是非常难的。政府应建立产能统计机制，及时发布市场有关信息，并对不同时期的产能利用率进行统计，当产能利用率明显低于过去水平或国际水平，政府应发布预警供企业进行参考。但需要注意的是，政府不能“越俎代庖”，不应对市场信息做出非中立性判断，而应由市场中的企业主体对政府提供的信息进行消化。

3. 政府应为市场淘汰产能做好配套与托底工作

就业、债务两大难题将是市场淘汰过剩产能遗留下来的重要问题。在这两个重要问题上，政府理应大有作为。行政体制淘汰产能过剩的时期，政府主要聚焦在保就业上，僵尸企业的形成在很大程度上源于地方政府不希望企业破产引发大规模失业。若由市场淘汰，失业会在所难免，如何解决失业人员的再就业应是利用市场机制淘汰产能过剩背景下的政府应当考虑的问题。为加强劳动力市场的流动性，在户籍制度上应推进改革；为避免失业带来的生活水平大幅下降，政府应进一步完善社会保障制度；为降低就业转换成本，政府应拓展劳动技能培训覆盖面。而在债务处置上，政府不能袖手旁观任企业和银行自生自灭，应规范债务处置方式，保护债权人利益。

（三）产业政策是调整与规范市场竞争的法则

一般认为，产业政策是为规范产业运行、协调产业发展、提高产业竞争力等而针对特定或某一类产业提供的政策管制。这定义是说产业政策可能存在上述几种有利功效，难道没有产业政策，产业运行就没有秩序、产业结构就不协调、竞争力提升就困难吗？学界关于产业政策的作用确实存在较大争议。支持者认为产业政策能够弥补市场失灵、政府能够利用产业结构演进规律、政策有助于培育主导产业、能发挥规模经济效应，因而产业政策能够促进经济健康发展。持不同意见的学者认为，产业政策是政府对市场正常运行规律的干预，既不公平也缺乏效率，甚至有人认为迄今为止产业政策鲜有成功范例。两类观点持续交战，没有一方败下阵来，每种观点都有鲜活的例证。支持者将第二次世界大战后日本经济崛起归功于产业政策、将新中国经济奇迹归功于产业政策，反对者则以西方成熟市场经济国家从来没有产业政策为由，力主自由市场高效率体系。

产业政策大致有两类，一类是产业结构政策，另一类是产业组织政策。产业结构政策意在优化不合理的产业间比例，产业组织政策旨在构建有利于竞争的市场环境。政府推动的产业政策若要成功，以下三个条件必须满足：第一，政府要站得高：必须知道什么样的产业结构是好结构、什么样的市场结构有利于竞争。有关产业结构演变的市场统计一定要算得上真规律，才能按照规律设计政策。西方工业革命之后的产业结构演进统计到底适不适合国情，政府是否就应该按照西方国家的发展规律谋划和调整我们自己的产业结构，是值得反思和考量的。第二，政府要看得远：必须具有前瞻性，知道哪些产业能够成为主导产业、新兴产业或战略性产业。事实证明，在经济发展初期，政府对哪些产业能够带动经济发展的认知程度比较可靠；但随着市场成熟、技术成熟，政府对前瞻趋势的把握可能会剑走偏锋。第三，政府还要走得稳：必须能够自我纠偏。由政府来实施产业政策，要求政府对产业发展规律的把握比市场更精准，把握不准规律也要有相应责任主体来承担损失。对损失没有切肤之痛，对产业政策是否合理就不会太在意。政府能够做到上述三点，非常不易。

产业政策在过剩产能治理中也是不可或缺的，但政策手段和导向要转变，变“提供政策优惠”为“提高企业能力”。要明确产业政策不是对某一产业的特殊优惠政策，在执行过程中不宜直接出台对企业行为进行干涉的政策和条例。低效率企业退出或被高效率企业兼并是市场经济的常态，产业政策的导向应当是为企业创造一个利于合作的平台、构建一个有效竞争的市场结构、规范企业的竞争行为。产业政策执行中，政策性补贴应由“输血”向“造血”转变，由“降低企业资源使用成本”向“提高企业动态竞争能力”转变。

二　供给侧结构性改革为主的政策体系

（一）化解产能过剩政策的设计原则

原则之一：产能调整政策应与企业利润最大化行为一致，否则产能过剩调整政策可能被企业甚至地方政府“架空”。由此原则可以推断出产能过剩治理政策的优先序列：第一，改变企业行为规则的政策是最优的选择，用统一的市场规范引导企业的行为，并将这种规范以法规条文的形式固定下来。第二，引导企业进行规模效率提升、奖励“好人”的资金投入方式次之。第三，不让合法企业合理赚钱的量化控制政策效率较差。如果企业遵守了各项法律规范、履行了社会责任，但是因为生产技术相对落后，那政府也应尊重企业的生产决策，不能以产能过剩为由对企业进行强制关停。实际上，如果仅仅因为企业技术相对落后，不需要政府对其关停，市场自然会将落后技术倒逼出市场。第四，为提升整体效率用公共财政帮助“坏人”的资金投入方式最差。真正的竞争强者，不需要政府的施舍，但也正如市场中饱受不公平竞争折磨的企业家所言：我不需要政府的补贴，但是也请不要给我的竞争对手补贴。在治理产能过剩的政策设计上，这些原则必须遵守，表6－8展示了治理产能过剩主要政策类型的优先序列。

表6－8　　治理产能过剩政策推荐优先序

治理产能过剩政策类型	操作示范	推荐等级
改变企业行为规则	统一地方政府税收制定权限等	优先级
资金支持优良企业	对规模大的企业进行资金奖励等	考虑级
量化控制产能指标	限制新增产能进入市场等量化措施	弱化级
资金扶持低效企业	资金支持低效率企业设备升级等	淘汰级

资料来源：作者绘制。

原则之二：市场决定资源配置是化解产能过剩最重要的逻辑，但需政府提供公平的市场运行环境作支撑和前提，如果政府作用缺失或越位，市场运行可能起反作用。产能过剩治理政策必须双管齐下，既要市场起决定性作用，又必须更好地发挥政府作用。

（二）供给侧改革为中心的政策设计

1. 化解产能过剩核心在于供给体系优化

产能过剩外部表现为需求不足，如消费者可支配收入低导致有效需求不足，但这已无法描绘我国当前的产能过剩状况。事实上，我国模仿型排浪式消费阶段基本宣告结束，高端需求不断涌现但国内供给体系低端化导致高端需求却无法满足，因此，我国产能过剩核心问题在于供给结构优化与供给效率提升。这也是中央提出“在适度扩大总需求的同时，提高供给体系质量和效率”的主要原因，以国际产能合作为主要手段的外部市场扩容，为内部供给优化提供时间窗口和战略机遇。供给侧结构性改革可看作中央化解产能过剩的新政，但供给改革思想和实践却早已有之。

2015 年 12 月 18 日召开的中央经济工作会议将化解产能过剩作为 2016 年经济工作五大任务之首，提出“着力加强结构性改革”以及“提高供给体系质量和效率”。供给侧结构性改革，为化解产能过剩提供了一剂良方。此次会议提出更加注重供给侧结构性改革，改革重心从控制产能总量转向优化产能结构与效率，改革要解决的根本问题是积极稳妥地推进企业优胜劣汰，让市场选择出真正成功者、淘汰真正失败者。但如何对待竞争失败者，会议提出要通过兼并重组、破产清算等更市场化的机制，多兼并重组、少破产清算，并由资本市场配合企业兼并重组。由此来看，严控企业进入、便利企业退出这两项“一堵一疏”工作对供给侧结构性改革成败至关重要。

第一，统一市场规则、实现公平竞争是供给侧结构性改革的前提。改变企业竞争行为的规则是最优政策选择，具有导向性的产业政策实际上鼓励潜在企业进入市场，而补贴性的产业政策诱导企业的真实入市。从现实观察来看，产业发展政策密集的行业也通常是产能过剩相对严重的行业。由此，供给侧改革意味着产业政策将逐步让位于竞争政策、专项性补贴让位于普惠性补贴，让公平竞争的市场机制来筛选优胜者，避免特定补贴带来的企业行为扭曲。

第二，规范管制措施、严控产能供给是供给效率改善的主要方向。对新增产能采用更高的市场进入标准进行规范，更多地利用环境、安全、健康等社会性管制措施，优化产能审批、指标分配等经济性管制措施，避免因审批成本过高导致企业绕开审批违规生产现象发生。在规范性管制下，引导企业进行规模效率提升、技术升级改造，进一步放松产能指标置换交易市场限制，让真正高效率的产能公平进入市场进行竞争。

第三，利用市场机制、引导产能退出是供给结构优化的重要举措。传统方式下政府界定过剩频繁失手，很多情况下难以真正选择出市场竞争失败者，甚至在一些情况下为提升整体效率用公共财政帮助竞争失败者，这是一种反效率、反竞争的方式。市场化兼并重组和破产清算，能够有效识别哪些是过剩产能、哪些是落后产能以及谁是竞争失利者，由此为低效率产能退出市场、优化产能供给结构提供重要渠道。

第四，供给侧改革政策焦点从“生产前端”绝对量化控制向“生产后端”产能退出疏导政策转变。在我国语境下，产能背后还有就业、税收以及隐含在其后的社会治理问题，如何承接过剩产能化解带来的社会成本是供给侧改革的政策着力点，需有相应财税支持、有序进行不良资产处置、解决失业人员再就业和生活保障以及专项奖补等政策进行配套。

2. 供给侧政策改革化解产能过剩

如前所述，长期来看治理产能过剩可以从宏观调控、中观组织和微观企业行为调整三个大的方面进行。“治表”关键在于“治里”，所有的政策设计，均应瞄准“病灶”，从源头上治理产能过剩。遵循上述两个原则，可以在以下几方面设计化解产能过剩的政策体系。

首先，应深化政府行政管理体制改革，以财税体制改革为牵引优化产能布局。在当前的财税体制下，中央政府与地方政府分税结构使得财权与事权不匹配，事权下移而财权上移，地方政府普遍面临着入不敷出的困境。由此，地方政府在选择产业时易选择能够创造 GDP 和税收的行业，而这些行业多集中在高污染、高耗能的行业上，也是容易出现产能过剩的行业。不改变财税体制，产能布局难以优化。统筹全局，加强对地方政府的竞争性引资监管。地方政府的无序引资竞争、提供各种竞争性补贴是扭曲企业投资行为、导致产能过剩的一个重要因素。因此统筹全局，对地方政府的竞争性引资进行监管十分重要。在产业政策的实施过程中，现有做法是采用审批方式来控制各地区的项目额度，这并不一定是有效率的。长期来看，需要监管并禁止的是地方政府直接参与经济决策的程度，而不是项目额度本身。一些产能过剩的行业，主要目标市场是国外而不是本土市场，政府参与经济决策越多、补贴越多，产能过剩问题越严重，也越容易受到国外“双反”的调查和起诉。因此，限制地方政府参与经济决策和无序竞争引资不仅有利于缓解产能过剩问题，也有助于改善国际贸易条件。

其次，要完善市场为主调节产能的机制设计。完善和优化企业的市场进入和退出机制，企业的自由进入与自由退出是市场机制发挥作用的一个重要前提。在一些重要行业，尤其是产业政策涉及的一些行业，企业的进入需要严格的政府审批，但产能过剩依然严峻，表明企业退出可能存在更大的障碍。因此短期内，治理产能过剩可以首先降低企业的退出障碍，让低效率企业退出市场，避免恶性竞争；长期内，也应降低企业的进入障碍，在市场准入方面实行“注册登记制度”而不是“审批制度”，引入动态竞争机制，让在位企业在竞争环境而不是在“进入壁垒”保护环境下生存。培育和建设有效的企业控制权交易市场。降低企业的退出障碍，可以通过市场化机制来实现，关键在于形成一个有效的企业控制权交易市场。企业控制权交易市场的重要功能在于实现高效率对低效率的接管，当拥有大量“资产专用性”投资的企业欲退出市场时，企业控制权交易是退出成本最低的方式，降低了因为退出成本过高而过剩产能无法退出的概率。高效率企业接管低效率企业而企业并未退出相应市场，是否有助于缓解产能过剩？答案是肯定的。被接管的压力，使企业在投资扩张决策时会更加谨慎。产业政策支持下的企业盲目投资带来的损失，最终会由财政来补贴部分损失，具有国资背景的企业更是如此，国有企业控制权不容易丧失的特征与产能过剩必然同时存在。允许国有企业的控制权在市场交易可以缓解产能过剩。

最后，确立竞争政策为主的管制体系。产业政策可以“做大”产业，只有竞争政策才能“做强”产业。治理产能过剩的产业政策应让位于竞争政策。带有计划管制和数量控制性质的产业政策可以让一个国家的产业“变大”，理由是后发国家可以追随先发国家道路实施赶超，路径是通过迅速模仿的方式；但是让产业“变强”的政策必须由竞争政策来实现，理由在于产业竞争力源于创新，尤其是前无古人的创新，这就需要企业拿“真金白银”抵御创新失败的风险，而政府在“破坏性创新”方面未必比企业知道的信息更充分。而治理产能过剩就属于让产业“变强”的政策，因此产业政策应逐步让位于竞争政策。产业政策执行过程中，政策性补贴应由“输血”向“造血”转变。政策性补贴有助于企业的创立和发展，但“输血型”政策性补贴通常会降低企业使用的要素价格，是对市场机制的一种扭曲，给企业带来错误的激励。而“造血型”的政策补贴，则关注企业的可持续发展能力和创新水平，是对企业经营能力和竞争力的正向激励。在产能过剩的一些行业，企业产品同质化严重，产品升级存在一些技术性障碍。若政府的政策性补贴主要用于鼓励企业技术创新和升级，具有“半公共品”性质的技术革新会提升整个产业的产品质量水平，一定程度上缓解同质产品产能过剩问题。

附　　录

附录1：国务院淘汰落后产能重点工作分工表

序号	工作任务	负责单位	参加单位
1	提出分行业的淘汰落后产能年度目标任务和实施方案，并分解落实到各省（区、市）	工业和信息化部、能源局分别负责	发展改革委、国土资源部、环境保护部、商务部、安全监管总局等相关部门
2	根据国家下达的淘汰落后产能目标任务，制定实施方案，将目标任务分解到市、县，落实到具体企业；将拟淘汰落后产能企业名单报工业和信息化部、能源局	各省、自治区、直辖市人民政府	
3	制定和完善落后产能界定标准	工业和信息化部、能源局分别负责	环境保护部、安全监管总局等相关部门
4	加强投资项目审核管理，严格环评、土地和安全生产审批，防止新增落后产能	发展改革委、工业和信息化部、国土资源部、环境保护部、安全监管总局、能源局分别负责	

续表

序号	工作任务	负责单位	参加单位
5	支持优势企业通过兼并、收购、重组落后产能企业淘汰落后产能	工业和信息化部	发展改革委、国资委、能源局
6	完善差别电价政策，加大对落后产能执行差别电价的力度	发展改革委	工业和信息化部、财政部、电监会、能源局
7	推进资源性产品价格改革	发展改革委	工业和信息化部、财政部、能源局
8	落实和完善资源及环境保护税费制度，强化税收对节能减排的调控功能	财政部	发展改革委、工业和信息化部、国土资源部、环境保护部、税务总局、能源局
9	加强环境保护监督性监测、减排核查和执法检查	环境保护部	工业和信息化部、能源局
10	加强对企业执行产品质量标准情况的监督检查	质检总局	工业和信息化部
11	加强对企业执行产品能耗限额标准情况的监督检查	工业和信息化部、发展改革委、能源局	
12	加强对企业安全生产情况的监督检查	安全监管总局	
13	提高落后产能企业和项目的土地使用成本	国土资源部	
14	采取综合性调控措施，抑制高消耗、高排放产品的市场需求	发展改革委、商务部、财政部	工业和信息化部、能源局等相关部门
15	对未按期完成淘汰落后产能任务的地区严格控制国家安排的投资项目，实行项目“区域限批”	发展改革委、工业和信息化部、环境保护部、能源局等分别负责	

续表

序号	工作任务	负责单位	参加单位
16	对未按规定期限淘汰落后产能的企业吊销排污许可证，银行业金融机构不得提供任何形式的新增授信支持，投资管理部门不予审批和核准新的投资项目，国土资源管理部门不予批准新增用地，相关管理部门不予办理生产许可，撤回已颁发的生产许可证、安全生产许可证	发展改革委、工业和信息化部、国土资源部、环境保护部、人民银行、质检总局、安全监管总局、银监会、能源局分别负责	
17	对未按规定淘汰落后产能、被地方政府责令关闭或撤销的企业，限期办理工商注销登记，或者依法吊销工商营业执照	工商总局	
18	统筹支持各地区开展淘汰落后产能工作，加大对经济欠发达地区的支持和奖励力度	财政部	工业和信息化部、能源局
19	指导、督促地方和企业做好职工安置工作	人力资源社会保障部、发展改革委、财政部	工业和信息化部、能源局
20	提高生产、技术、安全、能耗、环保、质量等国家标准和行业标准水平，做好标准间的衔接，加强标准贯彻	质检总局、国家标准委、工业和信息化部、环境保护部、安全监管总局、能源局等分别负责	

续表

序号	工作任务	负责单位	参加单位
21	统筹安排技术改造资金，落实完善相关税收优惠和金融支持政策，支持对落后产能进行技术改造；对淘汰落后产能任务较重且完成较好的地区和企业，在安排技术改造资金、节能减排资金、投资项目核准备案、土地开发利用、融资支持等方面给予倾斜	发展改革委、工业和信息化部、财政部、国土资源部、人民银行、税务总局、安全监管总局、银监会、能源局分别负责	
22	支持积极淘汰落后产能企业的土地开发利用	国土资源部	
23	向社会公告本地区年度淘汰落后产能的企业名单、落后工艺设备和淘汰时限，定期向国务院有关部门报告工作进展情况	各省、自治区、直辖市人民政府	
24	向社会公告淘汰落后产能企业名单、落后工艺设备、淘汰时限及总体进展情况	工业和信息化部、能源局分别负责	
25	加强工作交流，宣传、推广淘汰落后产能工作先进地区和先进企业的有效做法	工业和信息化部、能源局分别负责	相关部门
26	对各地区淘汰落后产能工作情况进行监督检查，对任务完成情况进行考核，并将情况报告国务院	工业和信息化部、发展改革委、财政部、能源局	监察部、国土资源部、环境保护部、商务部、人民银行、工商总局、质检总局、安全监管总局、银监会、电监会
27	对瞒报、谎报淘汰落后产能进展情况或整改不到位的地区，依法追究该地区有关责任人员的责任	监察部	

续表

序号	工作任务	负责单位	参加单位
28	建立淘汰落后产能工作部际协调机制	工业和信息化部	发展改革委、监察部、财政部、人力资源社会保障部、国土资源部、环境保护部、农业部、商务部、人民银行、国资委、税务总局、工商总局、质检总局、安全监管总局、银监会、电监会、能源局
29	根据“十二五”规划研究提出下一步淘汰落后产能的目标	工业和信息化部、能源局分别负责	相关部门

资料来源：《国务院关于进一步加强淘汰落后产能工作的通知》（国发〔2010〕7号）。

附录2：部分产能严重过剩行业产能置换实施办法

第一章 总则

第一条 为遏制产能严重过剩行业盲目扩张，严禁新增产能，化解产能过剩矛盾，引导产业有序转移和布局优化，推进行业结构调整和转型升级，按照《国务院关于化解产能严重过剩矛盾的指导意见》（国发〔2013〕41号）和《国务院关于印发大气污染防治行动计划的通知》（国发〔2013〕37号）要求，制定本办法。

第二条 产能严重过剩行业项目建设，须制定产能置换方案，实施等量或减量置换，在京津冀、长三角、珠三角等环境敏感区域，实施减量置换。

第三条 本办法适用的部分产能严重过剩行业为：钢铁（炼钢、炼铁）、电解铝、水泥（熟料）、平板玻璃行业。

本办法所称的产能严重过剩行业建设项目，包括新建、改建、扩建，以及按照国发〔2013〕41号文件要求清理的未经国家核准且有必要继续建设的在建项目（以下统称“建设项目”）。水泥粉磨站建设项目，可不制定产能等量或减量置换方案，依据本地区水泥工业结构调整方案优化布局。

本办法所称的产能等量置换是指建设项目应淘汰与该项目产能数量相等的落后或过剩产能；减量置换是指建设项目应淘汰大于该项目产能数量的落后或过剩产能。

本办法所称的京津冀、长三角、珠三角等环境敏感区域是指北京市、天津市、河北省、上海市、江苏省、浙江省，以及广东省的广州、深圳、珠海、佛山、江门、东莞、中山、惠州、肇庆等9市，以及其他环境敏感区域。

第二章　置换产能确定

第四条　新（改、扩）建项目产能置换指标，须为2013年及以后列入工业和信息化部公告或省级人民政府完成任务公告（以下统称"列入公告"）的企业淘汰产能（不含各地列入明确压减范围的钢铁产能）。已超过国家明令淘汰期限的落后产能，不得用于产能置换。

经省级工业主管部门审批已实施JT窑技术改造，并经省级行业协会等组织鉴定的JT窑，可用于水泥熟料新（改、扩）建项目产能置换。

未经国家核准的在建项目产能置换指标，须为2011年及以后列入公告的企业淘汰产能。

2011年以来列入工业和信息化部公告的淘汰产能数量，依照工业和信息化部公告核定；未列入工业和信息化部公告但列入省级人民政府完成任务公告的淘汰产能数量，依照省级人民政府完成任务公告核定。

建设项目产能数量和2015年以后拟淘汰的产能数量，依照换算表核定。用于置换的产能指标不得重复使用。

第五条　京津冀、长三角、珠三角等环境敏感区域需置换淘汰的产能数量按不低于建设项目产能的1.25倍予以核定，其他地区实施等量置换。

第三章　产能置换指标交易

第六条　支持跨地区产能置换，引导国内有效产能向优势企业和更具比较优势的地区集中，推动形成分工合理、优势互补、各具特色的区域经济和产业发展格局。鼓励各地积极探索实施政府引导、企业自愿、市场化运作的产能置换指标交易。

第七条　产能置换指标交易由各省（区、市）工业和信息化主管部门进行组织协调，制定具体交易实施办法，报省级人民政府同意后执行。

第八条　工业和信息化部搭建全国产能置换指标供需信息平台，

为产能置换提供信息服务。同时，探索建立全国产能置换指标交易平台。

第九条 用于跨省交易的产能置换指标，需指标出让方省级工业和信息化主管部门报省级人民政府确认和公告。各省级工业和信息化主管部门将产能指标的出让和需求信息，按要求送工业和信息化部在全国产能置换指标供需信息平台（http：//cyzy. miit. gov. cn）发布。

第四章 置换方案内容和确认

第十条 产能置换方案主要包括淘汰项目和建设项目基本情况，须明确以下内容：

（一）淘汰项目所属的行业和地区、企业名称、组织机构代码、主体设备（生产线）、核定的产能和拆除时间，以及相关材料（工商营业执照、税务登记证、生产许可证等有效证明材料）。

（二）建设项目所属的行业和地区、企业名称、拟建的主体设备和产能。

（三）通过跨省（区、市）交易获得的产能置换指标，需提供指标出让方省级人民政府确认意见，以及供需双方省级工业和信息化主管部门完成交易的确认意见。

第十一条 建设项目企业按照本办法相关条款规定，制定产能置换方案，按各省（区、市）相关要求报送省级工业和信息化主管部门。

第十二条 各省级工业和信息化主管部门按照本办法相关条款规定，核实产能置换方案，确保淘汰项目真实、产能合理，明确置换产能淘汰期限。

第十三条 各省级工业和信息化主管部门将产能置换方案及核实意见，报省级人民政府确认后向社会公告。

第五章 置换方案监督落实

第十四条 工业和信息化部组织对各省（区、市）确认的置换方案进行抽查。同时，积极发挥行业协会等社会各界监督作用。

第十五条　各省级工业和信息化主管部门，根据省级人民政府向社会公告的产能置换方案，按照《关于印发淘汰落后产能工作考核实施方案的通知》（工信部联产业〔2011〕46 号）要求，将用于置换的全部淘汰项目，列入年度淘汰落后和过剩产能任务，按要求组织淘汰，使其不能恢复生产。

第十六条　工业和信息化部组织淘汰落后产能工作部际协调小组成员单位，对各地淘汰落后和过剩产能情况进行监督检查，并公开检查结果。

第六章　附则

第十七条　本办法适用于在中华人民共和国境内依法注册的各类所有制企业。

第十八条　本办法自发布之日起施行，有效期至 2017 年 12 月 31 日，并根据产业发展情况适时修订。

第十九条　工业和信息化部之前发布的产能置换相关文件要求与本办法不一致的，按本办法执行。

第二十条　本办法由工业和信息化部负责解释。

附录3：部分工业行业淘汰落后生产工艺装备和产品指导目录（2010年本）

一 钢铁

1. 30平方米以下烧结机

2. 90平方米以下烧结机（2013年）

3. 8平方米以下球团竖炉

4. 24平方米及以下铬矿、锰矿带式烧结机

5. 环形烧结机

6. 土烧结矿工艺

7. 热烧结矿工艺

8. 300立方米及以下的炼铁高炉

9. 300立方米以上、400立方米及以下的炼铁高炉（2011年）

10. 200立方米及以下的专业铸铁管厂高炉

11. 100立方米及以下的锰铁高炉

12. 生产地条钢、普碳钢的工频和中频感应炉（机械铸造用钢锭除外）；工频和中频感应炉等生产的地条钢、普碳钢及以其为原料生产的钢材产品

13. 20吨及以下炼钢转炉

14. 20吨以上、30吨及以下炼钢转炉（2011年）

15. 9000千伏安及以下（公称容量20吨及以下）炼钢电炉

16. 9000千伏安以上、15000千伏安及以下（公称容量20吨以上、30吨及以下）炼钢电炉（2011年）

17. 5000千伏安及以下（公称容量10吨及以下）高合金钢电炉

18. 复二重线材轧机

19. 叠轧薄板轧机

20. 横列式棒材及型材轧机

21. 普钢初轧机及开坯用中型轧机

22. 热轧窄带钢（600 毫米及以下）轧机

23. 三辊劳特式中板轧机

24. 直径 76 毫米以下热轧无缝管机组

25. 三辊横列式型线材轧机（不含特殊钢生产）

26. 生产预应力钢丝的单罐拉丝机

27. 预应力钢材生产消除应力处理的铅淬火工艺

28. 环保不达标的冶金炉窑

29. 土法炼焦（含改良焦炉）；单炉产能 5 万吨/年以下或无煤气、焦油回收利用和污水处理达不到准入条件要求的半焦（兰炭）生产装置

30. 单炉产能 7.5 万吨/年以下的半焦（兰炭）生产装置（2012 年）

31. 未达到焦化行业准入条件要求的热回收焦炉（2012 年）

32. 炭化室高度 4.3 米（捣固焦炉 3.8 米）以下常规机焦炉（西部地区或城市汽源生产企业的炭化室高度 3.2 米捣固焦炉，2012 年）

33. 单套加工能力 2.5 万吨/年及以下的酸洗蒸馏法苯加工工艺和装置（2012 年）

34. 酸洗蒸馏法苯加工工艺和装置（2015 年）

35. 单套处理无水煤焦油 5 万吨/年及以下的煤焦油加工装置（2012 年）

36. 手工操作的土沥青焦油浸渍装置，矿石原料与固体原料混烧、自然通风、手工操作的土竖窑，以煤为燃料、烟尘净化不能达标的倒焰窑

37. 6300 千伏安以下铁合金矿热电炉

38. 6300 千伏安铁合金矿热电炉（2012 年）（国家级贫困县、利用独立运行的小水电 2014 年）

39. 3000 千伏安以下铁合金半封闭直流电炉和精炼电炉

40. 1500 千伏安以下铁合金硅钙合金电炉和硅钙钡铝合金电炉

41. 5000 千伏安以下铁合金硅钙合金电炉和硅钙钡铝合金电炉

（2013 年）

42. 单产 5 吨/炉以下的钛铁熔炼炉、用反射炉焙烧钼精矿的钼铁生产线及用反射炉还原、煅烧红矾钠、铬酐生产金属铬的生产线

43. 还原二氧化锰矿用反射炉（包括硫酸锰厂用反射炉、矿粉厂用反射炉等）

44. 电解金属锰一次压滤用除高压隔膜压滤机以外的板框、箱式压滤机

45. 电解金属锰用 5000 千伏安及以下的整流变压器、150 立方米及以下的化合槽（2011 年）

46. 电解金属锰用 5000 千伏安以上、6000 千伏安及以下的整流变压器；150 立方米以上、170 立方米及以下的化合槽（2014 年）

47. 蒸汽加热混捏、倒焰式焙烧炉、艾奇逊交流石墨化炉、10000 千伏安及以下三相桥式整流艾奇逊直流石墨化炉及其并联机组

48. 有效容积 18 立方米及以下轻烧反射窑

49. 有效容积 30 立方米及以下重烧镁砂竖窑

50. 热轧硅钢片

51. Ⅰ级螺纹钢筋产品

52. Ⅱ级螺纹钢筋产品（按建筑行业用钢标准和建筑规范要求淘汰）

53. 25A 空腹钢窗料

54. 普通松弛级别的钢丝、钢绞线

二　有色金属

1. 烟气制酸干法净化和热浓酸洗涤工艺

2. “二人转”式有色金属轧机

3. 密闭鼓风炉、电炉、反射炉炼铜工艺及设备

4. 电解铝自焙槽

5. 80 千安及以下电解铝预焙槽

6. 80 千安以上、100 千安及以下电解铝预焙槽（2011 年）

7. 采用烧结锅、烧结盘、简易高炉等落后方式炼铅工艺及设备

8. 未配套制酸及尾气吸收系统的烧结机炼铅工艺

9. 烧结—鼓风炉炼铅工艺（2012 年）

10. 采用马弗炉、马槽炉、横罐、小竖罐（单日单罐产量 8 吨以下）等进行焙烧、简易冷凝设施进行收尘等落后方式炼锌或生产氧化锌制品

11. 采用地坑炉、坩埚炉、赫氏炉等落后方式炼锑

12. 采用铁锅和土灶、蒸馏罐、坩埚炉及简易冷凝收尘设施等落后方式炼汞

13. 采用土坑炉或坩埚炉焙烧、简易冷凝设施收尘等落后方式炼制氧化砷或金属砷制品

14. 无烟气治理措施的再生铜焚烧工艺及设备

15. 坩埚炉再生铝合金、再生铅生产工艺及设备（2011 年）

16. 直接燃煤反射炉再生铝、再生铅、再生铜生产工艺及设备（2011 年）

17. 50 吨以下传统固定式反射炉再生铜生产工艺及设备（2012 年）

18. 4 吨以下反射炉再生铝生产工艺及设备（2011 年）

19. 独居石等具有放射性的稀土单一矿种开发生产设施

20. 离子型稀土原矿堆浸、池浸工艺

21. 氨皂化稀土冶炼分离工艺

22. 湿法生产电解用氟化稀土生产工艺

23. 稀土氯化物电解制备金属工艺

24. 规模低于 1500 吨/年，电流效率低于 85% 的稀土金属冶炼生产工艺设备（重稀土金属冶炼装置除外）

25. 规模低于 2000 吨（REO）/年的混合型稀土矿冶炼分离生产设施（2013 年）

26. 规模低于 2000 吨（REO）/年的氟碳铈矿冶炼分离生产设施（2013 年）

27. 规模低于 1500 吨（REO）/年的离子型稀土矿冶炼分离生产设施（2013 年）

28. 混汞提金工艺

29. 小氰化池浸工艺、小冶炼提金工艺

30. 处理砂金矿砂 20 万立方米/年以下的砂金开采生产设施

31. 处理矿石规模 50 吨/日以下的金矿采选生产设施

32. 无环保措施的提取线路板中金、银、钯等贵重金属的简易酸浸工艺

33. 有色金属矿物选矿使用重铬酸盐或氰化物等剧毒药剂的分离工艺

34. 高杂质含量、高氧含量铜线杆（黑杆）

35. 辉钼矿和镍钼矿反射炉焙烧工艺

三　化工

1. 10 万吨/年以下的硫铁矿制酸和硫磺制酸生产装置（边远地区除外）

2. 50 万条/年及以下的斜交轮胎生产线，以天然棉帘子布为骨架的轮胎生产线

3. 1.5 万吨/年及以下的干法造粒炭黑生产装置（特种炭黑和半补强炭黑除外）

4. 单台磷炉变压器容量 10000 千伏安以下黄磷生产装置（变压器容量 7200 千伏安及以上、10000 千伏安以下尾气和炉渣能够全部综合利用的除外）（2010 年）

5. 有钙焙烧铬化合物生产工艺（2013 年）

6. 单线产能 1 万吨/年以下三聚磷酸钠、0.5 万吨/年以下六偏磷酸钠、0.5 万吨/年以下三氯化磷、3 万吨/年以下饲料磷酸氢钙

7. 1 万吨以下无水氟化氢（HF）产品达不到 GB7746、5000 吨/年以下氢氟酸产品达不到 GB7744 生产装置（综合利用项目以及 4N 以上电子级除外）、5000 吨/年以下湿法氟化铝（综合利用除外）及敞开式结晶氟盐生产装置

8. 汞法烧碱、石墨阳极隔膜法烧碱、未采用节能措施（扩张阳极、改性隔膜等）的普通金属阳极隔膜法烧碱生产装置

9. 电石渣采用堆存处理的 5 万吨/年以下的电石法聚氯乙烯生产装置

10. 开放式电石炉

11. 单台炉变压器容量小于12500千伏安的电石炉（2010年）

12. 生产氰化钠的氨钠法及氰熔体工艺

13. 钠法百草枯生产工艺

14. 农药产品手工包（灌）装工艺及设备（2010年）

15. 非封闭生产三氯杀螨醇工艺

16. 100吨/年以下皂素（含水解物）生产装置

17. 盐酸酸解法皂素生产工艺及污染物排放不能达标的皂素生产装置

18. 皂素酸法水解生产工艺

19. KDON－6000/6600型蓄冷器流程空分设备

20. 用火直接加热的涂料用树脂生产工艺

21. 四氯化碳（CTC）以及所有使用四氯化碳为加工助剂的产品的生产工艺装置（根据国家履行国际公约总体计划要求淘汰）

22. CFC－113为加工助剂的含氟聚合物的生产工艺装置（根据国家履行国际公约总体计划要求淘汰）

23. 氯氟烃（CFCs）、用于清洗的1，1，1－三氯乙烷（甲基氯仿）的生产工艺装置（根据国家履行国际公约总体计划要求淘汰）

24. 以六氯苯为原料生产五氯酚（钠）工艺（根据国家履行国际公约总体计划要求淘汰）

25. 甲基溴生产装置（2010年）

26. 半水煤气氨水液相脱硫工艺技术

27. 一氧化碳常压变换及全中温变换（高温变换）工艺

28. 废旧橡胶土法炼油工艺

29. 橡胶硫化促进剂N－氧联二（1，2－亚乙基）－2－苯并噻唑次磺酰胺（NOBS）和橡胶防老剂D装置（2010年）

30. 2万吨/年以下普通级碳酸钡生产装置（2011年）

31. 3000吨/年以下普通级硫酸钡、氢氧化钡、氯化钡、硝酸钡生产装置（2011年）

32. 1.5万吨/年以下普通级碳酸锶生产装置（2011年）

33. 农药粉剂雷蒙机法生产工艺

34. 5000 吨/年以下湿法氟化铝生产装置（副产综合利用除外）

35. 四氯化碳溶剂法制取氯化橡胶生产工艺

36. 平炉法高锰酸钾生产工艺

37. 平炉法和大锅蒸发法硫化碱生产工艺

38. 芒硝法硅酸钠（泡化碱）生产工艺

39. 铁粉还原法工艺（4，4-二氨基二苯乙烯-二磺酸［DSD酸］、2-氨基-4-甲基-5-氯苯磺酸［CLT酸］、1-氨基-8-萘酚-3，6-二磺酸［H酸］产品暂缓淘汰）

40. 年产3亿只以下的天然胶乳安全套生产装置

41. 轮胎、自行车胎、摩托车胎手工刻花硫化模具

42. 多氯联苯（变压器油）

43. 氯化汞催化剂（氯化汞含量6.5%以上）（2015年）

44. 废物不能有效利用或三废排放不达标的钛白粉生产装置

45. 淀粉糖酸法生产工艺

46. 焦油间歇法生产沥青工艺

47. 敌百虫碱减法生产敌敌畏工艺

48. 国家明令禁止生产的农药产品：除草醚、杀虫脒、毒鼠强、氟乙酰胺、氟乙酸钠、二溴氯丙烷、磷胺、甘氟、毒鼠硅、甲胺磷、对硫磷、甲基对硫磷、久效磷、10%草甘膦水剂

49. 国际公约需要淘汰的农药产品：氯丹、林丹、七氯、毒杀芬、滴滴涕、六氯苯、灭蚁灵、艾氏剂、狄氏剂、异狄氏剂

50. 落后农药产品：治螟磷（苏化203）、硫环磷（乙基硫环磷）、甲基硫环磷、磷化钙、磷化锌、福美胂、福美甲胂及所有胂制剂

51. 聚乙烯醇及其缩醛类内外墙涂料（106、107涂料等）

52. 有害物质含量超过《室内装饰装修材料内墙涂料中有害物质限量》（GB18582）标准的内墙涂料

53. 多彩内墙涂料（树脂以硝化纤维素为主，溶剂以二甲苯为主的O/W型涂料）

54. 有害物质含量超过《室内装饰装修材料溶剂型木器涂料中有害物质限量》（GB18581）标准的溶剂型木器涂料

55. 氯乙烯－偏氯乙烯共聚乳液外墙涂料

56. 聚醋酸乙烯乳液类（含乙烯/醋酸乙烯酯共聚物乳液）外墙涂料

57. 有害物质含量超过《建筑用外墙涂料中有害物质限量》标准的外墙涂料

58. 焦油型聚氨酯防水涂料

59. 水性聚氯乙烯焦油防水涂料

60. 改性淀粉涂料

61. 含有机锡的防污涂料

62. 含三丁基锡、红丹的涂料

63. 含滴滴涕的涂料

64. 含异氰脲酸三缩水甘油酯（TGIC）的粉末涂料

65. 有害物质含量超过《玩具涂料中有害物质限量》标准的玩具涂料

66. 有害物质含量超过《汽车涂料中有害物质限量》标准的汽车涂料

67. 含苯类、苯酚、苯甲醛和二（三）氯甲烷的脱漆剂

68. 聚氯乙烯建筑防水接缝材料（焦油型）

69. 分散黄3、分散蓝1、直接红28、直接蓝6、直接黑38、碱性红9、酸性红26、酸性紫49、溶剂黄1等九种染料，用于纺织品染色的在还原条件下会裂解产生24种有害芳香胺的偶氮染料

70. 高污染、高环境风险染料：C. I. 直接黄24、C. I. 直接红1、C. I. 直接红2、C. I. 直接红13、C. I. 直接红28、C. I. 直接紫1、C. I. 直接紫12、C. I. 直接绿1、C. I. 直接绿6、C. I. 直接绿85、C. I. 直接蓝1、C. I. 直接蓝2、C. I. 直接蓝6、C. I. 直接蓝9、C. I. 直接蓝14、C. I. 直接蓝15、C. I. 直接蓝22、C. I. 直接蓝76、C. I. 直接蓝151、C. I. 直接蓝201、C. I. 直接棕1、C. I. 直接棕2、C. I. 直接棕12、C. I. 直接棕79、C. I. 直接棕95、C. I. 直接棕101、C. I.

直接棕 154、C. I. 直接棕 222、C. I. 直接棕 223、C. I. 直接黑 38、C. I. 直接黑 91、C. I. 直接黑 154、C. I. 酸性橙 45、C. I. 酸性红 26、C. I. 酸性红 73、C. I. 酸性红 85、C. I. 酸性红 114、C. I. 酸性红 115、C. I. 酸性红 128、C. I. 酸性红 158、C. I. 酸性紫 12、C. I. 酸性紫 49、C. I. 酸性黑 29、C. I. 酸性黑 94、C. I. 酸性黑 132、C. I. 分散黄 7、C. I. 分散黄 23、C. I. 分散黄 56、C. I. 溶剂红 23、C. I. 溶剂红 24

71. 软边结构自行车胎

72. 以棉帘线为骨架材料的普通输送带和以尼龙帘线为骨架材料的普通 V 带

73. 立德粉

74. 瘦肉精

75. 密闭式包装型乳化炸药基质冷却机

76. 密闭式包装型乳化炸药低温敏化机

77. 小直径手工单头炸药装药机

78. 轴承包覆在药剂中的混药、输送等炸药设备

79. 起爆药干燥工序采用蒸汽烘房干燥的工艺

80. 延期元件（体）制造工序采用手工装药的工艺

81. 雷管装填、装配工序及工序间的传输无可靠防殉爆措施的工艺

82. 导爆管制造工序加药装置无可靠防爆设施的生产线

83. 危险作业场所未实现远程视频监视的工业炸药和工业雷管生产线（2010 年）

84. 危险作业场所未实现远程视频监视的导爆索生产线（2011 年）

85. 采用传统轮碾方式的炸药制药工艺（2011 年）

86. 起爆药生产废水达不到《兵器工业水污染排放标准火工药剂》（GB14470. 2）要求排放的生产工艺（2011 年）

87. 乳化器出药温度大于 130℃ 的乳化工艺（2013 年）

88. 小直径含水炸药装药效率低于 1200kg/h、小直径粉状炸药装药效率低于 800kg/h 的装药机（2013 年）

89. 有固定操作人员的场所，噪声超过 85 分贝以上的炸药设备（2013 年）

90. 全电阻极差大于 1.5Ω 的电雷管（钢芯脚线长度 2m）生产技术（2013 年）

91. 装箱产品下线未实现生产数据在线采集、及时传输的生产线（2013 年）

92. 全电阻极差大于 1.0Ω 的电雷管（钢芯脚线长度 2m）生产工艺（2015 年）

93. 工序间无可靠防传爆措施的导爆索生产线（2013 年）

94. 制索工序无药量在线检测、自动联锁保护装置的导爆索生产线（2013 年）

95. 最大不发火电流小于 0.25A 的普通型电雷管生产工艺（2015 年）

96. 雷管装填工序未实现人机隔离的生产工艺（2015 年）

97. 雷管卡口、检查工序间需人工传送产品的生产工艺（2015 年）

98. 火雷管

99. 导火索

100. 铵梯炸药

101. 纸壳雷管（2011 年）

四　建材

1. 平拉工艺平板玻璃生产线（含格法）

2. 窑径 2.2 米及以下水泥机械化立窑

3. 窑径 2.2 米以上、3.0 米以下水泥机械化立窑（2012 年）

4. 水泥干法中空窑（生产高铝水泥除外）

5. 水泥干法中空余热发电窑（2012 年）

6. 水泥湿法窑（主要用于处理污泥、电石渣等除外）

7. 直径 2.2 米及以下的磨机（生产特种水泥的除外）

8. 水泥粉磨站直径 3.0 米以下的球磨机（西部省份的边远地区除外）（2012 年）

9. 无复膜塑编水泥包装袋生产线

10. 年产 70 万平方米以下中低档建筑陶瓷砖、年产 20 万件以下低档卫生陶瓷生产线

11. 年产 400 万平方米及以下纸面石膏板生产线

12. 聚乙烯丙纶类复合防水卷材二次加热复合成型生产工艺

13. 年产 500 万平方米以下改性沥青类防水卷材生产线（2010 年）

14. 年产 500 万平方米以下沥青复合胎柔性防水卷材生产线

15. 年产 100 万卷以下沥青纸胎油毡生产线

16. 建筑卫生陶瓷土窑、倒焰窑、多孔窑、煤烧明焰隧道窑、隔焰隧道窑、匣钵装卫生陶瓷隧道窑

17. 建筑陶瓷砖成型用摩擦压砖机

18. 石灰土立窑

19. 陶土坩埚玻璃纤维拉丝生产工艺与装备

20. 砖瓦 24 门以下轮窑（2010 年）

21. 砖瓦 18 门以下轮窑以及立窑、无顶轮窑、马蹄窑等土窑

22. 普通挤砖机

23. SJ1580－3000 双轴、单轴搅拌机

24. SQP400500－700500 双辊破碎机

25. 1000 型普通切条机

26. 100 吨以下盘转式压砖机

27. 手工制作墙板生产线

28. 简易移动式混凝土砌块成型机、附着式振动成型台

29. 单班年产 1 万立方米以下的混凝土砌块固定式成型机，单班年产 10 万平方米以下的混凝土铺地砖固定式成型机

30. 人工浇筑、非机械成型的石膏（空心）砌块生产工艺

31. 真空加压法和气炼一步法石英玻璃生产工艺装备

32. （6×600）吨六面顶小型压机生产人造金刚石工艺

33. 非蒸压养护加气混凝土生产线，手工切割加气混凝土生产线

34. 不符合环保、安全生产要求的非金属矿开采，非机械化非金

属矿开采

35. 用于制备轻烧氧化镁的土焙烧窑、土煅烧窑

36. 标准煤耗≥330 公斤/吨、容积≤18 立方米轻烧菱镁反射炉

37. 非烧结、非蒸压粉煤灰砖

38. 装饰石材矿山硐室爆破开采技术、吊索式大理石土拉锯

39. 使用非耐碱玻纤或非低碱水泥生产的玻纤增强水泥（GRC）空心条板

40. 陶土坩埚拉丝玻璃纤维和制品及其增强塑料（玻璃钢）制品

41. 25A 空腹钢窗

42. S－2 型混凝土轨枕

43. 一次冲洗用水量 9 升以上的便器

44. 角闪石石棉（即蓝石棉）

45. 非机械生产中空玻璃、双层双框各类门窗及单腔结构型的塑料门窗

46. 聚乙烯芯材厚度在 0.5mm 以下的聚乙烯丙纶复合防水卷材；聚氯乙烯防水卷材（S 型）；棉涤玻纤（高碱）网格复合胎基材料

47. 实心粘土砖

48. 湿法模塑成型的混凝土路面砖、路缘石

五　机械

1. 热处理铅浴炉

2. 热处理氯化钡盐浴炉（高温氯化钡盐浴炉，暂缓淘汰）

3. 插入式电极盐浴炉

4. 用重质耐火砖作为炉衬的热处理加热炉

5. 燃煤火焰反射加热炉

6. 重质砖炉衬台车炉

7. 手动燃气锻造炉

8. 燃煤锻造加热炉

9. SX 系列箱式电阻炉

10. 中频发电机感应加热电源

11. 无磁轭（≥0.25 吨）铝壳无芯中频感应电炉（2015 年）

12. 无芯工频感应电炉
13. 以焦炭为燃料的有色金属熔炼炉
14. 小吨位（≤3 吨/小时）铸造冲天炉（2015 年）
15. 粘土砂干型/芯铸造工艺
16. 铸/锻件酸洗工艺
17. 3000 千伏安以下普通棕刚玉冶炼炉
18. 4000 千伏安以下固定式棕刚玉冶炼炉（2011 年）
19. 3000 千伏安以下碳化硅冶炼炉
20. 直径 1.98 米水煤气发生炉
21. 含氰电镀工艺（电镀金、银、铜基合金及予镀铜打底工艺，暂缓淘汰）
22. 含氰沉锌工艺
23. 以氯氟烃（CFCs）作为膨胀剂的烟丝膨胀设备生产线
24. T100、T100A 推土机
25. WP－3 挖掘机
26. KJ1600/1220 单筒提升绞机
27. Q51 汽车起重机
28. QT16、QT20、QT25 井架简易塔式起重机
29. TQ60、TQ80 塔式起重机
30. A571 单梁起重机
31. TD60、TD62、TD72 型固定带式输送机
32. ZP－II、ZP－III 干式喷浆机
33. 0.35 立方米以下的气动抓岩机
34. 矿用钢丝绳冲击式钻机
35. БY－40 石油钻机
36. J31－250 机械压力机
37. 强制驱动式简易电梯
38. C620、CA630 普通车床
39. C616、C618、C630、C640、C650 普通车床（2015 年）
40. X920 键槽铣床

41. X52、X62W320×150 升降台铣床
42. B665、B665A、B665-1 牛头刨床
43. D6165、D6185 电火花成型机床
44. D5540 电脉冲机床
45. 无法安装安全保护装置的冲床
46. Q11-1.6×1600 剪板机
47. J53-400、J53-630、J53-1000 双盘摩擦压力机
48. B 型、BA 型单级单吸悬臂式离心泵系列
49. F 型单级单吸耐腐蚀泵系列
50. DG270-140、DG500-140、DG375-185 锅炉给水泵
51. GC 型低压锅炉给水泵
52. JD 型长轴深井泵
53. 各种容量的固定炉排燃煤锅炉（双层固定炉排锅炉除外）
54. KDON-3200/3200 型蓄冷器全低压流程空分设备
55. KDON-1500/1500 型蓄冷器（管式）全低压流程空分设备
56. KDON-1500/1500 型管板式全低压流程空分设备
57. 3W-0.9/7（环状阀）空气压缩机
58. 1-10/8、1-10/7 型动力用往复式空气压缩机
59. 8-18 系列、9-27 系列高压离心通风机
60. BX1-135、BX2-500 交流弧焊机
61. 电动机驱动旋转直流弧焊机（全系列）
62. 动圈式和抽头式硅整流弧焊机
63. 磁放大器式弧焊机
64. AX1-500、AP-1000 直流弧焊电动发电机
65. JDO_2、JDO_3 系列变极、多速三相异步电动机
66. JO_2、JO3 系列小型异步电动机
67. YB 系列（机座号 63—355 毫米，额定电压 660 伏及以下）、YBF 系列（机座号 63—160 毫米，额定电压 380 伏、660 伏或 380/660 伏）、YBK 系列（机座号 100—355 毫米，额定电压 380/660 伏、660/1140 伏）隔爆型三相异步电动机

68. 4146 柴油机

69. E135 二冲程中速柴油机（包括 2、4、6 缸三种机型）

70. TY1100 型单缸立式水冷直喷式柴油机

71. 165 单缸卧式蒸发水冷、预燃室柴油机

72. 低于国Ⅱ排放的车用发动机

73. 以未安装燃油量限制器（简称限油器）的单缸柴油机为动力装置的农用运输车（指生产与销售）

74. 使用单缸柴油机道路车辆（2020 年起）

75. 燃油助力车

76. 3 吨直流架线式井下矿用电机车

77. 单壳油船

78. 船长大于 80 米的船舶整体建造工艺（2011 年）

79. 机动车制动用含石棉材料的摩擦片

80. 位式交流解除器温度控制柜

81. 热电偶（分度号 LL－2、LB－3、EU－2、EA－2、CK）

82. 热电阻（分度号 BA、BA2、G）

83. DDZ－I 型电动单元组合仪表

84. GGP－01A 型皮带秤

85. BLR－31 型称重传感器

86. WFT－081 辐射感温器

87. CER 膜盒系列

88. WDH－1E、WDH－2E 光电温度计

89. BC 系列单波纹管差压计

90. LCH－511、YCH－211、LCH－311、YCH－311、LCH－211、YCH－511 型环称式差压计

91. EWC－01A 型长图电子电位差计

92. PY5 型数字温度计

93. XQWA 型条形自动平衡指示仪

94. ZL3 型 X－Y 记录仪

95. DBU－521，DBU－521C 型液位变送器

96. 快速断路器：DS3－10、DS3－30、DS3－50（1000、3000、5000A）、DS10－10、DS10－20、DS10－30（1000、2000、3000A）

97. DZ10 系列塑壳断路器

98. DW10 系列框架断路器

99. CJ8 系列交流接触器

100. QC10、QC12、QC8 系列起动器

101. JR0、JR9、JR14、JR15、JR16－A、B、C、D 系列热继电器

102. 含汞开关和继电器

103. 单相电度表：DD1、DD5、DD5－2、DD5－6、DD9、DD10、DD12、DD14、DD15、DD17、DD20、DD28

104. SL7－30/10～SL7－1600/10、S7－30/10～S7－1600/10 配电变压器

105. 刀开关：HD6、HD3－100、HD3－200、HD3－400、HD3－600、HD3－1000、HD3－1500

106. 热动力式疏水阀：S15H－16、S19－16、S19－16C、S49H－16、S49－16C、S19H－40、S49H－40、S19H－64、S49H－64

107. 废旧船舶滩涂拆解工艺

六　轻工

1. 北方海盐年产 30 万吨、湖盐年产 20 万吨以下的生产设施；真空制盐单套生产能力年产 10 万吨及以下的生产设备

2. 利用矿盐卤水、油气田水且采用平锅制盐生产设备

3. 2 万吨/年及以下的南方海盐生产设施

4. 年加工生皮能力 5 万标张牛皮以下的生产线

5. 年加工蓝湿皮能力 3 万标张牛皮以下的生产线

6. 300 吨/年以下的油墨生产总装置（利用高新技术、无污染的除外）

7. 含苯类溶剂型油墨生产

8. 用于凹版印刷的苯胺油墨

9. 单条年生产能力 3.4 万吨以下的非木浆生产线

10. 年生产能力 5.1 万吨以下的化学木浆生产线

11. 单条年生产能力 1 万吨及以下以废纸为原料的制浆生产线

12. 幅宽在 1.76 米及以下并且车速为 120 米/分以下的文化纸生产线

13. 幅宽在 2 米及以下并且车速为 80 米/分以下的白板纸、箱板纸及瓦楞纸生产线

14. 石灰法地池制浆设备

15. 以氯氟烃（CFCs）为制冷剂和发泡剂的冰箱、冰柜、汽车空调器、工业商业用冷藏、制冷设备生产线

16. 四氯化碳（CTC）为清洗剂的生产工艺（根据国家履行国际公约总体计划要求进行淘汰）

17. CFC－113 为清洗剂的生产工艺

18. 甲基氯仿（TCA）为清洗剂的生产工艺（根据国家履行国际公约总体计划要求进行淘汰）

19. 自行车盐浴焊接炉

20. 印铁制罐行业中的锡焊工艺

21. 火柴排梗、卸梗生产工艺

22. 火柴理梗机、排梗机、卸梗机

23. 含重铬酸钾火柴

24. 冲击式制钉机

25. 打击式金属丝网织机

26. 年产 3 万吨以下酒精生产线（废糖蜜制酒精除外）

27. 年产 3 万吨以下味精生产线

28. 环保不达标的柠檬酸生产工艺及装置

29. 日处理原料乳能力（两班）20 吨以下浓缩、喷雾干燥等设施；200 千克/小时以下手动及半自动液体乳灌装设备（2010 年）

30. 每分钟生产能力小于 150 瓶（瓶容在 250 毫升及以下）的碳酸饮料生产线

31. 生产能力 12000 瓶/时以下的玻璃瓶啤酒灌装生产线（出口除外）

32. 机械定时行列式制瓶机

33. 燃煤和燃发生炉煤气的坩埚玻璃窑，直火式、无热风循环的玻璃退火炉

34. 用聚氯乙烯（PVC）生产接触饮料和食品的包装（2011 年）

35. 湿法纤维板生产工艺

36. 滴水法松香生产工艺

37. 汞电池（氧化汞原电池及电池组、锌汞电池）

38. 含汞高于 0.0001% 的圆柱型碱锰电池

39. 含汞高于 0.0005% 的扣式碱锰电池（2015）

40. 含镉高于 0.002% 的铅酸蓄电池（2013）

41. 开口式普通铅酸电池

42. 厚度低于 0.025 毫米的商品零售购物塑料袋（可降解的除外）

43. 直排式燃气热水器

44. 螺旋升降式（铸铁）水嘴

45. 铸铁截止阀

46. 进水口低于溢流口水面、上导向直落式便器水箱配件

47. 半自动（卧式）工业用洗衣机

48. 外排式四氯乙烯干洗机，分体式和外排式石油干洗机

49. 脂肪酸法制叔胺工艺，发烟硫酸磺化工艺，搅拌釜式乙氧基化工艺

50. 生猪屠宰桥式劈半锯、敞式生猪烫毛机设备

51. 全部铅印机及相关辅机

52. 照相制版机

53. ZD201、ZD301 型系列单字铸字机

54. TH1 型自动铸条机

55. ZT102 型系列铸条机

56. ZDK101 型字模雕刻机

57. KMD101 型字模刻刀磨床

58. AZP502 型半自动汉文手选铸排机

59. ZSY101 型半自动汉文铸排机

60. ZZP101 型汉文自动铸排机

61. TZP101 型外文条字铸排机

62. QY401、2QY404 型系列电动铅印打样机

63. QYSH401、2QY401、DY401 型手动式铅印打样机

64. YX01、YX02、YX03 型系列压纸型机

65. HX01、HX02、HX03、HX04 型系列烘纸型机

66. PZB401 型平铅版铸版机

67. JB01 型平铅版浇版机

68. YZB02、YZB03、YZB04、YZB05、YZB06、YZB07 型系列铅版铸版机

69. RQ02、RQ03、RQ04 型系列铅泵熔铅炉

70. BB01 型刨版机

71. YGB02、YGB03、YGB04、YGB05 型圆铅版刮版机

72. YTB01 型圆铅版镗版机

73. YJB02 型圆铅版锯版机

74. YXB04、YXB05、YXB302 型系列圆铅版修版机

75. P401、P402 型系列四开平压印刷机

76. P801、P802、P803、P804 型系列八开平压印刷机

77. PE802 型双合页印刷机

78. TY201 型对开单色一回转平台印刷机

79. TY401 型四开单色一回转平台印刷机

80. TY4201 型四开一回转双色印刷机

81. TE102、TE105、TE108 型系列全张自动二回转平台印刷机

82. 手动续纸停回转平台印刷机：TT201、TZ201、DT201 型（对开）

83. 半自动停回转平台印刷机：TZ202 型（对开），TZ401、TZS401、DT401 型（四开）

84. 自动停回转平台印刷机：TT202 型（对开），TT402、TT403、TT405、DT402 型（四开）

85. TR801 型系列立式平台印刷机

86. LP1101、LP1103 型系列平板纸全张单面轮转印刷机

87. LP1201 型平板纸全张双面轮转印刷机

88. LP4201 型平板纸四开双色轮转印刷机

89. LSB201（880×1230 毫米）及 LS201、LS204（787×1092 毫米）型系列卷筒纸书刊转轮印刷机

90. LB203、LB205、LB403 型卷筒纸报版轮转印刷机

91. LB2405、LB4405 型卷筒纸双层二组报版轮转印刷机

92. LBS201 型卷筒纸书、报二用轮转印刷机

93. K. M. T 型自动铸字排版机

94. PH－5 型汉字排字机

95. 球震打样制版机（DIAPRESS 清刷机）

96. 1985 年前生产的国产制版照相机

97. 1985 年前生产的手动照排机

98. 离心涂布机

99. 单色胶印机（印刷速度每小时 4000 张及以下）：J2101、PZ1920 系列（对开），J1101 系列（全张），PZ1615 系列（四开），YPS1920 系列（双面）

100. W1101 型全张自动凹版印刷机

101. AJ401 型卷筒纸单面四色凹版印刷机

102. DJ01 型平装胶订联动机

103. PRD－01、PRD－02 型平装胶订联动机

104. DBT－01 型平装有线订、包、烫联动机

105. 溶剂型即涂覆膜机

106. QZ101、QZ201、QZ301、QZ401 型切纸机

107. MD103A 型磨刀机

七　纺织

1. “1”字头的纺纱、织造设备

2. A512、A513 型系列细纱机

3. B581、B582 型精纺细纱机

4. BC581、BC582 型粗纺细纱机

5. 辊长 1000 毫米以下的皮辊轧花机

6. 锯片在 80 以下的锯齿轧花机

7. 压力吨位在 400 吨以下的皮棉打包机（不含 160 吨、200 吨短绒棉花打包机）

8. B591 绒线细纱机

9. B601、B601A 型毛捻线机

10. BC272、BC272B 型粗纺梳毛机

11. B751 型绒线成球机

12. B701A 型绒线摇绞机

13. B250、B311、B311C、B311C（CZ）、B311C（DJ）型精梳机

14. H112、H112A 型毛分条整经机

15. H212 型毛织机

16. 使用期限超过 20 年未经改造的各类国产毛纺细纱机

17. ZD647、ZD721、D101A 型自动缫丝机

18. ZD681 型立缫机

19. DJ561 型绢精纺机

20. K251、K251A 型丝织机

21. Z114 型小提花机

22. GE186 型提花毛圈机

23. Z261 型人造毛皮机

24. 使用期限超过 15 年的浴比大于 1∶10 的棉及化纤间歇式染色设备（2011 年）

25. 未经改造的 74 型染整设备（2011 年）

26. 使用年限超过 15 年的国产和使用年限超过 20 年的进口印染前处理设备、拉幅和定形设备、圆网和平网印花机、连续染色机（2011 年）

27. R531 型酸性老式粘胶纺丝机（2011 年）

28. 年产 2 万吨以下常规粘胶短纤维生产线（2011 年）

29. 二甲基甲酰胺（DMF）溶剂法常规氨纶生产工艺（2011 年）

30. 湿法氨纶生产工艺（2011 年）

31. 二甲基甲酰胺（DMF）溶剂法腈纶生产工艺（2013 年）

32. 硝酸法腈纶常规纤维生产工艺

33. 涤纶长丝锭轴长 900 毫米以下的半自动卷绕设备（2011 年）

34. 间歇法常规聚酯产品设备（2011 年）

35. 螺杆挤出机直径小于等于 90 毫米，年产 2000 吨以下的涤纶再生纺短维生产装置

八　医药

1. 手工胶囊填充工艺

2. 软木塞烫蜡包装药品工艺

3. 不符合 GMP 要求的安瓿拉丝灌封机

4. 塔式重蒸馏水器

5. 无净化设施的热风干燥箱

6. 劳动保护、三废治理不能达到国家标准的原料药生产工艺和装置

7. 使用含苯油墨和添加剂进行表面印刷药包材产品的工艺

8. 铁粉还原法对乙酰氨基酚（扑热息痛）、咖啡因装置

9. 使用氯氟烃（CFCs）作为气雾剂、推进剂、抛射剂或分散剂的医药用品生产工艺

10. 安瓿灌装注射用无菌粉末

11. 铅锡软膏管、单层聚烯烃软膏管

12. 药用天然胶塞

13. 非易折安瓿

14. 输液用聚氯乙烯（PVC）软袋（不包括腹膜透析液、冲洗液用）

15. 单层聚烯烃软膏管（肛肠、腔道给药除外）

注：条目后括号内年份为淘汰期限，如淘汰期限为“2010 年”是指最迟应于 2010 年底前淘汰，其余类推；有淘汰计划的条目，根据计划进行淘汰；未标淘汰期限或淘汰计划的条目为已过淘汰期限应立即淘汰。

附录4：淘汰落后产能中央财政奖励资金管理办法

第一章 总则

第一条 根据国务院节能减排工作部署和《国务院关于进一步加强淘汰落后产能工作的通知》（国发〔2010〕7号）、《国务院办公厅转发环境保护部等部门关于加强重金属污染防治工作指导意见的通知》（国办发〔2010〕61号）以及国务院制订的钢铁、有色金属、纺织行业等产业调整和振兴规划等文件要求，“十二五”期间，中央财政将继续安排专项资金，对经济欠发达地区淘汰落后产能工作给予奖励（以下简称奖励资金）。为规范奖励资金管理，提高资金使用效益，特制订本办法。

第二条 企业要切实承担起淘汰落后产能的主体责任，严格遵守节能、环保、质量、安全等法律法规，主动淘汰落后产能；地方政府要切实负担起本行政区域内淘汰落后产能工作的职责，依据有关法律、法规和政策组织督促企业淘汰落后产能。

第三条 本办法适用行业为国务院有关文件规定的电力、炼铁、炼钢、焦炭、电石、铁合金、电解铝、水泥、平板玻璃、造纸、酒精、味精、柠檬酸、铜冶炼、铅冶炼、锌冶炼、制革、印染、化纤以及涉及重金属污染的行业。

第二章 奖励条件和标准

第四条 奖励资金支持淘汰的落后产能项目必须具备以下条件：

1. 满足奖励门槛要求。奖励门槛依据国家相关文件、产业政策等确定，并根据国家产业政策、产业结构调整等情况逐步提高。

2. 相关生产线和设备型号与项目批复等有效证明材料相一致，必须在当年拆除或废毁，不得转移。

3. 近三年处于正常生产状态（根据企业纳税凭证、电费清单、生产许可证等确定），如年均实际产量比项目批复生产能力少20%以上，落后产能按年均实际产量确定。

4. 所属企业相关情况与项目批复、工商营业执照、生产许可证等有效证明材料相一致。

5. 经整改环保不达标，规模较小的重金属污染企业应整体淘汰。

6. 未享受与淘汰落后产能相关的其他财政资金支持。

第五条 中央财政根据年度预算安排、地方当年淘汰落后产能目标任务、上年度目标任务实际完成和资金安排使用情况等因素安排奖励资金。对具体项目的奖励标准和金额由地方根据本办法要求和当地实际情况确定。

第三章 资金安排和使用

第六条 每年3月底前，省级财政会同工业和信息化、能源主管部门根据省级人民政府批准上报的本年度重点行业淘汰落后产能年度目标任务及计划淘汰落后产能企业名单，提出计划淘汰且符合奖励条件的落后产能规模、具体企业名单以及计划淘汰的主要设备等，联合上报财政部、工业和信息化部、国家能源局。中央企业按属地原则上报，同等享受奖励资金支持。

第七条 财政部、工业和信息化部、国家能源局审核下达奖励资金预算。

第八条 各地区要积极安排资金支持淘汰落后产能，与中央奖励资金一并使用。

第九条 省级财政部门会同工业和信息化、能源主管部门，根据中央财政下达的奖励资金预算，制定切实可行的资金使用管理办法和资金分配方案，按规定审核下达和拨付奖励资金。

第十条 奖励资金必须专项用于淘汰落后产能企业职工安置、企业转产、化解债务等淘汰落后产能相关支出，不得用于平衡地方财力。

第十一条 奖励资金由地方统筹安排使用，但必须坚持以下原则：

1. 支持的淘汰落后产能项目须符合本办法第四条和第五条规定。

2. 优先支持淘汰落后产能企业职工安置，妥善安置职工后，剩余资金再用于企业转产、化解债务等相关支出。

3. 优先支持淘汰落后产能任务重、职工安置数量多和困难大的企业，主要是整体淘汰企业。

4. 优先支持通过兼并重组淘汰落后产能的企业。

第四章　监督管理

第十二条　每年12月底前，各地区要按照《关于印发淘汰落后产能工作考核实施方案的通知》（工信部联产业〔2011〕46号）要求，对落后产能实际淘汰情况进行现场检查和验收，出具书面验收意见，并在省级人民政府网站或当地主流媒体上向社会公告本地区已完成淘汰落后产能任务的企业名单。

次年2月底前，省级财政、工业和信息化、能源等部门要将奖励资金安排和使用情况、落后产能实际淘汰情况和书面验收意见等上报财政部、工业和信息化部、国家能源局。同时，要将使用中央财政奖励资金的企业基本情况、录像、图片等相关资料整理成卷，以备检查。

第十三条　工业和信息化部、国家能源局、财政部组织对地方落后产能实际淘汰、奖励资金安排使用等情况进行专项检查。

第十四条　对有下列情形的，各级财政部门应扣回相关奖励资金，情节严重的，按照《财政违法行为处罚处分条例》（国务院令第427号）规定，依法追究有关单位和人员责任。

（一）提供虚假材料，虚报冒领奖励资金的；

（二）转移淘汰设备，违规恢复生产的；

（三）重复申报淘汰落后产能项目的；

（四）出具虚假报告和证明材料的。

第十五条　对未完成淘汰落后产能任务及未按规定安排使用奖励资金的地方，财政部将收回相关奖励资金，情节严重的，将对项目所在市县给予通报批评、暂停中央财政淘汰落后产能奖励资金申请资格等处罚，并依法追究有关单位和人员责任。

第十六条　各级财政部门应结合当地实际情况，可采取先淘汰后奖励、先制定职工安置方案后安排资金、按落后产能淘汰进度拨付资金等方式，加强资金监督管理，确保奖励资金的规范性、安全性和有效性。

第五章　附则

第十七条　本办法由财政部、工业和信息化部、国家能源局负责解释，各省（区、市）要依据本办法和当地实际情况制订实施细则，明确奖励资金安排原则、支持重点、支持标准等，报财政部、工业和信息化部、国家能源局备案。

第十九条　本办法自印发之日起实施，同时《淘汰落后产能中央财政奖励资金管理暂行办法》（财建〔2007〕873 号）废止。

参考文献

[1] Benoit, J. P. and Krishna, V. , "Dynamic Duopoly: Prices and Quantities", *Review of Economic Studies*, 1987, Vol. 54, No. 1, pp. 23 -35.

[2] Bulow, Jeremy, Geanakoplos, John and Klemperer, "Paul, Holding Idle Capacity to Deter Entry", *The Economic Journal*, 1985, 95 (377): 178 -182.

[3] Caves, R. E. and Porter, M. E. , "From Entry Barriers to Mobility Barriers: Conjectural Decisions and Contrived Deterrence to New Competition", *The Quarterly Journal of Economics*, 1977, 91 (2): 241 -262.

[4] Conrad, K. and Veall, M. R. , "A Test for Strategic Excess Capacity", *Empirical Economics*, 1991, No. 16, pp. 443 -445.

[5] Davidson, Carl and Deneckere, Raymond, "Excess Capacity and Collusion", *International Economic Review*, 1990, 31 (3): 521 -541.

[6] Dixit A. , "A Model of Duopoly Suggesting: A Theory of Entry Barriers", *Bell Journal of Economics*, 1979, No. 10, pp. 20 -32.

[7] Dixit A. , "The Role of Investment in Entry -Deterrence", *The Economic Journal*, 1980, No. 10, 90. pp. 95 -106.

[8] Ishii J. , "Useful Excess Capacity? An Empirical Study of U. S. Oil & Gas Drilling", Amherst College Working Paper, 2011.

[9] Johanson, I. , "Production Functions and the Concept of Capacity", *Institute of Economics*. Reprint Series, University of Oslo, 1968,

No. 2, pp. 46 - 72.

[10] Kornai, Janos. , *Economics of Shortage*, North - Holland Publishing Company, 1980.

[11] Lieberman, B. Marvin, "Excess Capacity as a Barrier to Entry: An Empirical Appraisal", *The Journal of Industrial Economics*, 1987, 35 (4): 607 -627.

[12] Ma, Tay - Cheng, "Strategic Investment and Excess Capacity: A Study of the Taiwanese Flour Industry", *Journal of Applied Economics*, 2005, No. 1, pp. 153 - 170.

[13] Nishimori, Akira, and Ogawa, Hikaru, "Do Firms Always Choose Excess Capacity?", *Economics Bulletin*, 2004, 12 (2): 1 -7.

[14] Osborne, Martin and Pitchik, Carolyn, Cartels, "Profits and Excess Capacity", *International Economic Review*, 1987, 28 (2): 413 -428.

[15] Perelman, Michael, Keynes, *Investment Theory and the Economic Slow down*, Macmillan Press, 1989, 57 (1): s117, 1989, (7) .

[16] Salop, C. Steven, "Strategic Entry Deterrence. American Economic Review", *Papers and Proceedings*, 1979, 69 (2): 335 -338.

[17] Segerson, Kathleen and Squires, "Dale, Capacity Utilization Under Regulatory Constraints", *The Review of Economics and Statistics*, 1993, 75 (1): 76 -85.

[18] Segerson, Kathleen and Squires, Dale, "On the Measurement of Economic Capacity Utilization for Multi - Product Industries", *Journal of Econometrics*, 1990 (44): 347 -361.

[19] Spence, A. Michael, Entry, Capacity, "Investment and Oligopolistic Pricing", *Bell Journal of Economics*, 1977, 8 (2): 534 -544.

[20] Spence, A. Michael, "Investment, Strategy and Growth in a New Market", *Bell Journal of Economics*, 1979 (10): 1 -19.

[21] [美] Dennis W. Carlton、Jeffrey M. Perloff 著:《现代产业组织》,

黄亚钧译，上海三联书店 1988 年版。
[22] 白玫：《中国水泥工业竞争力》，《中国产业竞争力报告(2012)》，2011 年 12 月。
[23] 曹建海：《我国重复建设的形成机理与政策措施》，《中国工业经济》2002 年第 4 期。
[24] 曹建海、江飞涛：《中国工业投资中的重复建设与产能过剩问题研究》，经济管理出版社 2010 年版。
[25] 陈明森：《产能过剩与地方政府进入冲动》，《天津社会科学》2006 年第 5 期。
[26] 陈甬军、周末：《市场势力与规模效应的直接测度——运用新产业组织实证方法对中国钢铁产业的研究》，《中国工业经济》2009 年第 11 期。
[27] 董敏杰、梁泳梅、张其仔：《中国工业产能利用率：行业比较、地区差距及影响因素》，《经济研究》2015 年第 1 期。
[28] 窦彬、汤国生：《钢铁行业投资过度、产能过剩原因及对策》，经济科学出版社 2009 年版。
[29] 范林凯、李晓萍、应珊珊：《渐进式改革背景下产能过剩的现实基础与形成机理》，《中国工业经济》2015 年第 1 期。
[30] 方军雄：《企业投资决策趋同：羊群效应抑或“潮涌现象”?》，《财经研究》2012 年第 11 期。
[31] 付保宗：《关于产能过剩问题研究综述》，《经济学动态》2011 年第 5 期。
[32] 干春晖、邹俊、王健：《地方官员任期、企业资源获取与产能过剩》，《中国工业经济》2015 年第 3 期。
[33] 高智：《水泥行业产能过剩原因分析及对策》，《中国市场》2014 年第 7 期。
[34] 耿强、江飞涛、傅坦：《政策性补贴、产能过剩与中国的经济波动——引入产能利用率 RBC 模型的实证检验》，《中国工业经济》2011 年第 5 期。
[35] 韩国高：《我国工业产能过剩的测度、预警及对经济影响的实

证研究》，博士学位论文，东北财经大学，2012 年。
[36] 韩国高等：《中国制造业产能过剩的测度、波动及成因研究》，《经济研究》2011 年第 12 期。
[37] 何记东、史忠良：《产能过剩条件下的企业扩张行为分析——以我国钢铁产业为例》，《江西社会科学》2012 年第 3 期。
[38] 江飞涛、耿强、吕大国、李晓萍：《地区竞争、体制扭曲与产能过剩的形成机理》，《中国工业经济》2012 年第 6 期。
[39] 江飞涛、曹建海：《市场失灵还是体制扭曲——重复建设形成机理研究中的争论、缺陷与新进展》，《中国工业经济》2009 年第 1 期。
[40] 江三良、吴超：《央地博弈视角的化解产能过剩新政解读》，《特区经济》2014 年第 5 期。
[41] 梁喜琴：《2014 年中国水泥行业并购报告》，《中国水泥》2015 年第 6 期。
[42] 林毅夫、巫和懋、邢亦青：《“潮涌现象”与产能过剩的形成机制》，《经济研究》2010 年第 10 期。
[43] 林毅夫：《潮涌现象与发展中国家宏观经济理论的重新构建》，《经济研究》2007 年第 1 期。
[44] 刘航、孙早：《城镇化动因扭曲与制造业产能过剩——基于 2001—2012 年中国省级面板数据的经验分析》，《中国工业经济》2014 年第 11 期。
[45] 刘志彪、王建优：《制造业的产能过剩与产业升级战略》，《经济学家》2000 年第 1 期。
[46] 卢峰：《产能过剩的成因》，《财经·金融实务》2010 年第 1 期。
[47] 卢映西：《生产能力过剩与消费能力稀缺——论西方主流经济学的基础性缺陷》，《经济学家》2005 年第 5 期。
[48] 罗蓉：《关于产能过剩的几点思考》，《北方经济》2006 年第 5 期。
[49] 吕铁：《日本治理产能过剩的做法及启示》，《求是》2011 年第

5 期。

[50] [美] 弗兰克·H. 奈特:《风险、不确定和利润》,商务印书馆2006 年版。

[51] 潘云良:《产能过剩根源何在》,《中国报道》2014 年第 1 期。

[52] 皮建才:《中国地方重复建设的内在机制研究》,《经济理论与经济管理》2008 年第 4 期。

[53] 沈坤荣、钦晓双、孙成浩:《中国产能过剩的成因与测度》,《产业经济评论》2012 年第 4 期。

[54] 石珍明:《水泥行业产能过剩的原因及对策》,《中国国情国力》2014 年第 12 期。

[55] 孙巍、何彬、武治国:《现阶段工业产能过剩“窖藏效应”的数理分析及其实证检验》,《吉林大学社会科学学报》2008 年第 1 期。

[56] 陶忠元:《开放经济条件下中国产能过剩的生成机理——多维视角的理论诠释》,《经济经纬》2011 年第 4 期。

[57] 王东京:《产能过剩的隐因》,《学习时报》2015 年 9 月 7 日。

[58] 王磊:《我国工业产能过剩的测度及其与宏观经济波动关系的实证研究》,硕士学位论文,西南财经大学,2012 年。

[59] 王立国、高越青:《基于技术进步视角的产能过剩问题研究》,《财经问题研究》2012 年第 2 期。

[60] 王立国、周雨:《体制性产能过剩:内部成本外部化视角下的解析》,《财经问题研究》2013 年第 3 期。

[61] 王立国、张日旭:《财政分权背景下的产能过剩问题研究——基于钢铁行业的实证分析》,《财经问题研究》2010 年第 12 期。

[62] 王秋石:《政府应从化解产能过剩中逐步淡出》,《福建论坛》2015 年第 6 期。

[63] 王相林:《纳入产权分析的产业生命周期演进:对产能过剩的一种解释》,《工业技术经济》2006 年第 7 期。

[64] 王晓姝、李锂:《产能过剩的诱因与规制——基于政府视角的模型化分析》,《财经问题研究》2012 年第 9 期。

[65] 王兴艳:《产能过剩评价指标体系研究初探》,《技术经济与管理研究》2007 年第 4 期。
[66] 王志伟:《市场机制能解决产能过剩问题吗》,《经济纵横》2015 年第 1 期。
[67] 谢鲁江:《应该用市场之手来遏制产能过剩》,《金融经济》2013 年第 11 期。
[68] 徐朝阳、周念利:《市场结构内生变迁与产能过剩治理》,《经济研究》2015 年第 2 期。
[69] 杨培鸿:《重复建设的政治经济学分析:一个基于委托代理框架的模型》,《经济学》(季刊)2006 年第 1 期。
[70] 杨万东:《我国产能过剩问题讨论综述》,《经济理论与经济管理》2006 年第 10 期。
[71] 杨振:《"中国式"产能过剩治理需构建"三维"政策体系》,《中国党政干部论坛》2015 年第 1 期。
[72] 杨振:《激励扭曲视角下的产能过剩形成机制及其治理研究》,《经济学家》2013 年第 10 期。
[73] 殷保达:《中国产能过剩治理的再思考》,《经济纵横》2012 年第 4 期。
[74] 于立、张杰:《中国产能过剩的根本成因与出路:非市场因素及其三步走战略》,《改革》2014 年第 2 期。
[75] 余晖、周耀东:《国有垄断企业问题研究:文献回顾及政策建议》,《清华—布鲁金斯公共政策研究中心政策报告系列五》2013 年第 6 期。
[76] 袁捷敏:《产能和产能利用率新测算方法及其应用研究》,博士学位论文,东北财经大学,2013 年。
[77] 袁捷敏:《工业产能利用率估算方法实证研究》,《商业时代》2012 年第 19 期。
[78] 张维迎:《控制权损失的不可补偿性与国有企业兼并中的产权障碍》,《经济研究》1998 年第 7 期。
[79] 张新海:《产能过剩的定量测度与分类治理》,《宏观经济管理》

2010 年第 1 期。

[80] 赵振华：《关于产能过剩问题的思考》，《中共中央党校学报》2014 年第 1 期。

[81] 钟春平、潘黎：《“产能过剩”的误区——产能利用率及产能过剩的进展、争议及现实判断》，《经济学动态》2014 年第 3 期。

[82] 周劲：《产能过剩的概念、判断指标及其在部分行业测算中的应用》，《宏观经济研究》2007 年第 9 期。

[83] 周黎安：《晋升博弈中政府官员的激励与合作——兼论我国地方保护主义和重复建设问题长期存在的原因》，《经济研究》2004 年第 6 期。

[84] 周黎安：《中国地方官员的晋升锦标赛模式研究》，《经济研究》2007 年第 7 期。

[85] 周业樑、盛文军：《转轨时期我国产能过剩的成因解析及政策选择》，《金融研究》2007 年第 2 期。

[86] 周枝田、夏洪胜：《长期性产能过剩问题原因探究》，《商业时代》2006 年第 10 期。

后　记

当前，学术界关于产业政策的争论风波又起，产业政策的有效性成为热议话题。在中国经济快速发展的三十多年历程中，如果去回顾和评述改革开放之后中国的主要产业政策，产能过剩治理算得上是我国产业政策史上难得一遇的精彩案例。中国的经济发展，成也产业政策、败也产业政策。说它“成”，是因为没有产业政策，中国的基础工业体系不可能如此完善，中国的国际产业承接不可能如此迅速，中国的工业园区建设不可能如火如荼；说它“败”，是因为没有产业政策，企业的进入行为不会因争取专项补贴而激励扭曲，企业的退出行为不会因兼顾稳定就业而如此艰难。成功的产业政策难以总结，失败的产业政策却总是印象深刻。

中国的产能过剩已远非“近忧”，近二十年的产能过剩治理关注之广、层次之高、力度之深前所未有，但产能却如同潮涌之水，不停地冲击着堤坝，险些击溃中国基础工业品的生产。钢铁过剩、水泥过剩、电解铝过剩，传统产业不过剩的反而非常少，而新兴产业如光伏产业从无到有、从弱到强、从世界第一到破产重组，也不过十几年的时间。我们不禁要问，产能过剩治理何以成为中国经济的顽疾，其形成的逻辑到底在哪里？二十多年的治理经验表明，传统的产能治理方式基本宣告失效，那么，新的产能过剩治理体系究竟应如何构建？

基于上述疑问，以中央党校经济学部副主任潘云良教授为首的研究团队敏锐地意识到，产能过剩问题可能并非一个单纯的经济问题，在中国它是一个经济概念，更是一个社会概念，我国的产能过剩治理不可能完全照搬国外经验。于是，研究团队开始着手研究中国独特的产能过剩及其治理问题。在研究队伍建设上，以潘云良教授主持的中央党校 2014 年校级重点课题“产能过剩问题研究”为依托，组建了一支优良的研究团队，集经济学部老中青各梯队教师和博士、硕士研究生于一体，集思广益、重点突破。

在产能过剩大题目下，可探讨的小题目不计其数，要避免一叶障目、以偏概全，需要多走、多看、多听、多思。一年多来，课题组先后赴工业和信息化部等国家部委，赴上海、内蒙古、辽宁、四川、江西、河北、山东等地市，对钢铁、电解铝、水泥等重点行业、重点企业进行实地调研，并在中央党校组织了涵盖省部级领导到县委书记等不同层次的地方政府领导座谈会，就产能过剩现状和治理问题开展了深入讨论和交流，力图从政策制定者、政策执行者和政策影响者三个角度全面理解产能过剩治理及其对不同级别政府的影响、对不同所有制企业的影响，既了解到了产能过剩形势之严峻，也感受到了产能过剩治理之艰难。本书写作中，力求观全貌、看具体、深分析，立足理论、融合实践，将宏观经济政策与微观企业行为相结合，探求中国式产能过剩的化解之道。

在凝聚共识、带领团队方面，潘云良教授的核心作用不可替代，经济学部张玉杰教授、谢鲁江教授、施红教授、孙小兰教授、袁辉副教授等共同参与了多次调研和数场讨论。许多我百思不得其解的问题，在与他们交流的过程中茅塞顿开，他们的教学经验丰富、对现实问题敏感，其真知灼见让本书增色不少，本书的出版离不开他们的智力支持，在此表示衷心感谢。经济学部其他各位领导和专家也以各种形式给予多层次支持，部主任韩保江教授给予年轻学者充分的研究和发展空间，其鼓励和鞭策让我不敢怠慢。党总支鲍永升书记、部办公室刘淑琴和李曼老师，在工作和生活上提供各种便利，给予家庭般的关怀，使我得以潜下心来踏实钻研。陈启清教授、李鹏教授、曹立教授、董艳玲教授、李蕾副教授等各位教研室主任传授了很多宝贵经验，王天义教授、徐祥临教授、石霞教授、李继文教授、张慧君副教授等对我的研究给予了点评和指导，正所谓“四两拨千斤”，他们提出了很多建设性意见，才让本书呈现得更加完美。宏观经济教研室梁朋教授、田应奎教授、曹新教授、李旭章教授平日对我关爱有加，具体业务悉心指导，对于我形成科学的研究、调查、讲授方法影响深远。经济学部王立峰博士、北京市发改委刘海龙、义乌市委全面深化改革领导小组办公室徐博三位参与了重点行业产能过剩现状及问题的资料整理、讨论和撰写工作，杨超、陈强、何星、成宇、朱凯轩、曹璋、高乙博、李铭硕、赵俊豪、王彬彬、黄林芝等多位在读博士、硕士研究生也在我的课堂和不同场合参加了讨论，一并表示感谢！

我的博士生导师——中国人民大学商学院陈甬军教授在我走入工作岗位后，一如既往地悉心关照我，对我的后续研究给予支持和鼓励，师恩永难忘。此外，还要感谢我在美国乔治城大学访学期间，给予论文指导的 Qiang Xu 副校长、Dennis McNamara 教授和 Arthur Alexander 教授，以及校长助理 Austin Imperato 为我的访学提供的各种便利。也感谢在中央党校和乔治城大学联合举办的“中美宏观经济形势与政策”国际研讨会上对我“中国的产能过剩治理：问题、实践与展望”一文进行点评的各位专家教授，不同观点交锋，真理总是越辩越明。

本书的出版也离不开中国社会科学出版社的支持，侯苗苗编辑对待工作一丝不苟、精心细致，在她的编辑下，精品不断、经典不断，本书的呈现也是她精益求精的结果。

杨　振

2016 年冬　于中共中央党校